广东外语外贸大学广东省社会组织研究中心
广东省社会组织管理局

广东社会组织发展报告

2016—2020

主　　编◎邵任薇　贾晶晶
执行主编◎彭灵灵　涂　斌

中国社会出版社
国家一级出版社 · 全国百佳图书出版单位

图书在版编目（CIP）数据

广东社会组织发展报告．2016—2020／邵任薇，贾晶晶主编；广东外语外贸大学广东省社会组织研究中心，广东省社会组织管理局编．--北京：中国社会出版社，2021.11

ISBN 978-7-5087-6580-8

Ⅰ.①广… Ⅱ.①邵… ②贾… ③广… ④广… Ⅲ.①社会组织－研究报告－广东－2016—2020 Ⅳ.①C912.21

中国版本图书馆 CIP 数据核字（2021）第 148495 号

出 版 人：浦善新　　终 审 人：王　前
责任编辑：刘云燕　　策划编辑：刘云燕
责任校对：杜　康　　封面设计：李　尘

出版发行：中国社会出版社　　地　　址：北京市西城区二龙路甲 33 号
邮政编码：100032　　编 辑 部：(010)58124846
网　　址：shcbs.mca.gov.cn　　发 行 部：(010)58124864；58124845
经　　销：新华书店

印刷装订：北京虎彩文化传播有限公司　　开　　本：170 mm×240 mm　1/16
印　　张：14　　字　　数：240 千字
版　　次：2021 年 11 月第 1 版　　印　　次：2021 年 11 月第 1 次印刷
定　　价：80.00 元

中国社会出版社微信公众号　　中国社会出版社天猫旗舰店

《广东社会组织发展报告（2016—2020）》
编撰委员会

序

“十三五”期间，广东社会组织以改革管理制度、促进健康有序发展为主线，进一步完善体制机制、配套改革制度、优化种类结构、调整发展布局、强化监督管理，社会组织整体发展质量有了新提高，社会组织在社会经济和各项事业发展中的功能作用得到充分体现，特别是十九届四中全会审议通过的《中共中央关于坚持和完善中国特色社会主义制度、推进国家治理体系和治理能力现代化若干重大问题的决定》，更加明确了社会组织在推进国家治理体系和治理能力现代化中的作用，社会组织参与社会治理渠道更加通畅、政策措施更加到位、发展环境日臻完善，从而充分激发了广东社会组织参与社会治理的主动性和积极性，社会组织作为社会服务的提供者、公共政策的倡导者、社会治理的参与者的角色定位更加凸显，已经成为推动广东经济社会高质量发展不可或缺的重要力量。因此，全面梳理和总结“十三五”期间广东社会组织工作的整体发展和培育经验，对下一步推动社会组织高质量发展有着十分重要的意义。

本书撰写过程中，编撰委员会收集了“十三五”期间省和地市关于社会组织发展的政策文件、总结报告、年度报告、评估报告、各类专题报告，灵活采用电话访谈、视频会议、实地调研等线上线下多种方式对典型案例进行了深入调研。为有序推进蓝皮书编撰工作，制定了“蓝皮书编撰手册”，明确了编撰各方的职责，建立了蓝皮书编撰领导小组，确定了定期沟通机制和质量监督机制，成立资料收集、资料提供和编写工作三个推进小组。但因本书需综合统筹广东省社会组织管理局、广东省各地市民政局及各地市社会组织管理局、广东外语外贸大学广东省社会组织研究中心等多个主体，涉及内容繁杂、体系庞大、时间跨度长，因此编撰难度较大。编撰委员会召开线上线下研讨会十余次，对总报告结构体系、分报告、专题报告和典型案例内容的取舍反复斟酌、推敲和打磨，最终确定了本书的研究框架、具体内容并进行了数据核对。

本书综合运用案例研究、文本研究和数据分析等多种方法，以政府职能部门与高校智库合作的模式对“十三五”广东省的社会组织工作进行了全面、系统的分析。重点研究“十三五”期间广东省社会组织健康有序发展的内在规律，总结广东社会组织发展的时代特征，提炼社会组织参与社会治理的经纬脉络，分析影响高质量发展的问题与短板，在此基础上提出广东省社会组织发展建议措施。对广东社会组织在参与社会治理、提供社会服务、调解社会矛盾、整合社会资源、倡导公共政策、引领行业自律、推动粤港澳大湾区建设、助力脱贫攻坚、参与疫情防控等经济社会各领域作用成效和社会影响力进行了定性定量评价，基本反映了社会组织登记管理走向法治善治共治轨道、法人治理遵循法治德治自治规范、党建工作突出政治引领核心导向、社会组织在构建共建共治共享社会治理格局中展现自身优势和服务价值的发展面貌。展望“十四五”新发展时期，广东省紧紧围绕“立足新发展阶段、贯彻新发展理念、构建新发展格局”新要求新任务，在促进高质量发展上提出新目标、新举措，重点体现在：加强党对社会组织的全面领导，构建更加完善、更具活力的社会组织党建工作体系和党建服务体系，全面推进社会组织法治建设，优化社会组织发展环境，营造良好的生态系统，引导社会组织有序参与经济、政治、文化、生态文明建设，培育发展一批各领域各层次代表性强、公信力高、具有时代特征和引领示范作用的优秀社会组织，推动社会组织积极服务广东打造新发展格局的战略支点、粤港澳大湾区建设、乡村振兴、社会治理，为促进广东省文化、科学技术、体育卫生、环境生态、民生服务等事业高质量发展作出新贡献。

期待本书的出版可为全国社会组织健康有序发展提供有益借鉴，为政府部门、企事业单位、社会组织、科研机构及社会各界人士提供有价值的参考信息。同时也希望社会各界人士关注广东社会组织发展，提出更多的好建议、好点子，共同促进社会组织高质量发展。本书所使用的数据如未特别说明，均由广东省社会组织管理局提供。本书通过多方对比、多次核实后，采用最接近真实情况的数据展开分析，但由于社会组织管理层级多、结构种类多，部分数据无法采集和编撰篇幅有限，编撰过程中存在材料不全、统计口径相异等原因，难免还有疏漏或偏颇之处。未尽事宜敬请各界同人批评指正。

目　录

总报告

分报告

专题报告

典型案例

总报告

深化改革　强化引领
开创社会组织健康有序发展新局面

——"十三五"期间广东省社会组织发展报告

贾晶晶　霍祉卉　吴锦怡[①]

摘　要："十三五"期间，广东社会组织工作以改革发展为主线，通过创新社会组织党建工作、法人治理、登记管理、监督执法、引导发展和风险防控等举措，完善社会组织法治制度，优化社会组织结构布局，夯实广东社会组织高质量发展基础，有效推动了社会组织管理体制由侧重登记管理向政府统筹、全面协同、高位推进转变，党建工作由"有形覆盖"向"有效覆盖"转变，发展形态由数量增长型向质量提升型转变，管理模式由传统方式向科学系统方式转变，作用发挥从提供一般经济社会服务向全领域参与社会治理转变，但还存在社会组织管理政策法规配套滞后、培育发展统筹合力不够、高质量发展的基础比较薄弱、党建工作基础有待加强等问题。"十四五"期间，广东社会组织应着眼高质量发展目标，强化新发展理念，优化体制机制，营造发展环境，完善支撑平台，推进人才体系建设，为广东实现"在全面建设社会主义现代化国家新征程中走在全国前列、创造新的辉煌"作出积极贡献。

关键词："十三五"；社会组织；改革发展；健康有序

党的十八届五中全会审议通过的《中共中央关于制定国民经济和社会发展第十三个五年规划的建议》指出，"要完善党委领导、政府主导、社会协

---

① 贾晶晶，广东外语外贸大学社会与公共管理学院、广东省社会组织研究中心讲师，主要研究方向为政社关系、基层治理等；霍祉卉，广东外语外贸大学社会与公共管理学院社会工作硕士，主要研究方向为社会组织管理；吴锦怡，广东外语外贸大学社会与公共管理学院社会工作硕士，主要研究方向为社会组织项目管理。

同、公众参与、法治保障的社会治理体制，推进社会治理精细化，构建全民共建共享的社会治理格局”，为社会组织参与社会治理提供了依据。党的十九大报告进一步指出，“加强社区治理体系建设，推动社会治理重心向基层下移，发挥社会组织作用，实现政府治理和社会调节、居民自治良性互动”，对社会组织参与社会治理提出了更高要求。2016 年，中共中央办公厅、国务院办公厅出台《关于改革社会组织管理制度　促进社会组织健康有序发展的意见》，为“十三五”期间社会组织改革发展提供了重要依据。

广东社会组织工作以政策为导向，促进社会组织健康有序发展，积极稳妥推进社会组织管理制度改革。坚持放管并重、规范有序，推动社区社会组织备案管理和法人登记管理创新，开展社会组织法人治理、深化行业协会商会脱钩改革、推动“僵尸型”社会组织有序退出；推进社会组织结构优化、大力培育发展社区社会组织和新型新业态的社会组织，抑制社会组织过度竞争；全面落实党对社会组织的领导，加强社会组织党的建设；加强社会组织监管方式改革，强化信用监管和违法违规查处工作。通过多项改革，激发了社会组织活力，社会组织在参与社会治理、助力脱贫攻坚、参加疫情防控、推动行业发展等经济社会领域发挥了积极作用。因此，全面梳理和总结“十三五”期间广东省社会组织的整体发展和培育经验，对下一步推动社会组织高质量发展有着十分重要的意义。本报告将从“十三五”期间广东社会组织发展的背景、总体成效、基本经验、难点与困境以及“十四五”期间广东社会组织的发展方向五个方面全方位分析研究广东省社会组织健康有序发展的内在规律和时代特征。

一、“十三五”期间广东社会组织发展背景

（一）“十二五”期间广东社会组织发展概述

“十二五”期间，广东社会组织紧紧围绕“四个全面”战略布局、“五位一体”总体布局和广东“努力成为发展中国特色社会主义的排头兵、深化改革开放的先行地、探索科学发展的试验区，率先全面建成小康社会、率先基本实现社会主义现代化”的发展总目标，积极适应政府职能转变、经济增长

转轨、社会发展转型，贯彻落实广东省委、省政府《关于进一步培育发展和规范管理社会组织的方案》，按照“方向要积极、步骤要稳妥”的要求，“坚持培育与监督管理并重，重点培育优先发展工商经济类、公益慈善类、社会服务类、群众生活类社会组织，建立健全统一登记、各司其职、协调配合、分级负责、依法监管的社会组织管理体制”“坚持去行政化、去垄断化的发展方向，加快推进民间化、自治化；坚持宽进严管，引入优胜劣汰竞争机制，鼓励社会组织发展，在发展中加强规范”，实行“五自四无”[①] 改革，推进社会组织民间化、自治化、市场化改革进程，加快形成政社分开、权责分明、依法自治的与广东省经济社会发展相协调的现代社会组织管理体系。

广东社会组织管理通过改革管理体制、出台扶持政策、孵化培育发展、加大政府向社会组织购买服务力度、创新党建工作机制等方式，释放社会组织发展需求，促进社会组织快速发展，综合发展水平领先全国其他省份。截至 2015 年 12 月，广东依法登记成立社会组织 53958 个，“十二五”期间社会组织数量相较于“十一五”期末增长 89%，达到了每万人 5 个社会组织的“十二五”规划目标[②]。广东社会组织在促进行业发展、服务社会、推动区域经济合作、参与社会治理化解社会矛盾、承担社会服务、帮扶困难群体，促进精神文明、生态文明等经济社会各领域发挥了积极作用。

（二）“十三五”期间社会组织发展新要求

“十三五”时期是我国全面建成小康社会、实现第一个百年奋斗目标的决胜阶段，是开启全面建设社会主义现代化国家新征程、向第二个百年奋斗目标进军的启航之时。广东社会组织深入贯彻习近平总书记关于民政工作重要指示精神和党的十八届五中全会、十九大、十九届二中、三中、四中、五中

---

① 根据中共广东省委、广东省人民政府印发的《关于进一步培育发展和规范管理社会组织的方案》（粤发〔2012〕7 号），“五自四无”指自愿发起、自选会长、自筹经费、自聘人员、自主会务和无行政级别、无行政事业编制、无行政业务主管部门、无现职国家机关工作人员兼职。

② 数据来源：《广东省民政事业发展“十三五”规划》（粤民发〔2016〕197 号），广东省社会组织管理局提供数据。若无特别说明，本报告数据均来自广东省社会组织管理局提供的数据。

全会精神，科学把握新发展阶段特征和新发展理念内涵，在推动国家治理体系和治理能力现代化、构建共建共治共享社会治理格局、创新公共服务供给模式和推动粤港澳大湾区建设等方面承担起新时代赋予社会组织的新历史使命。广东社会组织始终着眼广东“努力成为发展中国特色社会主义的排头兵、深化改革开放的先行地、探索科学发展的试验区，率先全面建成小康社会、率先基本实现社会主义现代化”的发展总目标，积极适应全面深化改革的新要求、经济社会发展的新常态、公共服务体系建设的新需求，在创新社会治理、促进经济繁荣、实施科技创新、发展民生事业、扩大对外交流、助力脱贫攻坚、参与疫情防控等方面发挥积极作用。

“十三五”期间，广东省社会组织管理部门根据中共中央办公厅、国务院办公厅《关于改革社会组织管理制度　促进社会组织健康有序发展的意见》，中共广东省委办公厅、省政府办公厅《关于改革社会组织管理制度　促进社会组织健康有序发展的实施意见》，中共广东省委办公厅《关于加强我省社会组织党的建设工作的实施意见》等文件对广东社会组织发展提出新任务新要求。

一是社会组织党建工作体系更加健全。建立健全党建工作管理体制，创新党建工作体制，加强社会组织党建工作保障，增强党建服务力量，推进社会组织党的组织和工作有效覆盖。

二是社会组织管理制度更加完善。建立和完善与经济体制、社会治理体制、行政体制改革相适应的统一登记、各司其职、协调配合、分级负责、依法监管的社会组织管理体制，形成结构合理、功能完善、竞争有序、诚信自律、充满活力的社会组织发展格局。

三是社会组织培育发展更加系统。改革完善社会组织登记管理体制，简化登记流程，优化办事程序，实行网上申报审核。重点培育、优先发展行业协会商会类、科技类、公益慈善类、城乡社区服务类社会组织，重点培育发展枢纽型社区社会组织。

四是社会组织监管效能更加突出。完善社会组织综合监管、依法监督和法人治理制度和机制，提升依法自治水平和规范发展能力，加大事中事后监管力度，提高社会组织信息化管理水平，建立信用管理制度，推进等级评估，实现第三方社会评价机制和社会监督机制，打造多元共治新模式等。

五是社会组织作用发挥更加明显。增强社会组织集聚社会资源、动员社会力量、规范社会行为、提供社会服务等公益能力，充分发挥社会组织服务国家、服务社会、服务群众、服务行业的职能作用。

二、“十三五”期间广东省社会组织发展的总体成效

（一）社会组织工作总体上实现“五个转变”

“十三五”期间广东社会组织数量从2016年的59265家增加到2020年的71798家，涨幅达21.15%，其中社会团体31938家，民办非企业单位（社会服务机构）[①] 38566家，基金会1294家（见图1），较“十二五”期间社会组织涨幅（89%）有大幅回落，社会组织发展总体上实现从规模扩张向健康有序发展的有效转变。广东社会组织登记注册数量位列全国第二，吸纳各类人员就业超过70万人，固定资产、社会组织增加值、年度收入、年度支出等位居全国前列。2018年、2019年全国民政工作会议推广了广东社会组织健康有序发展的经验。广东在社会组织管理体制机制改革、管理制度创新、培育发展举措、激发社会组织活力、发挥社会组织作用等方面取得了新成效，主要体现在如下“五个转变”上。

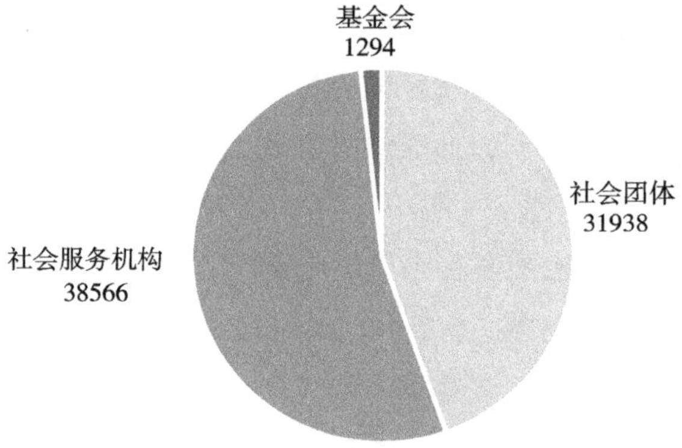

图1　2020年广东省社会组织构成情况（单位：个）

① 按照《中华人民共和国民法典》最新要求，下文统一称之为社会服务机构。

1. 社会组织管理体制由侧重登记管理向政府统筹、全面协同、高位推进转变

成立省社会组织管理局（二级局），省本级、各地市（县、区）政府先后建立和实施社会组织管理工作联席会议制度，建立了登记机关向党委汇报年度工作制度，部分联席会议单位制定了本系统、本领域关于社会组织管理的实施细则，强化了登记管理机关、业务主管单位和行业管理部门的主体责任意识，全省形成了党委领导、部门协同、分级负责的管理体制。

2. 社会组织党建工作由“有形覆盖”向“有效覆盖”转变

建立完善社会组织党建工作体系，基本建立工作机构，基本落实全省社会组织党建工作归口管理和行业管理，较好理顺了党建工作关系。省本级、地级以上市和部分县区依托民政部门建立了社会组织党委。探索创新社会组织党建工作机制，激发党建内生动力，社会组织党建工作实现由“有形覆盖”向“有效覆盖”转变。

3. 社会组织发展形态由数量增长型向质量提升型转变

“十三五”期间社会组织增长速度较“十二五”期间明显放缓，总体数量稳中有升；社区社会组织、枢纽型社会组织、新领域新业态等社会组织迅速发展，布局结构进一步优化；大力发展基层社会组织，金字塔形社会组织结构初步形成，结构更加科学；规范社会组织法人治理，开展社会组织等级评估和品牌建设等，社会组织品质进一步提升。

4. 社会组织管理模式由传统方式向科学系统方式转变

通过深化放管服改革，提高行政效能，方便群众办事。社会组织成立、变更、注销等审批程序都实行网上办理，法人离任审计资金由财政支出。全面加强社会组织监督管理，规范社会组织章程，转变社会组织年检方式，实行社会组织年报制度，全面推进社会组织信用管理，初步形成了以服务群众为发展方向、以信息系统应用为基本依托、以创新方法为重要举措的新型管理模式。

5. 社会组织作用发挥从提供一般经济社会服务向全领域参与社会治理转变

通过提供社会服务、调节社会关系、创建社会治理共同体等方式参与基

层社会治理；通过制定行业标准规范、开展国际经贸合作、助力化解经济风险等发挥行业自律和风险化解功能；通过培育慈善主体、拓宽发展空间、激发慈善活力，推动慈善事业繁荣发展；通过向社会提供优质服务，发挥自身优势，推动教育、科技、文化、体育等领域事业发展；参与疫情防控，助力脱贫攻坚，充分履行社会组织的社会责任。

（二）社会组织作用发挥更加凸显

1. 提供社会服务，成为创新社会治理的重要力量

广东社会组织下沉基层，服务社区，发挥公共服务的供给功能。社会组织通过承接政府购买服务项目，提供多样化的社会服务，尤其是在教育、养老、社会工作和志愿服务等方面已经成为政府公共服务供给的重要补充，基本实现从珠江三角洲向全省覆盖。2016—2020 年，广东社区社会组织呈现逐年递增的趋势，依法登记的社区社会组织数量由 10946 家增加至 19861 家，增长了 81.4%，备案社区社会组织数量由 25176 家增加至 95224 家。以广州市为例，22422 家社区社会组织活跃在公益慈善、志愿服务、托老托幼等领域，成为社区服务的中坚力量，“广州街坊”等平安促进会成为社区治理最亮丽的名片。总体而言，由社区居民自主设立自主参与、群众生活所需、种类多样的社区社会组织正成为创新社会治理的主要载体。一是社区社会组织充分利用社区内的设施开展文化、教育、体育、科普、娱乐、慈善等社区居民活动，丰富了社区文化生活，满足了人民群众对美好生活的需求；二是通过积极化解社会矛盾，较好地发挥了“缓冲器”和“润滑剂”的功能，如 2019 年深圳市龙岗区组建“调解专家 + 特约调解员 + 调解志愿者”三级联合调解队伍，为有需要的居民提供法律咨询、普法宣传、心理辅导、睦邻守望、社工帮扶、链接资源等“一站式”补充调解服务，有效减少和化解矛盾纠纷，促进了社区和谐稳定；三是通过开展志愿活动，广泛动员社会资源参与社区建设，带动更多居民参与社区自治，营造社区公益氛围，改善了社区人际关系，涵养了社区公序良俗，提高了社区居民素质；四是通过推进社会组织联合会等枢纽型社会组织建设，以党建为引领，以人民群众对美好生活的向往为出发点和落脚点，加强服务管理、资金支持、孵化培育和能力提升，为社区社会组

织提供健康成长保障服务，有效激发了基层社会活力。

2. 发挥行业组织优势，助力广东经济发展

广东社会组织积极发挥行业规范、行业自律、行业发展和行业创新功能，在促进经济发展、扩大对外交往、加强经济合作交流等方面发挥了积极作用。一是制定行业标准规范，实现行业自律。广东社会组织在“十三五”期间共举办培训、职称评审、认证、鉴定等活动42400次，2019年，1139家社会组织制定了3684份行业自律制度，2020年1301家社会组织制定了4398份行业自律制度。二是推动行业发展，促进行业创新。大数据、互联网、半导体、科技金融、物流等新技术、新产业、新业态社会组织不断涌现，为行业发展注入新的活力。三是促进行业协会商会“走出去”，扩大对外交往，应对贸易纠纷，开拓国际市场，服务“一带一路”发展。“十三五”期间，开展境外活动的社会组织数量呈现逐年上升趋势，2016—2020年，开展境外活动的社会组织由100家增加到369家。例如：广东省物流行业协会加强与政府合作，组织推动“一带一路”两条国际物流大通道建设；广东省对外经济合作企业协会为广东企业在境外开展投资、对外承包工程和对外劳务合作等国际经济合作业务提供各类服务。四是行业协会异地商会开展对口经济合作。行业协会商会、异地商会积极参与广东与广西、贵州、东北等对口区域合作，推动异地养老、产业对接、市场共拓等领域发展。如：2019年6月，黑龙江省商务厅和广东省商务厅共同组织广东制造业企业及黑龙江异地商会、企业近140人赴哈尔滨、大庆、齐齐哈尔开展为期3天的考察对接，促进两地交流、深度合作。

3. 践行宗旨使命，助力社会事业发展

广东社会组织践行以经济社会发展为导向，认真履行章程宗旨，注重发挥专业优势，在社会维稳、科技、教育、文化、卫生等领域发挥了重要作用。一是化解群众矛盾，维护社会稳定。社会工作服务机构、行业协会、商会、律师协会和法学会通过心理疏导、处理劳资纠纷、提供法律咨询、参与上访调解等方式，化解群众矛盾。如2017—2019年，佛山市顺德区北滘镇劳动人事争议调解中心平均每年接收案件约750宗，调解成功率在90%以上，协议履行率达100%。二是新领域、新业态、新产业等社会组织应运而生。围绕大

数据、数字产业、新媒体等，科技创新类、产业链供应类、智库类、新业态研究机构等社会组织发展迅速，社会组织结构不断优化的同时也助推科技事业的繁荣发展。“十三五”期间，科技服务类社会服务机构增长速度最快，从2016年的1533家增长26.09%至2020年的1933家，高出广东省社会服务机构总体增长率的11个百分点，科技类社会组织在促进经济转型、区域创新体系和产学研合作等方面发挥了较大作用。三是助力教育事业尤其是社会服务机构助推普惠型民办中小学、幼儿教育、托幼、托管等教育事业的发展。东莞、清远等地市相继出台了促进托幼、托管的相关政策，民政部门登记注册了一大批托育、托管服务机构，较好地满足了不同地区、不同群体人民群众的生活需求。四是卫生健康领域社会组织有效推动健康事业的发展。在健康教育、社区卫生服务、卫生救护、老龄福利事业、资质认定、医院医师等行业自律和行业规范、健康科普等方面发挥了积极作用。截至2019年底，广东医疗健康类社会组织共计2466家，其中，医疗健康类社会团体发展较快，2016年至2020年5月成立的医疗健康类社会团体就有913家。

4. 加强“三地”合作交流，助力粤港澳大湾区融合发展

社会组织通过弘扬优秀传统文化、举办法律服务论坛、交流联谊、岭南大讲坛等形式，交流思想文化、加强相互了解、增进社会共识。如：广东妇女海外联谊会、广东妇女研究会等参与广东省妇联组织的交流联谊活动，共62批230人次，接待港澳11批次近450人，与香港妇协、香港妇联、香港家庭福利会、香港女童军、澳门妇联总会、澳门母亲会等妇女团体交流联谊，举办港澳特邀代表回娘家活动，见证祖国的发展和繁荣，增强民族意识。2018年，广东省医师协会、香港西医工会、澳门中华医学会等共同发起成立粤港澳大湾区医师联盟，各专科医师联盟举办相应专业的论坛、讲座、会议等共计62场，线上、线下参会人数达113200余人次。

5. 推动公益创新，促进慈善事业发展

广东慈善组织迅速发展，结构类型不断优化，公益活动不断创新，慈善公益项目运作呈规范化、品牌化发展趋势。一是慈善组织蓬勃发展。涌现出一大批敢担当、善作为的优秀慈善组织代表，体现出广东基金会和慈善组织的爱心与能力。如：广东省国强公益基金会捐资创办全免费大专职业院校——

碧桂园职业学院，采取“三段式”教学模式，从理论知识到实践技能再到企业实践，贫困家庭新成长劳动力接受职业教育后，作为技能型人才获得稳定就业，真正实现“德才兼备，一人成才，全家脱贫”，有效阻断了贫困的代际传播。二是慈善组织和慈善资产大幅增长。2016 年《中华人民共和国慈善法》实施以来，广东经各级民政部门认定登记慈善组织有 1384 家，其中，公募慈善组织 155 家，分别位居全国第一和全国第三。全省慈善组织资产规模增幅明显，收入和支出金额逐年增加，慈善组织资产规模、收入和支出达历史最高水平。三是慈善项目设计与运作日趋成熟。广东作为志愿大省，号召人人慈善，慈善资源更加丰富，慈善文化深入人心，涌现了一大批影响力广泛的慈善组织和慈善项目品牌。如：省慈善总会、省公益恤孤助学促进会、“援疆扶贫·粤新一家亲”“羊城慈善为民行动”“丹姿甘霖计划”等，中国公益慈善项目交流展示会永久落户深圳市，搭建了全国性慈善交流平台。四是慈善活动日益增加，有效发挥了慈善的第三次分配功能。广东社会组织举办公益活动和扶贫济困活动共 167697 次，利用社会捐赠开展社会救助等慈善活动，进一步促进了社会福利发展，有针对性地帮助了困难群体。

6. 参与疫情防控，彰显社会责任

广东社会组织积极响应党和政府关于新型冠状病毒肺炎疫情防控的号召，迅速行动，广泛动员，主动作为，充分发挥行业优势。一是疫情暴发阶段，广东社会组织紧急响应政府应对重大突发公共卫生事件预案，发挥行业自律功能，全面动员企业捐赠，组织社会应急力量。如：广东省湖北商会等 30 余家行业协会发布疫情防控倡议书，对其所指导行业提供指引、加以规范。截至 2020 年 2 月 1 日，广东省本级社会组织累计捐款 2774 万元，企业通过基金会捐款约 411 万元，会员企业累计捐款约 1.4 亿元。二是疫情相对稳定阶段，广东行业协会商会积极动员企业落实防疫措施，拓宽供应渠道，强化金融保障，千方百计解决企业面临的用工紧张、资金不足、原材料短缺等难题，全力支持和组织推动各类生产企业复工复产。如：2020 年 2 月 20 日，广东省工业园区协会下发《2020 企业复工疫情防控辅导手册》，对复工复产流程、复工后防护要求等内容加以明确、规范。广东省养猪行业协会针对疫情防控而造成的生猪生产饲料和畜牧产品运输难问题，为企业开辟绿色通道，助力生猪稳产复产保供。广东省磁性元器件行业协会在疫情期间为加强员工安全保障和心理疏导，提供线上讲座和课件供会员企业学习，帮助适应环境变化。三是疫情防控常态化阶段，根植基层服务社会。各地社区志愿服务组织在基层党组织的统一领导下，积极参与疫情防控和社区服务。社区社会组织积极协助村（社区）“两委”开展联防联控、社区宣传、环境卫生整治、关爱困难群众等工作。广州社工服务机构开展“红棉守护行动”，开设“红棉守护热线”200 条，协助做好社区疫情排查；行业协会利用专业优势进行技术革新，用科技手段助力疫情防控。如：广东省标准化协会发布并实施《日常防护口罩》团体标准，其日常防护口罩的核心指标具有先进性和适用性，达到国际先进水平。

7. 聚集社会资源，助力脱贫攻坚

广东社会组织通过多种形式开展扶贫协作项目，在打赢脱贫攻坚战中起到了积极作用。“十三五”期间，广东省各级各类社会组织充分发挥自身专长和优势，按照各自宗旨理念和业务范围，各尽所能地参与脱贫攻坚各项工作。2018—2020 年，6600 多家社会组织开展扶贫协作项目 6200 多个，共投入资金约 269 亿元（社会组织投入资金约 35.5 亿元，会员单位投入资金约 223.8 亿元），其中：1000 多家社会组织开展东西部扶贫协作对口支援项目 2200 多个，社会组织投入资金约 11.3 亿元；5000 多家社会组织开展扶百村项目 3400 多个，社会组织投入资金约 22.3 亿元；500 多家社会组织开展其他贫困地区扶贫协作项目 500 多个，社会组织投入资金约 1.9 亿元。2020 年，全省 5.8 万多家社会组织及其会员参与脱贫攻坚，参与率达 81%，1900 多家社会组织开展扶贫协作项目 2700 多个，社会组织投入资金约 11 亿元，累计受益贫困人口超 1100 万人次。

三、“十三五”期间广东社会组织发展的主要特点

（一）发展的政策背景

1. 出台系列文件，推进管理制度改革

2016 年 8 月，中共中央办公厅、国务院办公厅印发了《关于改革社会组

织管理制度　促进社会组织健康有序发展的意见》（以下简称《意见》），为社会组织管理改革提供了依据。一是制定省《关于改革社会组织管理制度　促进社会组织健康有序发展的实施意见》及相关配套制度，包括《广东省民政厅关于社会组织年度工作报告的实施办法（试行）》《全省性社会组织负责人（发起人）审核暂行办法》《关于培育发展社区社会组织的指导意见》《广东省四类社会组织直接登记管理暂行办法》《社会组织信息公开办法》和《社会组织监督办法》等文件。二是业务主管单位和行业管理部门出台分类管理政策措施。明确管理部门及管理职责，初步形成共治共享的部门协同机制。如：广东省卫生健康委制定《省卫健委业务主管社会组织管理办法》、广东省体育局出台《广东省体育局关于支持省级体育社会团体发展的指导意见》等。三是各地市积极出台配套实施办法。广州、深圳、珠海、韶关、汕头、佛山、中山、东莞、清远、惠州、肇庆、湛江等地相继出台配套措施（见表1），对促进各地市社会组织健康有序发展提供了制度保障。

表1　各地市出台的配套政策

城市	名称	发文号（日期）
广州	广州市民政局广州市社会组织管理局关于印发广州市社会组织登记工作指引的通知	穗民〔2019〕116号
	关于改革社会组织管理制度促进社会组织健康有序发展的实施意见的通知	穗办〔2018〕11号
	广州市社会组织管理局关于印发广州市社会组织培育发展基地管理办法的通知	穗社管规字〔2020〕1号
	广州市人民政府办公厅关于印发广州市激发社会组织创新能力实施办法的通知	穗府办规〔2018〕19号
深圳	关于深化社会组织管理制度改革促进社会组织健康有序发展的若干措施	深办发〔2018〕25号
珠海	关于印发《珠海市异地商会登记管理实施办法》的通知	珠民〔2020〕108号
韶关	关于改革社会组织管理制度促进社会组织健康有序发展的实施意见	韶办发〔2018〕2号
汕头	关于进一步推进全市镇（街道）基层社会组织联合会建设的意见	汕府办传〔2017〕83号
	关于全面推进全区基层社会组织联合会建设的实施意见的通知	汕金府办〔2017〕79号

续表

城市	名称	发文号（日期）
佛山	佛山市社会组织党委党建工作指导员招聘方案	2016 年 5 月 12 日
	佛山市民政局关于大力发展城乡社区社会组织的实施意见	2016 年 12 月 9 日
中山	《中山市社会组织信息公开办法》的通知	中民社管〔2019〕12 号
	中山市社会组织扶持发展专项资金管理办法（2020 年修订）	中民社管〔2020〕16 号
东莞	东莞市关于新时代促进社会组织发展的意见	东民〔2020〕117 号
清远	清远市关于培育发展社区社会组织的指导意见	清民民〔2016〕26 号
	清远市民政局关于进一步规范社会组织活动促进健康有序发展的通知	2019 年 9 月 23 日
惠州	关于印发《惠州市民政局关于社会组织创新服务基地管理暂行办法》的通知	惠民〔2017〕125 号
肇庆	肇庆市民政局转发《广东省民政厅转发〈民政部关于大力培育发展社区社会组织的意见〉的通知》	肇民〔2018〕69 号
湛江	湛江市民政局关于加强社区社会组织登记管理有关工作的通知	湛社管〔2018〕31 号

资料来源：根据各地市政府网站政策文件、广东省社会组织管理局提供资料整理。

2. 健全管理体制，高位推进社会组织健康有序发展

《意见》提出，到 2020 年建立健全统一登记、各司其职、协调配合、分级负责、依法监管的中国特色社会组织管理体制总体目标，为社会组织发展提供了行动指南。为全面贯彻落实中央和省有关文件精神，切实加强对社会组织工作的领导和管理，强化部门间协作配合，进一步完善工作机制，广东省进一步完善社会组织管理工作机制，逐步由省本级登记管理向高位推进、全面协同转变。一是根据《广东省人民政府办公厅关于建立广东省社会组织工作联席会议制度的通知》，建立由分管副省长任总召集人、省委组织部等 37 个省有关部门参加的联席会议制度，形成党委全面领导、政府统筹协调、民政部门牵头，相关部门协调联动的工作格局。2019 年 4 月，召开广东省第一次联席会议，审议通过了广东省社会组织登记工作协调机制、联合执法机制、

资金监管机制等实施方案。2019 年 12 月，制订实施《广东省民政厅关于推进落实省社会组织工作联席会议精神加强协调服务工作方案》，部分联席会议的成员单位制定本领域内社会组织管理的细则，推动社会组织管理工作实现全面协同。二是建立登记管理机关定期向党委政府汇报工作制度。将社会组织工作纳入党委政府的议事日程，定期汇报社会组织工作情况，全面了解职能部门、行业管理部门、业务主管单位落实上级指示要求、履职尽责情况，为党委政府决策提供依据。三是各地市也相继建立了由副市长任总召集人，各市委、市政府有关部门为成员的社会组织联席会议制度。如：2019 年，茂名市印发《茂名市人民政府办公室关于建立茂名市社会组织工作联席会议制度的通知》；2020 年，东莞市社会组织工作联席会议审议通过《东莞市社会组织工作联席会议议事规则》《东莞市社会组织登记工作协调机制实施方案》《东莞市社会组织资金监管机制实施方案》《东莞市社会组织联合执法机制实施方案》等文件。省、市、县（市、区）三级已经基本在政府层面建立了社会组织工作联席会议制度。

3. 加强党对社会组织的全面领导，确保社会组织发展的正确政治方向

习近平总书记多次强调，要把加强基层党的建设、巩固党的执政基础作为贯穿社会治理和基层建设的一条红线。党的十九届四中全会指出，加强和创新社会治理，需要“完善党委领导、政府负责、民主协商、社会协同、公众参与、法治保障、科技支撑的社会治理体系”。党中央、民政部和广东省委出台了一系列关于加强社会组织党建的政策文件。2015 年 9 月，中共中央办公厅印发《关于加强社会组织党的建设工作的意见（试行）》；2016 年 4 月，中共广东省委办公厅下发《关于加强我省社会组织党的建设工作的实施意见》；2018 年、2019 年，民政部先后印发《关于在社会组织章程增加党的建设和社会主义核心价值观有关内容的通知》《关于在社会组织登记管理工作中贯彻落实〈中共中央关于加强党的政治建设的意见〉有关要求的通知》；2018 年，中共广东省委办公厅印发《广东省加强党的基层组织建设三年行动计划（2018—2020 年）》。经过 3 年，广东社会组织的党建工作创新与实践，基本构建了社会组织党建工作格局，推动党的组织和工作在基层的有效覆盖，加强了党在社会组织中的政治核心作用。

（二）党建工作创新发展

1. 坚持高位推进，构建齐抓共管的党建工作体制

广东省委始终把社会组织党建作为基层党建的重要领域，建立了党委统一领导、组织部门抓总、民政部门牵头、业务主管单位各负其责的管理体制。成立了9个行业党委，其中省社会组织党委等6个行业党委配备了副厅级专职副书记，设立副厅级省社会组织管理局并专设党建工作处；21个地市设立社会组织党委，18个地市配备了专职党委副书记；形成了党委全面领导、政府具体负责、省市县镇统筹发展、部门协同联动的社会组织党建工作格局。

2. 坚持改革创新，提升科学规范的党建工作质量

一是加强制度创设。先后制定社会组织党员管理规定、党组织负责人考核办法、设立党组织第一书记等文件。修订章程示范文本，推动“党建入章”，建立“五融合”工作机制，在成立登记、年检年报、换届选举、登记评估、评优评先中嵌入开展党建工作。二是创新工作机制。开展全省社会组织党建摸排和组织建设“双同步”工作，做到“应建尽建”“应联尽联”“应纳尽纳”，全省建立党组织的社会组织10955家；设立全省性社会组织党建工作站，组建党建工作指导员队伍，促进党建与业务有机融合；试行设立全省性社会组织党组织第一书记，推动党员负责人和党组织书记“一肩挑”工作；探索在社会组织决策层成立临时党组织，强化党组织对社会组织重大议事决策的把关。三是夯实组织基石。开展党组织达标创优工作，完善党组织书记述职评议考核机制，建立新任党组织书记任前谈话制度等。举办全省培训示范班和线上线下培训班，对社会组织党组织负责人定期轮训和党员全员培训，全面提升政治素养。

3. 坚持服务大局，发挥坚强有力的党建引领作用

各级社会组织党组织发动社会组织为抗疫捐款捐物超20亿元，积极参与疫情防控一线的志愿服务，撰写应对疫情行业调研报告100余份，17.5%的省级行业协会为企业减免2020年会费，帮助企业复工复产约6万家。探索“党建+扶贫”模式，全省58000多家社会组织参与脱贫攻坚，社会组织及其会员实施扶贫协作项目投入资金约205亿元。以党建为引领，建立社区社会

组织联合会，积极参与社会治理及困难群体关爱行动。

4. 坚持示范带动，激发充满生机的党建工作活力

省委“两新”工委选树28个社会组织党组织为全省“两新”组织党建工作示范点；各级社会组织党委创建了一系列具有社会影响力的党建品牌，广州实施“红苗工程”，构建社会组织党建工作“红色生态链”；深圳实施“燎原计划”，推动联学联建；珠海按行业分类构建社会组织党建工作体系，佛山创新“1+N群组链”党建模式，惠州搭建社会组织和党组织“双孵化”平台，东莞“阳光雨”社会组织党群服务中心、湛江“源头孵化”、江门“种子党员”等，给广东社会组织党建工作注入蓬勃生机，引领全省社会组织健康有序发展。

（三）社会组织质量结构优化

1. 改革社会组织登记管理制度

为加快扶持社会组织发展，广东推进社会组织登记管理制度改革，通过实施备案管理、推进直接登记管理、培育新型社会组织发展，优化了社会组织结构布局。

一是实施社区社会组织备案管理。针对大量活跃在基层的社区社会组织，实行备案管理，赋予其合法地位。具体而言，对符合登记条件的社区社会组织，直接向县（市、区）民政部门依法申请登记，不具备登记条件的社区社会组织可在街道办事处（乡镇人民政府）实行备案，经备案的社区社会组织可依法开展活动，纳入基层社会治理体系管理，享受政府相关扶持政策。与“十二五”相比，“十三五”期间依法登记的社区社会组织增量近2倍，备案的社区社会组织增量为2.8倍，全省多数街道、乡镇开展了社会组织备案管理工作，尤其是珠三角地区基层落实社区、社会组织备案管理更加到位。

二是推进直接登记管理改革。2012年，广东放开社会组织直接登记权限，极大地推动了社会组织的发展。“十三五”期间，根据《意见》和广东省两办实施意见，行业协会商会类、科技类、公益慈善类、城乡社区服务类四类社会组织依法直接向民政部门申请登记，其他社会组织及工商联所属商会，继续实行登记管理机关和业务主管单位双重负责的管理体制，登记前由业务

主管单位负责前置审核，实行分类指导分类管理。

三是引导新型社会组织发展。深化培育发展，完善直接登记和双重管理并存的混合型登记制度，支持新技术、新领域、新模式、新业态、新产业成立社会组织。省本级登记成立的新型社会组织占比达标一半以上，结构布局得到了优化。如：广州市围绕战略性新兴产业发展规划和整体布局，聚焦新一代信息技术、人工智能、生物医药、新能源、新材料等先进制造业以及现代服务业等重点领域，鼓励支持企业发起成立相关领域的社会组织，支持民营企业发起成立行业协会商会、科技类社会组织，进一步优化社会组织的结构布局。

2. 调整落实双重管理责任

广东遵循行政体制部门职能改革方向，重新调整落实了社会组织业务主管单位和行业管理部门，压实了管理责任。一是组建省社会组织管理局。将其作为省民政厅代管的政府部门二级局（副厅级），广州、深圳也将市社会组织管理局单独列入政府工作部门，明确了社会组织管理局作为登记管理机关的基本职责，凸显社会组织工作的重要地位和时代责任。二是调整业务主管单位和行业管理部门的管理责任。机构改革后，遵循社会组织主体业务与行业管理部门职能相对应和“谁授权、谁委托、谁购买、谁负责”的总体原则，依职能实行行业归口，压实行业管理责任。推动完成全省社会组织涉及业务主管单位划转工作，实行业务主管随职能划转、党建职责随业务主管落实，社会组织划转工作平稳过渡，行业管理职责更加明确。三是强化登记审查。民政部门会同机构改革后的业务主管单位、行业管理部门等有关职能部门和相关党建工作机构，加强对社会组织发起人、拟任负责人的资格审查。对社会组织成立登记、业务范围变更登记的申请，按照登记管理机关和业务主管单位双重管理的原则，建立了更加明确、便捷的审核流程，提高了审核效率。

3. 深化行业协会商会脱钩改革

广东行业协会管理体制改革走在全国前列，早在2006年就出台了《中共广东省委广东省人民政府关于发挥行业协会商会作用的决定》，省人大常委会通过了《广东省行业协会条例》，全面推动行业协会商会去行政化改革。按照国家部署，2015年广东在多年探索脱钩改革成果的基础上，全面推进深化脱钩改革，脱钩范围由行业协会商会扩大到以企业会员为主体的联合会、促进会等社会团体，脱钩内容更加广泛，脱钩管理更加明确。

一是完善脱钩制度。广东深化脱钩改革分为两个阶段。第一阶段为行业协会商会脱钩改革试点阶段。广东省以中央脱钩总体方案为依据，制订《广东省行业协会商会与行政机关脱钩实施方案》和《广东省深化全省性行业协会商会与行政机关脱钩试点工作方案》，出台《关于全省性行业协会商会与行政机关脱钩后党建工作管理体制调整的办法（试行）》《广东省全省性行业协会商会负责人任职管理办法（试行）》，2016 年、2017 年分批选择了 210 家省级行业协会商会进行脱钩改革试点，得到民政部的充分肯定。第二阶段为全面深化脱钩改革阶段。2019 年，广东先后出台《关于做好全面推开广东省地方行业协会商会与行政机关脱钩改革工作的通知》《关于进一步做好我省行业协会商会与行政机关脱钩改革工作的通知》等文件，对脱钩改革原则、脱钩事项、脱钩行业协会商会名单、时间步骤、分离措施等作出具体安排，压实相关部门的职责，有效全面深化脱钩改革。全省深化脱钩改革行业协会商会 6894 家，完成党组织归口管理 131 家。

二是明确“五分离、五规范”。广东省全面落实“五分离、五规范”，推动行业协会商会脱钩，进一步规范政社关系。其一，机构分离，规范综合监管关系。广东省全面对列入脱钩的 103 家省本级和 754 家市（县）行业协会商会进行整改，清理有合署办公问题的 18 家，列入脱钩的行业协会商会均无涉及代管事业单位。其二，职能分离，规范行政委托和职责分工关系。脱钩前，省本级有 2 家行业协会商会行使 2 项行政机关法定行政职能，市（县）两级有 5 家行业协会商会行使 17 项行政机关法定行政职能。脱钩后，2 个省级有关部门向 2 家协会委托或者购买服务事项共计 3 项，5 个市、县级有关部门向 5 家协会委托或者购买服务事项共计 19 项。其三，资产财务分离，规范财产关系。脱钩前，省级 5 家，市、县级 13 家行业协会商会使用政府办公用房，脱钩后均已清退。其四，人员管理分离，规范用人关系。清理退出现职和不担任现职但未办理退（离）休手续的公务员兼职的公职人员，省级共计 33 人，市、县级共计 64 人。其五，党建外事等事项分离，规范管理关系。党建工作已归口各级社会组织党委领导，基本完成原业务主管单位管理的党组织隶属关系转移和相关档案移交等工作。外事工作按照中央有关外事管理规定，由住所地政府外事工作机构管理。

三是持续做好脱钩后的管理工作。加强督促指导，针对行业协会商会脱钩后出现的一些新情况、新问题，及时研究解决问题的措施办法，着力做到“脱钩不脱党的领导”“脱钩不脱监管”“脱钩不脱指导”“脱钩不脱扶持”“脱钩不脱服务”。2019 年 12 月，广东省制订落实省社会组织工作联席会议精神方案，加强协调服务，推动行业管理部门制定社会组织管理办法，建立健全社会组织行业管理制度，促进相关行业协会商会提升服务水平。推进行业协会商会新型综合监管体系建设，完善行业协会商会新型综合监管制度，将规范行业协会商会收费工作列入省民政工作综合评估内容、“法治广东”建设考核内容。

4. 改革年检方式方法

在深化“放管服”改革的背景下，广东省深化改革社会组织管理方式，以“年检”改“年报”为切入点，为推进信用监管奠定了基础。

一是社会组织年报主动性增强。2018 年省本级进行年检制度改革，2019 年向全省推广。2016—2020 年，全省年报实施率逐年提高，分别为 12.50%、18.08%、39.95%、75.28%、81.67%。如：2019 年，省本级社会组织应参加年报 3235 家，实际参加 2920 家，参报率 90.26%，与 2018 年“年检”参检率 81% 相比，社会组织年报积极性明显提高。2020 年，省本级社会组织应填报年报 3283 家，已填报 2999 家，填报率 91.34%，填报率创历史新高，形成了比较全面完整的年检数据基础。

二是建立推进社会评价机制。通过招投标方式，引入第三方机构，采取统一的监测指标、统一的评价方式，公开、公平、公正地对全省性社会组织提交的年度工作报告进行监测评价，并运用第三方机构作出的监测评价结果，初步建立社会组织发展治理评价系统，把握社会组织发展规律，有针对性地预警社会组织普遍性问题。

三是以年报改革推进信用信息管理。按照《社会组织信用信息管理办法》，编列信用信息条目，促进年报改革与信用管理对接，将未依法报送年报的社会组织列入“活动异常名录”，对多年未参加年检或年报工作的社会组织进行行政处罚并列入“严重违法失信名单”，对年报监测发现问题的社会组织，开展独立约谈、集体约谈、问题分析会等，纠正一大批社会组织法人治理和业务运作存在的不规范问题。

（四）社会组织治理规范

1. 全面开展法人治理

把社会组织法人治理作为社会组织建设基础性工程常抓不懈，健全社会组织法人治理结构，规范社会组织机构产生、决策、执行、监督。出台《广东省民政厅关于广东省社会组织法人治理指导意见》和社会团体、基金会、社会服务机构三个法人治理结构与治理规则，总结推广法人治理典型经验，提高社会组织法人治理水平，全面推进社会组织法人治理建设，90%以上社会组织建立和完善了法人治理机构和治理机制。

2. 全面推进信用体系建设

广东省按照国家社会信用体系建设规划的指引，推进行业自律、信用信息互通、信息公开平台、信用激励与惩戒等基础性建设。

一是加强诚信自律建设。出台《关于深入推进行业协会商会诚信自律建设工作的通知》，以建立行业性诚信激励和惩戒机制为重点，选取广东省信用协会等10家行业协会商会开展行业信用服务和信用管理试点，全面推进信用体系建设。引导行业协会商会向其成员提供信用服务，开展信用承诺、信用培训、诚信宣传、诚信倡议等活动，强化本行业依法诚信经营意识。

二是推动社会组织统一社会信用代码制度改革。贯彻落实国家部署和民政部要求，推进社会组织统一社会信用代码制度改革，坚持源头赋码，全面覆盖。“十三五”期间，全省社会组织存量代码转换率100%，新增代码赋码率100%，存量社会组织证照换发率达到95.6%（不含失联社会组织），并通过广东省政务信息资源共享平台实时向省质监、省国税、省地税、省经信委等部门交换广东省社会组织统一社会信用代码数据。

三是加强信用信息互联。将全省社会组织信用信息与“信用广东”平台对接，加强社会组织活动异常名录和严重违法失信名单的动态管理。在“广东社会组织信息网”设立“信用信息”查询功能，可查询包括社会组织近三年的年检年报、等级评估、行政处罚、异常名录和严重违法失信名单等信息。

将全省社会组织“严重违法失信名单”纳入“信用广东”平台，实施失信公示和联合惩戒。“十三五”期间，全省各级民政部门将8183家社会组织列入“活动异常名录”，将871家社会组织列入“严重违法失信名单”。

四是接受社会监督。社会组织年报通过隐私消密处理后即向社会公开，并设立监督投诉、网上举报专栏和电话。引导社会组织向社会公开重大活动、重要公益项目实施过程、政府资助资金使用、政府购买服务实施、公募和非公募资金的使用情况等信息，全面提高社会组织公信力。

3. 全面开展打击整治非法社会组织工作常态化

为净化社会组织发展环境，最大限度挤压非法社会组织生存和活动空间，注重标本兼治，探索打击整治非法社会组织由集中整治到常态化整治的工作机制，全面推动打击整治非法社会组织工作常态化。

一是加强执法队伍建设。建立专业化的社会组织执法队伍，提升执法能力水平，强化社会组织重点领域监管和部门联合执法，重点预防和整治六类非法社会组织及相关非法活动。强化省、市、县（区）、镇（街）的上下联动，补齐基层执法力量不足的短板。如：2018年，采取省、市、县、街道四级联动，打出“组合拳”，查处取缔全球生命疗养联合会、广东省教师继续教育培训中心等非法社会组织。

二是建立联合执法监管机制。省民政厅联合省委宣传部、省委政法委、省委网信办、省教育厅、省民族宗教委、省公安厅、省市场监督管理局7部门印发《关于广东省打击整治非法社会组织联合执法机制实施方案的通知》，成立由省民政厅牵头的打击整治非法社会组织联合执法机制协调小组，强化协同配合，形成齐抓共管的联合执法监管机制，推动“打非”工作专项集中整治向常态化监控查处转变。如：联合公安部门严肃查处了“青龙腾飞基金会”和“国际无国界经济援助友好协会”两个非法社会组织，两宗案件共抓获157名犯罪嫌疑人，涉案金额超过2亿元人民币。

三是坚持常态化整治。2018年4月，根据民政部、公安部的部署，联合省公安厅开展打击整治非法社会组织专项行动。为了进一步巩固战果，主动将打击整治非法社会组织专项行动延长至2019年6月底。专项行动结束后，将打击整治非法社会组织列入各级民政部门登记管理重点工作，形成常态化制度化的工作机制。打击整治非法社会组织专项行动效果显著，基本铲除滋生非法社会组织的土壤，提高了社会公众对非法社会组织的认知与识别能力。2018 年以来，共查处非法社会组织 578 家，其中，取缔 63 家、劝散 267 家、自行解散 88 家、引导登记 110 家、移送公安机关 50 家，涉案金额约 2.5 亿元，共查处 387 人次。

4. 强化准入退出管理

广东省逐步厘清双重管理、脱钩管理、行业管理的关系，通过社会组织登记审查、社会组织脱钩管理、社会组织清理和完善退出机制，提高社会组织法人治理质量。

一是严把入口关。把好登记成立社会组织的“政治关”“资金关”“质量关”，筑牢法人治理规范化建设基础。凡是与国家宪法、法律、法规相抵触的，或违背公序良俗的，坚决不批；实行社会组织注册资金捐资承诺制度，完善社会组织验资制度，保证注册资金的真实性、合法性；严格审查发起人、举办者信用资质，并视情况征询相关部门意见，严格审批程序，确保申报材料完整性、有效性等。

二是加大退出力度。对名存实亡、管理混乱的社会组织，实行有序退出。将“不年检”“不活动”“失联”的三类“僵尸型”社会组织纳入重点整治范围，根据日常监管、年检年报、行政检查发现的问题，加强分类处置，对不具备继续运作条件的或完成章程规定的宗旨、终结设定业务的社会组织予以引导注销，对于符合撤销登记情形的社会组织，依法依规撤销登记。申请注销登记的社会组织数量逐年上升，平均增长率 55.05%，全省累计注销 6144 家，其中社会团体 2560 家，社会服务机构（民办非企业单位）3558 家，基金会 26 家；依法撤销登记的社会组织全省累计 1252 家。

5. 全面提升监管效能

一是加强行政检查。2017 年，按照广东省关于全面推行“双随机一公开”监管工作实施方案的要求，省民政厅负责全省性社会组织监督管理，全面推行“双随机一公开”监管工作，实行随机抽取检查对象、随机选派执法检查人员，及时向社会公开检查结果。省本级制订“双随机一公开”行政检查方案，编制各类型社会组织检查事项目录，重点检查社会组织党的建设及开展活动和作用发挥、法人治理、涉企收费、评选评奖、安全生产等情况。通过购买服务对日常监管中发现问题的社会组织进行专项审计，检查结果抄送相关业务主管单位，实现资金联合监管。“十三五”期间，全省委托第三方开展社会组织法定代表人离任审计和注销清算审计项目共6539宗，涉及资金4756万元，及时整改了部分社会组织未按《民间非营利组织会计制度》核算经济业务、未及时领取合规支出票据、财务资料缺失等问题，增强了社会组织规范会计核算的意识，促进了社会组织规范化运作。

二是全面提升执法能力。①规范行政处罚执法程序。2017年，开发社会组织行政处罚网上执法平台，规范执法流程，实现从网上投诉举报、受理、立案、案件调查至结案的全流程闭环式办案，完善行政处罚事先告知、听证、集体讨论等重要程序，实现执法数据的实时更新（见图2）。②加强执法队伍建设。省级和广州、深圳社会组织管理局设立监督执法处室，建立专门执法队伍，全省有条件的地市也加强了社会组织执法工作，设立执法岗位，县（区）社会组织登记管理机关具备行政执法资格的人员不断增多。定期开展全省社会组织行政执法培训，聘请民政部社管局、省高院、省信访局等单位的专家为全省各级登记管理机关人员进行专题授课，进一步提高全省各级社会组织登记管理从业人员执法素养和执法水平。2020年省社管局召开以案说法案例分析会，对执法典型案例和存在问题进行深入解剖和认真解答，提高办案人员执法办案水平。③建立健全执法机制。用好民政综合执法力量，破除民政执法业务障碍，形成执法合力，服务支持社会组织执法工作，缓解基层执法压力。在惠州和肇庆两市建立试点，推行市、县（区）联动执法，提高县（区）社会组织执法能力。加强联合执法，推动部门之间横向执法联动，充分发挥相关职能部门监管效能，全省各地市都建立了社会组织联合执法机制。④大力查处典型案件。查处广东优生优育协会变相授牌收费案。2016年至2019年4月，广东优生优育协会未按规定办理相关变更手续，违反规定设立分支机构，擅自与民营医院合作，通过授予“广东省妇科疾病防治基地”“广东省不孕不育科研基地”牌匾证书等方式违规收取“管理费”58.2万元以及存在其他违法情形，违反了《社会团体登记管理条例》和《关于规范社会团体开展合作活动若干问题的规定》有关条款，登记管理机关依法对该会

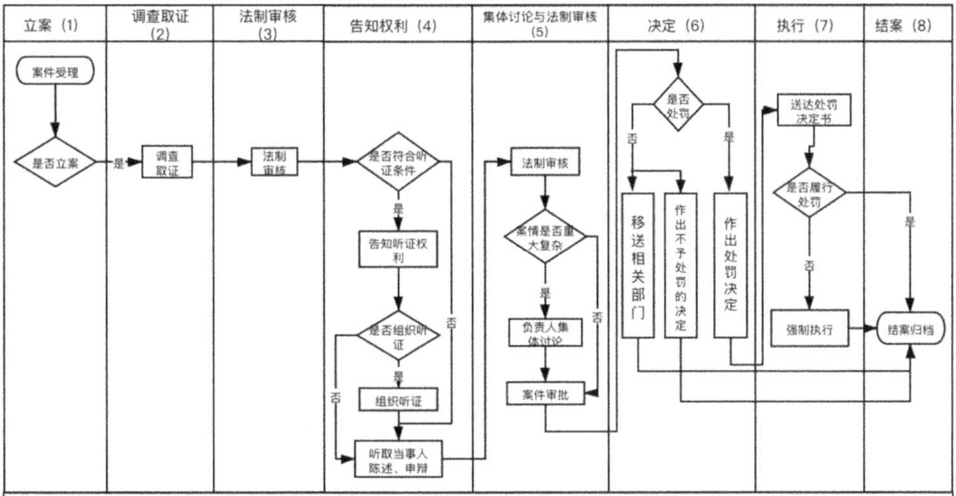

注：法制审核程序在处罚决定作出前至少进行一次，具体在哪个环节进行法制审核无硬性规定

图2　行政执法流程图

资料来源：广东省社会组织管理局。

作出撤销登记的行政处罚。查处广东省企业联合会违规评比表彰收费案。2018 年 1 月至 2019 年 12 月，广东省企业联合会未经批准擅自开展“广东企业 500 强”“诚信示范企业”“双优”“信用评级”“创新成果发布”“最佳雇主”等评比表彰活动，利用签订“咨询培训服务确认书”“认刊书”“服务协议书”“合作协议”等方式变相违规收费 2968. 82 万元，违反了《社会组织评比达标表彰活动管理暂行规定》第三条第三款，登记管理机关依法对该会作出限期停止活动两个月、没收违法所得 2745. 04 万元、责令撤换直接负责主管人员的行政处罚。查处广东省企业管理咨询协会违规评比表彰和开展资质认证收费案。2018 年 1 月至 2020 年 6 月，广东省企业管理咨询协会未经批准擅自开展“广东省管理咨询行业 50 强”评比表彰活动和“广东省企业管理咨询和培训机构资质等级”评审年检工作，利用收取“会议费”“年审费”“年检费”等方式违规收费 23. 49 万元，违反了《社会组织评比达标表彰活动管理暂行规定》和《行业协会商会综合监管办法》有关规定，登记管理机关依法对该会作出警告、没收违法所得 23. 49 万元的行政处罚。⑤全省执法成效。2017 年以来，全省各级登记管理机关对违法违规社会组织作出行政处罚 2543 宗，其中警告 1146 宗，限期停止活动 145 宗，撤销登记 1252 宗。

（五）激活社会组织发展活力

1. 增强社会组织法治保障

国家出台关于建立综合监管、培育发展、社会组织行为规范、税收激励、人才建设、薪酬管理、党建引领等一系列政策制度，广东结合“放管服”改革，落实登记管理简化流程、年检年报改革、信息化建设、党建工作保障等有效措施，解决社会组织“堵点”“难点”问题，营造良好法治环境和发展环境，进一步激发了社会组织活力。2016 年，广东省全面贯彻落实《中华人民共和国慈善法》，以规范慈善组织健康有序发展为着力点，全面加强社会组织法治环境建设。

一是学习宣贯慈善法。组织登记管理机关、慈善类社会组织、慈善机构等学习慈善法和相关配套政策，邀请专家和民政部领导授课辅导，使相关人员对慈善组织的法律概念、权利义务、运营规范等有了更深刻的认识，增强了贯彻实施慈善法的责任感和使命感。

二是完善配套法规制度。“十三五”期间，广东省、市、县三级民政部门出台促进慈善事业发展的政策法规超过 100 项。2019 年，广东省民政厅联合中国银保监会广东监管局出台《关于慈善信托管理工作的实施细则》，进一步规范慈善信托行为，保护慈善信托当事人的合法权益。2020 年 5 月，广东省民政厅印发《广东省推动慈善事业高质量发展若干措施》，从培育慈善主体、拓宽参与渠道、激发慈善活力、弘扬慈善文化、加强监督管理、健全保障机制 6 大方面提出 21 条硬举措，着力打造“大慈善”工作体系。

三是全面推进法规实施。广东省制定了慈善组织登记、认定、公开募捐资格审批等工作流程，修改完善了行政审批信息系统，增加了慈善组织的认定、登记管理等功能，实现慈善组织年报、公开募捐与慈善中国平台对接，公开慈善组织活动信息，接受社会监督。探索慈善信托机制，部分基金会进行了慈善信托试点。推进新成立的基金会与慈善组织认定登记同步，加强对存量基金会的引导激励，促进基金会转型发展。截至 2020 年底，广东共登记认定慈善组织 1384 家，其中 155 家具有公开募捐资格。省、市两级实行财政、税务、民政三部门联合审核社会组织公益性税前捐赠扣除资格，认定的慈善组织都享受公益性税前捐赠扣除资格。各地财政和税务部门落实社会组织免税政策，对申请免税资格的非营利组织进行联合审核优惠政策，定期分批向社会公布名单，符合条件的社会组织均享受免税政策优惠。

2. 推进社会组织品牌建设

一是注重品牌项目建设。结合国家发展战略和广东经济社会发展要求，培育社会组织品牌项目，激发社会组织创新发展的内在动力，创建一大批具有时代特点、行业特征、影响力广泛的品牌项目，示范引领社会组织健康有序发展。2018 年，广东省社会组织管理局组织孙中山基金会、广东省侨鑫公益基金会、广东省天行健慈善基金会、广东省丹姿慈善基金会、广东省绿瘦慈善基金会、广东省国顺慈善基金会等一批社会组织参与“珠水映天山·粤新一家亲·共筑中国梦”公益慈善援疆项目，2018—2020 年投入项目资金 1600 多万元。广州市把社会组织品牌建设作为一项重要任务列入广州市社会组织“十三五”战略规划，2016 年，制定《广州市社会组织品牌战略实施方案》《广州市品牌社会组织评价指标体系（试行）》；2020 年，广州市印发地方标准《品牌社会组织评价指标》，培育一批具有品牌示范价值的社会组织，促进社会组织综合能力和发展水平整体跃升。广州市连续举办 8 届社会组织公益创投活动，累计资助项目 1060 个，投入福彩公益金逾 1.4 亿元，吸纳社会资金 8000 万元。深圳市打造深圳社会组织创新实践基地和社会组织公共服务平台，“十三五”期间，累计投入福彩公益金 1455 万元，促进社会组织品牌建设。

二是推动等级评估。广东省注重总结推广等级评估的经验做法，完善政策法规，健全标准体系，扩大评估范围，实施区域逐渐由省本级和珠三角地区向全省其他地区推广，评估种类由行业协会向其他社会团体、社会服务机构、基金会等扩展，促进了社会组织治理规范建设和服务能力建设。2016 年，广东省民政厅修订了《社会组织等级评估管理办法》以及行业协会、基金会、社会服务机构评分评估细则，科学设置评分指标，规范评估流程，调整项目分值，增加党建权重，突出党建引领，基本形成了适应社会组织发展要求、比较科学规范的等级评估工作体系。“十三五”期间，社会组织等级评估覆盖全省各地市及大部分县（区、市），共 3552 家社会组织申请参加社会组织等级评估。省本级社会组织共581家申报等级评估，其中：获评5A级158家，占参评总数的27%；获评4A级133家，占参评总数的22.89%；获评3A级139家，占参评总数的23.92%。

各地社会组织等级评估发展水平差异较大。珠三角地区开展社会组织等级评估走在全省前列，其中广州市社会组织等级评估工作开展较好，参评单位范围较为广泛，包括联合类、学术类、社会类、专业类等各种类型社会组织，3A及以上级别的社会组织占比更多。深圳、佛山、东莞、肇庆等地市每年开展一次社会等级评估工作，深圳每年有60家社会组织参评，东莞每年有30家社会组织参评，佛山每年有20家社会组织参评，其中，3A及以上级别社会组织占比在半数以上。粤东、粤西、粤北等地级市开展社会组织等级评估工作相对滞后，且并非每年都开展等级评估，参评单位数量较少，涉及范围比较有限，主要以行业协会、专业社会团体为主，社会服务机构参与评级较少。

3. 表彰先进社会组织

广东社会组织把评先创优、典型培养作为社会组织品牌建设的重要举措，严格执行社会组织评先评优标准，总结推广先进典型经验，注重发挥榜样示范作用，推荐社会组织先进人物参选党代表、人大代表、政协委员，推荐品牌社会组织参与国家表彰评选，鼓励各级社会组织参加当地政府、行业部门举办的各类评优活动，引导社会组织争创一流业绩。“十三五”期间，广东社会组织发挥自身的优势，积极参与社会治理，在服务国家、服务社会、服务行业、服务群众等方面发挥了不可或缺的作用，涌现了一大批先进社会组织党组织、先进社会组织、先进代表人物、先进典型经验。如：2016年，广东华南危机管理研究中心负责人何五元当选政协第十三届广州市委员会委员。2017年，广东省社会工作师联合会会长、深圳市慈卫公益事业发展中心党支部书记周小燕当选中共广东省第十二次代表大会代表；广东省家具协会王克当选广东省第十三届人民代表大会惠州市代表。2018年，广州市慈善会的“羊城慈善为民行动”和深圳壹基金公益基金会的“壹基金儿童平安计划”荣获第十届“中华慈善奖”。2020年，广州市家庭服务行业协会被授予“广东省先进集体”光荣称号。广东公益恤孤助学促进会、广东省青少年发展基金会等一批社会组织获评广东扶贫济困日活动10周年突出贡献社会组织，广州市普爱社会工作服务社等一批社工机构被评为“中国百强社会工作服务机构”。

4. 推进社会组织人才建设

一是制订人才发展规划，加强社会组织人才队伍建设。广东将社会组织人才队伍建设纳入《国家中长期人才发展规划纲要（2010—2020年）》《广东省中长期人才发展规划纲要（2010—2020年）》，研究制定《广东社会组织百千万人才工程》，确立培育广东社会组织一百个领军人才、一千个专业人才、一万个合格岗位人才为发展目标，全面推进人才培养计划。广州市创新搭建“政府—社会组织—高校—企业”联合办学平台，与清华大学公益慈善研究院、中山大学、华南农业大学公共管理学院、安徽师范大学历史与社会学院、北京心力量公益文化传播中心以及广东五合健康管理股份有限公司签订战略合作协议，合作设立广州市社会组织学院。

二是初步形成各层级人才培训体系。广东立足现有条件，充分利用培训资源，创设一批省、市、县（区）各具特色、丰富多样的培训项目，促进了社会组织人才建设。

省级利用中央财政专项经费和党建工作经费，创新培训项目，开展丰富多样的社会组织培训。省社会组织管理局与广东外语外贸大学社会组织学院、社会组织研究中心合作，以社会组织法人能力建设为重点，采取专项分类、“每周一课”、集中授课、专题研讨等形式，开展社会组织人才培训。“十三五”期间，联合广东省社会管理研究会举办了10期社会组织人员培训示范班，各地登记管理机关人员和省级登记社会组织负责人及业务骨干共计1400人次参加了培训。省社会组织党委针对各地级以上社会组织党委负责人、全省性社会组织党组织负责人和党建工作指导员开展培训，每年举办1期全省社会组织党建工作示范培训班、2期党组织书记轮训班。还采取线上培训形式，2019年全省4749个党组织和9.67万人参加在线培训，2020年共举办9期线上培训，共覆盖18万人次。

地市人才培训工作各具特色。“十三五”期间，广州市每年举办6期社会组织人才队伍建设培训班，“菁英计划”等培训课程被多地复制推广，形成多层次、广覆盖、常态化的人才培养模式。深圳市坚持分类施训，加强社会组织党组织负责人、党务工作者、党员队伍和社会组织负责人及从业人员培训，提高其政治执行、业务能力、统筹协调等能力，巩固完善“菁英计划”“同行计划”等四大培训计划，打造湾区社会组织人才招聘与信息发布平台，定期发布人才分析报告。

县（区、市）立足基层社会组织需求，以社会组织联合会（中心）为载体，围绕培育发展社区社会组织，引导参与社会治理，开展了符合当地实际、具有地方特色的“接地气”培训。深圳市社会组织总会开展《社会组织项目管理》线上培训，邀请香港理工大学社会服务管理专家为社会组织创新示范基地的社会组织讲授项目管理和筹款技巧。佛山市顺德区组织开展社会组织公益服务产品化培训。东莞市开展社会组织①领军人才、党建骨干、创新服务基地精品课程等系列培训活动。中山市小榄镇举办社区社会组织实务培训班。

各业务主管单位、行业管理部门也十分重视社会组织能力培训，开展业务能力提升、法人治理建设、行业政策宣贯等专业化培训。如：各级工商联定期开展商会能力提升培训，统战部门开展统战类社会团体培训，网信部门开展互联网社会组织培训等。

三是落实人才保障机制。广东省落实民政部《关于加强和改进社会组织薪酬管理的指导意见》，把专职工作人员薪酬标准纳入法人治理内容，按照规定确定相关人员的薪酬标准。如：2017 年，深圳市民政局联合人力资源和社会保障局开展社会组织从业人员薪酬调查工作，结合深圳市经济发展实际，制定深圳市社会组织从业人员工资指导意见，保障了深圳社会组织专职工作人员队伍的稳定。

5. 加强社会组织信息手段建设

贯彻落实民政部关于“互联网 + 监管”的指示要求，注重应用现代信息手段，改进社会组织业务处理方法。广东省组织研发社会组织法人单位信息资源库，并逐年进行系统功能升级改造，系统功能涵盖了党建、登记审批、监管、档案管理等事项，全省社会组织登记管理基本实现了网上申报和审批、年检、行政许可和行政处罚等共享与查询。系统与民政部社会组织管理局法人库系统，慈善中国平台，省发改委、公安、税务、质监、统计等单位建立

① 数据来源：广东省社会组织管理局内部数据。

了数据共享机制，较好地实现了数据互联互通，促进了社会组织管理效率的提升。广州市和深圳市结合自身实际，也组织进行社会组织法人单位应用库的研究与应用，系统功能基本满足业务需求。

（六）社会组织风险防范

1. 加强社会组织风险研判

广东省把社会组织风险防范化解工作列入党委政府议事日程，纳入社会治安综合治理（平安建设）考核评价体系，纳入综合监管首要事项，贯彻落实上级关于风险防范的指示要求，针对社会热点敏感问题和社会组织的属性特征，及时分析研判风险态势，研究制定防范化解措施，组织制定防范化解预案，不断健全党委统一领导、齐抓共管、民政牵头、部门各司其职的社会组织风险防范化解工作格局。贯彻落实宣传部关于加强意识形态领域工作的指示要求，明确社会组织落实意识形态领域管理工作督察重点，全面加强社会组织意识形态管理工作，研究制定社会组织举办研讨会、论坛等活动的行为规范。登记管理机关在落实社会组织工作联席会议制度、强化协同做好意识形态管理的基础上，出台了《关于进一步规范社会组织举办研讨会、论坛等活动的通知》，意识形态管理关口前移，进一步明确社会组织党组织、理事会意识形态工作主体责任。各业务主管单位、行业管理部门相继出台管理办法，如：省文联制定了《广东省文联加强各类报告会、讲座、论坛等暂行管理实施意见》《关于在开展文化艺术活动中加强意识形态责任制的通知》，网信办强化了网络类社会组织意识形态的管理等。各地市也出台了加强意识形态工作实施方案，如：佛山市制订了《2020 年社会组织意识形态工作实施方案》《关于做好佛山市市级社会组织重大事项报告工作的通知》等。

2. 建立风险防范机制

一是制订社会组织风险防范方案。2018 年，针对改革发展过程中出现的风险点和反渗透工作特征，制定《广东社会组织五级风险防控机制》，按照社会危害程度设五个风险等级，将涉及政治、宗教、意识形态、非正常涉外活动和境外不良资金流入等列为一级风险，将开展重大活动或业务项目侵害社会公众合法权益并引发局部或系统性社会风险等列为二级风险，将社会组织违法违规行为、资金方面严重违法行为或社会组织利益冲突产生社会危害性并演变成较大社会问题等列为三级风险，将社会组织变相集资、转移财产、乱收费等问题造成一定社会影响等列为四级风险，将社会组织法人结构不健全、党组织不完善导致内部矛盾突出等问题引发社会连锁反应等列为五级风险，从组织领导、力量配备、处置原则、基本方法等方面，研究制定了防范化解五级风险的措施。各地市也因地制宜制定了风险防范化解预案。

二是建立联合防范机制。通过社会组织联席会议，联合相关部门建立社会组织负责人审查、资金监管、执法等工作机制。严格登记管理，组织专家评估，加强发起人、负责人联合审查，落实社会组织成立与党组织设立同步审批要求，力争把风险化解在源头。结合专项行动，联合业务主管单位开展联合检查，加强对民办福利院、敬老院、托老所、托管机构等社会服务机构的规范化管理，排查风险点，提高民办托养机构和托管机构的依法运作水平。

三是建立社会组织舆情监测机制。通过购买服务委托专业机构全方位监测广东社会组织领域网络舆情，一般情况下，每周提报舆情监测情况，特殊情况下，及时协调互动。积极与网信、信访、公安、政法等部门联系，了解掌握社会组织热点问题和异常动态，及时研究应对处置措施。

四是建立疫情防控机制。下发《关于进一步加强全省性社会组织安全生产工作的通知》《关于动员全省社会组织参与新型冠状病毒感染的肺炎疫情防控工作的通知》《关于对新型冠状病毒干扰的肺炎疫情防控工作中开展募捐的慈善组织温馨提示》等，对社会组织暂缓、暂停举办年会、研讨会、论坛、培训、换届等，提出了明确的防护要求，对社会组织依法开展慈善募捐活动及时引导，对可能出现的非法募捐行为提前预警，加以防范。疫情期间，未发生社会组织引起的负面事件。

3. 突出风险防范重点

一是加强意识形态风险管理。跟踪党的十九大，十九届二中、三中、四中、五中全会和每年人大、政协会议精神宣贯，及时引导社会组织学习领会党和政府的路线方针政策。结合广东改革开放前沿地区、毗邻港澳的特点，特别关注社会组织反渗透工作，筑牢社会组织反渗透的防线。针对广东社会组织“一讲两坛三会”内容丰富、涉众广泛、形式多样的特点，各级登记管理机关、业务主管单位和行业管理部门加强审核把关、监督管理，防止发生意识形态领域方面的问题。

二是守住民生风险底线。随着广东经济的发展和人民生活需求的增长，直接向群众提供教育、托管等民生服务的社会组织大量增加，但是各地保障条件和管理的专业化水平参差不齐，监管力量和手段有限，成为社会组织工作新的风险点，尤其是在部分社会服务机构，容易出现消防安全、食品安全、医疗、交通、尊严等方面的风险。民政系统开展了民办社会服务机构风险隐患排查，并实施专项整治行动，整改存在的突出问题，消除风险点。

三是维护社会经济秩序。非法社会组织打着“精准扶贫”“一带一路”“军民融合”等旗号骗钱敛财，侵害人民群众利益，给社会造成恶劣影响。少数社会组织存在营利牟利现象，失守非营利性原则。极少数社会组织巧立名目，违规开展评比达标表彰活动、设置收费项目，存在乱评比、乱发牌、乱收费等现象。极少数基金会未能严格执行投资规范，存在慈善资金管理风险。广东省与全国一致开展了打击整治非法社会组织行动，净化了社会组织发展环境。开展行业协会商会涉企收费清理整治行动，规范四级会费档次，部分行业协会商会自主调整会费标准，降低企业会员负担，得到社会好评。开展违规评比达标表彰活动专项整治行动，查处极少数严重违规问题，并以案件说法、警示教育等形式，增强社会组织遵纪守法意识和依法自律能力。

四是规范内部治理。部分社会组织出现了非营利性与营利性界定不清、法治意识不强、用企业管理方式代替社会组织行为，存在“家长式”“一言堂”“少数人控会”等问题，以致干扰社会组织民主治理，引发内部矛盾，影响社会组织健康有序发展。部分社会组织法人治理结构不完善、治理制度不健全、治理规则形同虚设，丧失社会组织合法性。部分社会组织内部治理能力薄弱，有的内部利益纠纷严重，甚至形成利益小团体，伤害社会组织成员共同利益，危及社会组织生存。针对存在的问题，广东省建立以章程为核心、以完善法人治理结构为基础、以强化负责人治理能力为重点、以健全法人治理规则为保障的社会组织内部治理体系，连续 5 年开展规范社会组织法人治理行动，促进社会组织建设水平全面提升。

四、“十三五”期间广东省社会组织发展的难点与困境

“十三五”期间，广东社会组织总体上保持健康有序发展势头，走在了全国前列，为全国社会组织工作改革发展提供了有益经验。广东是全国改革开放的前沿地区、经济增长的火车头，但社会组织发展质量滞后于经济发展水平，社会组织服务供给还不能满足人民群众对美好生活的需要，社会组织结构布局在区域、领域、行业间的不平衡不充分不合理的矛盾仍然比较突出，社会组织内部治理与外部环境关系还不够和谐，社会组织内生动力与政策驱动还有较大发展空间，成为影响和制约社会组织高质量发展的障碍，主要体现在以下四个方面。

（一）社会组织管理政策法规配套滞后

一是现行的《社会团体登记管理条例》《民办非企业单位登记管理暂行条例》和《基金会管理条例》颁布实施已久，社会组织发展的环境、条件、任务、标准、要求等都发生了较大变化。尤其是《中华人民共和国民法典》《中华人民共和国慈善法》等法律法规出台后，三个条例中与之相关的条款不相适应，给社会组织管理工作造成困惑。新“三合一”的《社会组织登记管理条例》尚未出台，新发展阶段出现的新情况、新问题缺乏权威的法律依据，以协调依法行政与促进发展之间的关系。

二是粤港澳大湾区社会组织合作发展的政策法规依据不足。粤港澳大湾区三种法律制度、三种货币、三个关税区并存，大湾区社会组织融合发展、横琴和前海两个合作区三地社会组织创新实践活动，非常系统复杂，尤其是有些概念的问题需要精准明确。尽管作了一些理论上的研究，但是没有实质性的进展，在末端落实还比较困难。当前，还没有大湾区社会组织合作发展的指导性法规政策。

三是省、地（市）两级社会组织管理的相关法规制度不够系统。部分地（市）制定适宜本地社会组织发展特点的管理制度比较缺乏，制度创新力度不够，尤其是社区社会组织管理制度体系创新有较大空间。还存在重法规制定、轻系统应用的问题，尤其是社会组织管理法规制度与部门相关法规制度间相

互衔接、社会组织登记管理机关各业务之间的相关管理制度等的融合运用水平还不高，法规制度综合运用能力有待提升。

四是部分社会组织联席会议单位还没有制定本系统、本行业的社会组织综合管理实施细则，部门与部门之间还未完全形成齐抓共管、运转有序、沟通顺畅的综合管理机制。

（二）社会组织培育统筹合力不够

一是缺乏总体设计。对社会组织培育发展的内涵与外延缺乏深刻、系统的认识，在社会组织的发展方向、发展规模、发展举措、规范化建设、人才体系建设、政策扶持、购买服务、经费资助、理论研究、精神激励、品牌建设、宣传报道、管理模式创新等方面，没有系统的单项设计，也没有全面的体系思考，成为影响和制约社会组织高质量发展的最大障碍。

二是缺乏平台和载体。“散、弱、小”状态和“孤岛效应”的原生模式没有得到根本改变，枢纽型社区社会组织服务体系尚未完全建立，市、县（市、区）社会组织培育发展体系还比较薄弱，省本级缺乏社会组织服务支持平台，全省上下联动、相互支撑的社会组织培育发展格局尚未形成。

三是培育扶持举措乏力。有品牌建设意识，但缺少培育发展的创新举措；注重亮点重点工作营造，但缺乏规范化建设的机制和注重打牢发展基础的韧劲；关注制约社会组织发展的重点难点问题，但没有提出更好的解决方法和对策，阻碍了社会组织高质量发展的进程。社会组织品牌建设与高质量发展要求不相适应，各层级、各领域具有代表性、能充分发挥示范引领作用的社会组织占比不高，尤其是缺乏参与服务“一带一路”、服务粤港澳大湾区建设、服务行业创新、服务社会治理的新型品牌社会组织。各层级对培育品牌社会组织缺乏有效的政策支持、办法措施、经费保障和激励机制。

（三）社会组织高质量发展基础比较薄弱

一是登记管理力量与社会组织发展需求不相适应。尤其是2018年政府机构改革之后，除省本级和广州、深圳之外，各地市全部取消原来的社会组织管理局，在理念、人员、经费等方面，与以前相比有些弱化，区县级体现得更为明显，有的区县只有0.143个人负责社会组织工作。执法力量在人员编制、专业素养、执法保障等方面，还不能满足实际工作需求。

二是人才队伍体系建设水平不够。人才队伍建设缺乏系统设计，人才培养的机制不健全，业务培训缺乏统筹，集中培训针对性不够强，零敲碎打多，整体系统性不够，合力作用发挥不足，培训付出与人才队伍成长成效不一致。缺乏完善的培训、选拔、使用、评价体系，以及人才建设梯队培养机制和人才保障机制，领军人才、骨干人才、岗位人才的发展体系尚未形成，社会组织人才总量和广东省社会组织的快速发展不相适应。

三是管理模式相对传统。社会组织管理理念比较传统，创新意识不强，不同程度地存在重登记、轻管理、弱执法等问题。尤其是"脱钩改革"之后，部分单位对"脱钩改革"的认识存在偏差，把"脱钩"简单理解为"脱管"，不愿意担当社会组织的业务主管单位。社会组织管理业务流程优化和系统需求缺乏研究不够深入，数据采集、分析、统计、共享、历史问题数据处置等方面缺少标准规范、协同机制，社会组织法人库系统功能和操作性等方面还不能满足业务需求，还不能支撑社会组织的实时化、扁平化、精准化、智能化管理。

四是社会组织宣传工作滞后。对社会组织正面、主流和发挥作用的宣传乏力，很多好的典型、经验没有得到总结推广，影响了社会组织的积极性。社会大众对社会组织缺乏全面认识，尤其是对社会组织的民间属性、公益属性、非营利属性等认知不足，不利于营造社会组织发展的良好社会环境。

（四）社会组织党建工作基础有待加强

一是社会组织"两个覆盖"尚有空间。社会组织数量多、党员少、分布散、流动性大，负责人中党员的比例低，新成立社会组织的党员不愿意将党组织关系转入社会组织党委，党组织组建难、工作开展难、跟踪管理难问题突出，社会组织党的组织覆盖和党的工作覆盖有待进一步提高。

二是社会组织党建服务保障体系仍需完善。广东社会组织登记管理机关和社会组织党委普遍缺乏党群服务力量，尚未成立党建服务中心，没有相应人员、经费、场地等保障，缺少党政机关、事业单位退休人员到社会组织从事党务工作的激励措施。

三是社会组织党组织作用有待充分发挥。部分党组织由一般工作人员任书记，党组织发挥作用难度较大，效果不理想。对社会组织决策机构（理事会、常务理事会、会长办公会）如何建立健全和加强党的领导、党组织如何参与重大事项决策还没有形成有效运行模式，缺乏具体措施，对责任落实没有刚性约束和追责机制。在具体实践中，社会组织党建工作仍然存在虚化、弱化、边缘化的问题，存在为等级评估而建党组织的现象，党组织参与重大决策的影响力有限。

五、“十四五”期间广东社会组织高质量发展建议

“十四五”期间，广东社会组织管理工作坚持以习近平新时代中国特色社会主义思想为指导，以高质量发展为目标，认真贯彻落实党的二十大会议精神，注重把握新发展阶段特征、领会新发展理念内涵、学习构建新发展格局方法，在开启全面建设社会主义现代化国家新进程中，紧紧围绕国家发展大局和广东“1+1+9”发展战略①，立足广东的区域特征、使命特征、任务特征、发展特征，坚持以服务国家治理体系和能力现代化建设、“一带一路”建设、乡村振兴战略和广东经济社会发展、粤港澳大湾区建设、深圳中国特色社会主义先行示范区、珠海横琴粤澳深度合作区和深圳前海深港现代服务业深度合作区建设等为发展重点，加强党的全面领导，进一步解放思想，努力改革创新，统筹安全与发展，坚持系统顶层设计和全面扎实推动相结合，坚持打牢发展基础与致力品牌建设相结合，坚持埋头苦干与“讲好故事”相结

① “1+1+9”具体指广东省委十二届四次全会部署的“1+1+9”重点任务。第一个“1”是指以推进党的建设新的伟大工程为政治保证；第二个“1”是指以全面深化改革开放为发展主动力；“9”是指9个方面重点工作：一是以粤港澳大湾区建设为重点，加快形成全面开放新格局；二是以深入实施创新驱动发展战略为重点，加快建设科技创新强省；三是以提高发展质量和效益为重点，加快构建推动经济高质量发展的体制机制；四是以构建现代产业体系为重点，加快建设现代化经济体系；五是以大力实施乡村振兴战略为重点，加快改变广东农村落后面貌；六是以构建“一核一带一区”区域发展新格局为重点，加快推动区域协调发展；七是以深入推进精神文明建设为重点，加快建设文化强省；八是以把广东建设成全国最安全稳定、最公平公正、法治环境最好的地区之一为重点，加快营造共建共治共享的社会治理格局；九是以打好三大攻坚战为重点，加快补齐全面建成小康社会、跨越高质量发展重大关口的短板。

合，探索党建引领、系统培育、综合监管、自律自治、规范有序、手段先进、亮点纷呈、作用突出的具有广东特色的社会组织发展路径，逐步形成法治保障、结构合理、参与广泛、层次多元、信用分明、资源优配的社会组织共建共治共享高质量发展格局。

（一）坚持社会组织发展的正确方向

深入研究社会组织党建工作特质和方法，把握社会组织党建工作规律，完善党对社会组织领导制度，健全党建工作体系和党群服务体系。按照《广东省加强党的基层组织建设三年行动计划（2021—2023年）》提出的主要目标，不断扩大社会组织党的组织覆盖和工作覆盖，不断提升社会组织党建制度化、规范化、科学化水平，不断增强社会组织党组织政治领导力、思想引领力、群众组织力、社会号召力。加强党对社会组织的领导，完善社会组织党建工作制度，以提升组织力为重点，突出政治功能，把社会组织党组织建设成为宣传党的主张、贯彻党的决定、领导基层治理、团结动员群众、推动改革发展的坚强战斗堡垒，引领社会组织“听党话、跟党走”，成为建设社会主义现代化事业的重要力量。

（二）明确社会组织高质量发展理念

广东社会组织高质量发展要贯彻落实创新、协调、绿色、开放、共享的发展理念，围绕广东经济社会发展大局，运用系统思维，注重顶层设计，统筹协调全省社会组织发展，引领社会组织发展方向、布局、重点，促进社会组织全面提升服务能力。积极践行社会主义核心价值观，引领社会组织牢记初心使命，坚守非营利性原则和公益精神，履行社会责任，更好服务国家、服务社会、服务群众、服务行业。强化法治思维和法治能力，运用法治方式，引导社会组织严格遵纪守法、严格按照章程运营，全面提升社会组织自律自治的水平。坚持守正创新，深化社会组织管理制度改革，全面推进社会组织管理的制度化、规范化建设，加强社会组织品牌建设，激发社会组织创新活力，为社会组织发展营造良好环境。

（三）营造促进社会组织高质量发展的环境

营造良好法治环境。根据国家出台的《社会团体登记管理条例》，制定社会组织登记管理、综合监管、信用建设、执法制度等方面的法治规范。待国家修订慈善法后，进一步完善社会组织在公益慈善领域的相关政策规定。适应行业发展规律和经济发展要求，加强相关地方性法规建设，推动修订《广东省行业协会条例》，进一步明确行业协会商会法律地位、行为规范和促进措施。根据民政部关于社区社会组织培育发展要求，研究制定《广东省社区社会组织分类管理办法》。探索粤港澳大湾区社会组织合作发展规律，加强特殊框架下三地社会组织融合发展的法规制度创新，破解粤港澳三地社会组织合作发展难题，健全与广东社会组织高质量发展相适应的政策制度体系。

营造良好政策环境。对接国家发展政策，拓展社会组织发展空间，建立社会资源与社会需求配置机制，促进社会组织资源流动，引导社会组织参与社会公共服务和民生事业发展。用足用好社会组织培育发展政策，加强部门间培育发展合力，全面落实落地社会组织人才激励、税收优惠、购买服务等措施，提升社会组织政策获得感。适应社会组织培育发展需要，突出新领域、新业态、新科技等发展重点，创新社会组织发展举措。

营造良好社会环境。注重发挥数字赋能、宣传报道、品牌建设等综合效能，总结推广先进社会组织典型经验，全面展示社会组织发展成效，弘扬社会组织正能量，增强社会组织参与社会治理体系和能力现代化建设的光荣感、使命感。

（四）优化社会组织高质量发展机制

完善联席会议制度运作机制。进一步发挥社会组织登记管理机关统筹协调作用，进一步明确业务主管单位和行业管理部门职责，形成自律自治有序、社会监督有力、政府监管有方的社会组织综合监管格局。

完善社会组织分类管理机制。全面推进双重管理与直接登记并举的社会组织管理制度落实，实现行业归口管理，健全社会组织法人治理结构、制度、机制，完善内部管理和外部监督机制，推动社会组织诚信自律建设。

完善社会组织法人治理机制。以公信力建设为目标，以完善章程为核心，以健全法人治理结构和制度建设为基础，以信息公开和综合监管为保障，全面建设系统的法人治理机制，形成结构合理、制度完善、运转协调、充满活力的社会组织法人治理体系。

完善社会组织退出机制。重点研究社会组织理事会申请注销表决与社会组织合法性丧失之间的法理悖论、资产清算主体缺失、剩余资产归属等“老大难”问题，寻求法规突破，探索制度创新，简化退出程序，降低社会组织发展风险。

（五）筑牢社会组织高质量发展基础

充实基层登记管理力量。研究新形势下社会组织管理工作模式，破解机构改革后基层登记管理力量不足的难题。借鉴社工站人才建设经验，采取购买服务等方式，补充管理服务力量。增强县（区、市）民政部门统筹社会组织管理能力，改革基层登记管理体制，推进社区社会组织管理职能下沉乡镇（街道），压实社区社会组织管理责任，协同推进基层政府培育发展与监督管理，形成共建共治共享统筹发展机制，促进社区社会组织健康有序发展。

强化社会组织人才队伍建设。加强人才体系建设，着眼培养百个社会组织领军人才、千个社会组织专业骨干人才、万个社会组织合格岗位人才的发展目标，统筹社会组织培训力量，探索社会组织人才培训方式，逐步建立一套比较完善的培训体系，逐步形成社会组织人才梯队结构，提高社会组织人才队伍专业化、职业化水平。

创新构建智能化支撑体系。贯彻落实民政部关于法人库系统建设和省政府关于政务数字改革的规划发展要求，强化全省社会组织信息化建设“一盘棋”思想，以规范数据采集、优化系统功能、提升辅助决策能力为重点，升级改造原有法人库系统，建立健全“广东社会组织管理综合信息服务平台”管理办法，构建覆盖省、市、县（区、市）社会公众、社会组织、登记管理机关和联席会议单位等所有用户的社会组织管理综合服务体系，加大推广应用力度，以信息化管理手段促进社会组织业务工作的高效率、高质量发展，逐步实现社会组织管理从多层级向扁平化、从碎片化向系统性、从粗放型向智能型、从被动型向主动型转变。

守住社会组织风险防范底线。落实好“谁执法谁普法、谁主管谁普法”，发挥网络传播、传统媒介、舆论导向等功能作用，广泛宣传社会组织新法规、新政策，提升社会公众对社会组织法律法规、行为规范的认识，形成社会组织风险防范的社会基础。大数据运用、第三方舆情监测与日常监管相结合，建立定期分析研判机制，完善社会组织风险防范机制和联合监管机制。注重源头治理，提高对非法社会组织的综合整治能力，铲除其滋生土壤，挤压其生存空间，净化社会组织发展环境。加强系统治理，健全完善社会组织法人治理，规范社会组织行为，增强依法自治能力，消除社会组织运行风险点。突出重点治理，建立舆情监测预警制度和快速响应机制，对苗头性、倾向性风险隐患早发现、早处置，防患于未然；提高执法效能，建立更加高效的联合执法机制，通过查处社会负面影响大、牵涉面广、触犯道德底线的典型案件，开展以案说法、警示教育，增强社会组织健康肌体。

分报告

广东省社会组织党建工作报告

吴　月[①]

摘　要： 社会组织党组织是党在社会组织中的战斗堡垒。加强社会组织党建工作，是促进社会组织健康发展的根本保证，是推进国家治理体系和治理能力现代化的迫切需要，也是落实全面从严治党的内在要求。近年来，广东省社会组织党建工作在中央有关精神的指导和各级党委及党委组织部门的高度重视下进行了积极探索，取得了显著成效。广东省社会组织党建工作具有以下特色：多方齐抓共管、强调顶层设计、坚持改革创新、强调服务大局、服务中心工作。但是，社会组织党建有效覆盖程度有待进一步加强，党建工作责任有待进一步落实落细，党建与业务工作融合度有待进一步提升，党建工作机构工作力量有待进一步加强。为进一步推动广东省社会组织党建工作，本报告提出了加强党组织建设、强化党建工作力量、探索落实党建工作保障、推动党建与业务“五融合”工作机制、发挥党建引领作用等对策建议。

关键词： 广东；社会组织；党建工作；党组织

随着经济社会的不断发展，广东省已经形成了类型齐全、层次不同、功能互补、覆盖广泛、特色明显的社会组织体系，广东省社会组织成为党和政府联系群众的重要桥梁和纽带，成为促进经济发展、社会和谐的积极力量。近年来，广东省各级党组织和社会组织，认真贯彻落实党中央、国务院，省委、省政府关于加强社会组织党建工作的重要部署，全面加强社会组织党建工作，成效显著。

本报告在分析和把握社会组织党组织功能定位的基础上，对“十三五”

---

① 吴月，广东外语外贸大学社会与公共管理学院、广东省社会组织研究中心教授，主要研究方向为社会组织发展、基层社会治理等。

期间广东省社会组织党建工作进行总结，并对社会组织党建工作的特点、困难予以分析，进而提出推动社会组织党建工作的对策建议。

一、社会组织党组织的功能定位及基本职责

《中国共产党支部工作条例（试行）》指出，社会组织党支部的重点任务是引导和监督社会组织依法执业、诚信从业，教育引导职工群众增强政治认同，引导和支持社会组织有序参与社会治理、提供公共服务、承担社会责任。中共中央办公厅印发的《关于加强社会组织党的建设工作的意见（试行）》也明确了社会组织党组织的功能定位："社会组织党组织是党在社会组织中的战斗堡垒，要着眼履行党的政治责任，紧紧围绕党章赋予基层党组织的基本任务开展工作，严肃组织生活，严明政治纪律、政治规矩和组织纪律，充分发挥党组织的政治功能和政治作用。要按照建设基层服务型党组织的要求，创新服务方式，提高服务能力，提升服务水平，通过服务贴近群众、团结群众、引导群众、赢得群众。"意见还进一步指出，社会组织党组织应承担的基本职责包括：一是保证政治方向。宣传和执行党的路线方针政策，宣传和执行党中央、上级党组织和本组织的决议，组织党员群众认真学习中国特色社会主义理论体系，深入学习习近平总书记系列重要讲话精神，教育引导党员群众遵守国家法律法规，引导监督社会组织依法执业、诚信从业。二是团结凝聚群众。做好思想政治工作，教育引导职工群众增强政治认同，关心和维护职工群众的正当权力和利益，汇聚推进改革发展的正能量。三是推动事业发展。激发从业人员工作热情和主人翁意识，帮助社会组织健全章程和各项管理制度，引导和支持社会组织有序参与社会治理、提供公共服务、承担社会责任。四是建设先进文化。坚持用社会主义核心价值观引领文化建设，组织丰富多彩的文化活动，营造积极向上的文化氛围，教育党员群众自觉抵制不良倾向，坚决同各种违法犯罪行为作斗争。五是服务人才成长。关心关爱人才，主动帮助引导，不断提高从业人员的思想和业务素质，支持和保障各类人才干事创业。六是加强自身建设。创新组织设置，健全工作机制，严格执行组织生活各项制度，做好发展党员和党员教育管理服务工作。维护和执行党的纪律，监督党员切实履行义务，做好党风廉政建设工作。领导本单位

工会、共青团、妇联等群团基层组织工作。同时，《广东省加强党的基层组织建设三年行动计划（2018—2020年）》《广东省党支部规范化建设指导意见》也强调，要推动党在基层的组织覆盖和工作覆盖更加有效，党组织的领导核心作用更加坚强，政治引领更加突出，体制机制更加科学，基层党建与基层治理结合更加紧密，党支部建设更加规范，党组织书记队伍建设更加系统，党员教育管理更加精准，党员先锋模范作用发挥更加充分，基层党组织保障更加有力，党在基层的执政根基更加牢固。

二、“十三五”期间广东省社会组织党建工作基本情况

广东省社会组织党建工作起步早，2009年在全国率先设立省级社会组织党建工作机构，2016年率先在省社会组织管理部门设置党群工作处，2017年底改为党建处。全省各市普遍成立了社会组织党委。“十三五”期间，广东省社会组织党建工作取得较大成就，党建引领不断加强，实现了社会组织党的组织和党的工作覆盖。

（一）全省社会组织党建工作机构情况

省级层面，2009年设立广东省社会组织党工委，2012年改设为党委。2016年，在省民政厅社会组织管理局增设党群工作处，2017年底改为党建处。截至2020年底，省委“两新”工委成立了9个行业党委，其中省社会组织党委等6个行业党委配备了副厅级专职副书记。市县层面，21个地市设立了社会组织党委，18个地市配备了专职党委副书记，69个区县设立了社会组织党委。

（二）社会组织党建工作的制度建设情况

在社会组织党建工作的制度建设方面，广东省注重政策创制，加强顶层设计。2016年广东省委办公厅出台《关于加强我省社会组织党的建设工作的实施意见》，奠定了广东省社会组织党建的基本管理框架和工作模式。2017年，广东省委办公厅、省政府办公厅出台《关于改革社会组织管理制度　促进社会组织健康有序发展的实施意见》，2018年省委办公厅印发《广东省加

强党的基层组织建设三年行动计划（2018—2020年）》。2018年省委组织部出台《广东省党支部规范化建设的指导意见》，进一步将社会组织党建工作向规范化、标准化发展方向推进。广东省社会组织党委制订了落实行动计划实施方案，在加强基本组织、基本制度、基本队伍、基本活动和基本保障建设方面提出了明确要求，并先后出台了《全省性社会组织党建工作指导员管理办法（试行）》《全省性社会组织党组织党费收缴、使用和管理办法（暂行）》《全省性社会组织党建工作财政保障经费使用及管理办法（暂行）》《全省性社会组织党组织换届选举工作指南》《全省性社会组织党员组织关系转接工作指引》《全省性社会组织临时党支部工作指引》等系列规章制度。

（三）社会组织党组织发展情况

广东省“十三五”期间社会组织党组织的数量逐步上升。2016年全省社会组织党组织数量①为4557个，2020年增加到11190个。

（四）社会组织党组织书记、党员、党建指导员队伍建设情况

在社会组织党组织书记队伍建设方面，逐步完善党组织书记述职评议考核机制，制定党组织负责人考察程序，规范党组织负责人选配工作。省级建立党组织书记任前考察工作机制，开展党组织书记年度述职考核工作，建立新任党支部书记任前谈话制度。

在党员队伍建设方面，大力推动党员队伍的壮大与发展，编制《全省性社会组织党组织党员发展工作手册》，要求全省社会组织认真按照16字总要求和5个阶段25项流程做好发展党员工作。

在党建工作指导员队伍建设方面，制定《全省性社会组织党建工作指导员管理办法（试行）》，通过选派、选任、招募等方式分两批组建了88人参加的党建工作指导员队伍，协助做好社会组织中已有党员的教育和管理工作，做好入党积极分子的培养考察及发展党员工作，及时掌握思想状况，与入党积极分子、党员发展对象进行谈话，做好组织宣传、联系服务、协调指导等工作。

① 数据来源：广东省社会组织管理局资料。本报告下同。

（五）社会组织党建工作保障情况

在经费保障方面，先后出台了《广东省“两新”组织党建工作财政保障经费管理办法（2015 年修订）》和《关于加大党的基层组织建设经费保障力度的通知》，加大“两新”组织（新经济组织和新社会组织）党建经费保障力度，设立“两新”组织区域党委工作经费，提高“两新”组织党组织书记补贴标准和党建指导员补贴标准，并将欠发达地区纳入补助范围。

在基层阵地建设方面，积极推进社会组织党建基层阵地建设工作，探索建设党群服务中心和党建工作站，联系指导直接登记（含脱钩）的全省性社会组织。省委“两新”工委以及省社会组织党委分别开展社会组织党建工作示范点创建活动，全省共有 28 个社会组织党组织被省委“两新”工委选树为全省“两新”组织党建工作示范点。

在党建信息化建设方面，建设广东社会组织党建管理平台，社会组织党组织换届、党建保障经费申请、文件通知下载、工作情况报告等党务工作实现网上申报、网上审批、网上报送，推进社会组织党建工作信息化管理水平。

（六）重大事件及活动

1. 2016 年重大事件及活动简述

（1）在全省社会组织党组织和党员中开展“两学一做”学习教育活动。

（2）为推进社会组织党建工作，广东省社会组织管理局设立党群工作处，机构改革中，党群工作处改设为党建处。

（3）采取购买服务方式，设立广东省社会组织党群服务中心，组建第一批、第二批党建工作指导员队伍。

2. 2017 年重大事件及活动简述

2 月，召开省社会组织党委第二次党员代表大会，选举产生第二届党委会委员。

3. 2018 年重大事件及活动简述

在全省性社会组织党组织中开展以表彰先进、举办社会组织党建成果展、组织读书会、组织集体主题党日活动、开展访贫慰问活动、开展党建工作

“牵手帮扶”行动、开展党建集中宣传、出版党建专刊、制作形象宣传片等为主题的庆祝中国共产党成立97周年——“社会组织跟党走”系列活动。

4. 2019年重大事件及活动简述

（1）在全省社会组织党组织和党员中开展“不忘初心、牢记使命”主题教育。

（2）创新设立党建工作站，直接服务直接登记类全省性社会组织和与行政机关脱钩的全省性行业协会商会。

5. 2020年重大事件及活动简述

（1）建立社会组织党建摸排和组织建设“双同步”工作机制，摸清全省社会组织底数，坚持边摸排边组建边巩固，实现社会组织党组织“应建尽建”“应联尽联”“应纳尽纳”。

（2）党建引领社会组织参与新冠肺炎疫情防控，落实支持企业复工复产“十项行动”，组织开展支持企业复工复产调研工作。

（3）党建引领社会组织参与打赢脱贫攻坚战，开展“云南行”“江西行”和“新疆行”活动，实地调研扶贫协作项目，推动项目对接实施，提升东西部扶贫协作项目质量。开展“粤东行”“粤西行”“粤北行”等各种对接活动，推动省内扶贫协作项目的对接实施。

三、广东省推进社会组织党建的主要做法及成效

（一）抓好全省指导，党的政治建设有新进步

省社会组织党委具有指导全省社会组织党建工作的职责，先后提请省民政厅向各地市民政局（社会组织党委）、各社会组织（党组织）印发了《关于在全省社会组织登记管理工作中加强党的政治建设的有关要求的通知》。特别是新冠肺炎疫情发生以来，省民政厅印发了《关于在新型冠状肺炎疫情防控中充分发挥社会组织党组织战斗堡垒作用和党员先锋模范作用的通知》《关于在常态化疫情防控中持续发挥社会组织党组织和党员作用的通知》等文件，及时贯彻落实民政部、省委省政府、省委“两新”工委的各项工作部署。利用每年例行举办的全省培训示范班，召集各地市社会组织党委主要负责人进

行座谈交流，听取情况和意见，对各地市社会组织党建工作给予指导，切实推进社会组织领域党的政治建设。

（二）抓早制度创制，各项党建工作有新规范

先后制定出台了社会组织党员管理规定、党员发展程序、党组织成立工作指南、选举工作指南、党费管理、财政保障经费管理、党组织负责人人选考察办法、党组织负责人考核办法、指导员队伍管理办法、党建工作站管理办法等一系列党建工作制度文件。结合登记监管工作，修订了社会团体、行业协会、基金会、社会服务机构的章程示范文本，以及评估细则、年报评价指标、党建工作承诺等内容。研究制订了《关于设立社会组织党组织第一书记的实施方案》，社会组织党建工作制度基本形成，为促进党的建设、规范党务工作提供了制度保障。

（三）抓细党的工作，党群服务工作有新抓手

一是组建党建指导员队伍。通过选派、选任、招募等方式分两批组建了88人党建指导员队伍，细致深入推进社会组织党建工作联系、指导、服务工作，推动成立党支部130个。党建指导员队伍在推进“三年行动”计划和“双同步”工作中发挥了积极作用。二是开展“牵手帮扶”，安排268个党组织组成132个党建指导小组，对1220个无业务主管单位的全省性社会组织开展摸底排查和联系指导工作，摸清党建工作底数，宣传党建政策，加强业务指导，促进党的工作覆盖。三是试点建设工作站。采取合作共建的方式，推进试点建设10个全省性社会组织党建工作站。以类型相近、行业相通、功能互补、地域相邻、双向选择为原则进行组建与确定联系指导和服务范围，每个社会组织党建工作站联系、指导和服务约50家社会组织，以推动社会组织党的组织和工作覆盖为主，同时搭建联动、互动和服务平台，促进社会组织党建与业务有机融合、资源优化整合，引领社会组织健康发展和增强服务能力。截至2020年底，共联系指导了486个省级社会组织、300余名党员，指导成立16个党组织，举办了十几场线上线下培训班和座谈会，充分发挥“四个平台”（社会组织党建活动平台、党员教育管理平台、业务合作平台、服务

社会平台）作用。

（四）抓强组织建设，党组织组织力有新提升

一是孵化新的社会组织行业党委。根据社会组织党建新形势新要求，在省委“两新”工委的指导下，孵化新的社会组织行业党委，会同有关行业主管单位，会同相关行业主管单位，做好调研摸底、制订方案、指导组建等工作。仅2020年就先后调研走访了省工商联、省文化和旅游厅、省农业农村厅、省社科联等省直单位，推动孵化新的社会组织行业党委。二是探索建设行业联合党委。省级选取规模较大的行业协会、枢纽型社会组织推进联合党委（行业党委）建设，把支部设立到分支机构、团体会员、骨干会员企业，纳入联合党委领导和管理，如，设立省社会组织总会党委、省食品医药行业联合党委、广州市社会组织联合会党委。三是开展党组织达标创优、党员评星定级。以“双强五好”标准，组织全省性社会组织党组织开展达标创优和党员评星定级工作，实施动态管理。持续开展软弱涣散党组织整改工作，重点针对党员人数不足3名、未按时换届、书记离职、涉及信访投诉等情况，连续两年完成了76个党组织整改工作，进一步规范了党组织管理。四是加强“两支队伍”建设。逐步完善党组织书记述职评议考核机制，制定党组织负责人考察程序，规范党组织负责人选配工作。省级建立党组织书记任前考察工作机制，开展党组织书记年度述职考核工作，建立党委书记召集新任党支部书记集体谈话制度。每年定期举办全省培训示范班，组织地市社会组织党委负责人和党组织负责人代表集中培训。对省级社会组织党组织负责人进行全员轮训，确保每人每年集中培训不少于40学时，累计受训超过5万人次，效果明显，影响广泛。五是加强脱钩后行业协会商会的组织建设。2018—2020年，分3批（310个）进行脱钩改革，按照“脱钩不脱管”的基本原则，根据省委组织部脱钩后党建工作管理办法，及时接收17个党组织转隶，同步派出40批次80余人次上门指导，督促成立党支部33个。

（五）抓实“双同步”工作，两个覆盖有新机制

2020年7月，省委“两新”工委联合省社会组织党委，部署开展全省社

会组织党建摸排和组织建设“双同步”工作，重点摸查运行情况、从业人员情况、党组织情况、党员队伍情况、负责人情况、群团工作情况“六个清”。及时运用摸排工作成果，突出抓好从业30人以上的社会服务机构单建党组织工作，做到“应建尽建”“应联尽联”“应纳尽纳”，同步精准推进党的组织覆盖和工作覆盖。各级民政部门按照各级“两新”工委部署要求，选派4468名党建指导员采取上门或电话等方式开展党建调查，在做好本级社会组织党建摸查基础上，重点指导区县组织部门，压实乡镇（街道）属地管理的社区社会组织党建摸查工作。结合全省社会组织脱贫攻坚专题培训班、全省社会组织党建工作培训示范班，强化对地市摸排工作的业务指导；结合全省社会服务机构现场检查和专项督察、社会组织调研指导工作，开展现场摸查和督导工作。截至10月底，全省应摸查67176家社会组织，完成摸查60475家，完成率达90.02%，总体效果比较明显，基本摸清了党建底数。

（六）抓亮党建品牌，党建创新有新示范

各地结合社会组织发展情况，因地制宜推进党建工作改革创新，创建了一批特色鲜明的党建品牌，也积累了丰富的经验，如：省本级党建工作站建设、“三级党委”试点建设等；广州实施“红苗工程”，主动把党的工作融入社会组织培育发展监管全过程，着力孵化“红种子”、培育“红树苗”、建设“红树林”，构建社会组织党建工作“红色生态链”，并建立社会组织党校；深圳实施“燎原计划”，选派“第一书记”，开展行业自律，推动联学联建；珠海按行业分类进行社会组织党建工作归口管理，佛山“1+N群组链”党建模式，惠州搭建社会组织和党组织“双孵化”平台，东莞“阳光雨”社会组织党群服务中心建设。创新了一批工作法，如：省本级“五同步”、广州“全程同步关联”、深圳“三同步五嵌入”、珠海“三社联动”、湛江“源头孵化”、江门“种子党员”等工作法，积极推动广东社会组织党建工作进入新的发展阶段。

（七）抓好作用发挥，党建工作有新活力

在党建引领下，广东省社会组织在促进经济发展、繁荣社会事业、创新

社会治理、扩大对外交往等方面发挥着越来越重要的作用。特别是在疫情防控期间，支持企业复工复产“十项行动”，省中小企业发展促进会、省医药行业协会、省物流行业协会等17.5%的省级行业协会商会为企业减免2020年会费，支持帮助企业复工复产累计约6万家。捐款捐物支援抗疫，据不完全统计，全省社会组织累计捐款捐物超过20亿元，党员个人及党组织捐款捐物超1亿元。为助力经济社会发展，省环境保护产业协会、省家具协会、省食品行业协会等在制定行业标准、开展国际经贸合作、助力化解经济风险等方面发挥了积极作用。全力推进党建引领社会组织助力脱贫攻坚，据不完全统计，2018—2020年，全省共有6600多家社会组织开展扶贫协作项目6200多个，共投入资金约35.5亿元。

（八）抓严自身建设，党委领导能力有新提高

一是强化学习，坚定政治立场。严格执行第一议题学习制度，集中学习研讨习近平总书记最新重要讲话精神以及党的最新理论文章，多次专题学习总书记关于社会组织党建工作重要论述。二是严格党纪，落实政治责任。党委班子带头落实党风廉政制度和“一岗双责”，严格履行意识形态工作责任，严格执行《党委议事规则》。三是深入调研，服务中心工作。先后赴外省、省内各地市、各级社会组织开展调研70余次，班子成员直接联系党组织，不断摸清情况、找准差距、制定措施、落实整改。四是加强宣传，营造良好氛围。组织各级新闻媒体，宣传报道广东社会组织党建工作，叫响“社会组织跟党走”口号，形成了社会组织听党话、跟党走的浓厚氛围。

四、广东省推进社会组织党建的主要问题

（一）社会组织党建工作有效覆盖仍需加强

“十三五”期间，广东省绝大多数社会组织都成立了党组织且积极开展党建工作，使党组织覆盖社会组织程度显著提升。但是仍有部分社会组织党建工作力度不足，有待加强，主要表现在：第一，未及时将党建工作写入章程。仍然有部分社会组织未按照民政部门要求及章程（范本）要求，及时将党建

工作写入章程。第二，未及时成立党组织。有少数社会组织因党员人数不足三名或无党员而未成立党组织，也未建立联合党组织。第三，开展党组织活动较少。有部分社会组织虽然成立了党组织，但年均开展党组织活动次数不足3次。

（二）社会组织党建工作责任仍需落实落细

部分社会组织对党建工作重视力度不足，仍然存在不想管、不愿管和不会管的现象，许多社会组织组建了党组织，但开展的工作比较有限。另外，对包括理事会、常务理事会、会长办公会在内的社会组织决策机构如何建立健全党的领导的措施不足。

（三）党建与业务工作融合度有待提升

虽然相关文件明确要求实施“五融合”工作机制，在成立登记、年检年报、换届选举、等级评估、评优评先中嵌入开展党建工作，但落地执行仍然存在困难，缺乏一套行之有效的可操作实施细则，对于相关业务主管部门责任也缺乏刚性约束。以深圳市为例，《深圳市社会组织党的建设工作规定》明确“司法、财政、税务、教育、卫生、市场和质量监管等社会组织业务主管单位党组织，要结合各自职能和业务工作将社会组织党建工作全流程嵌入社会组织年检年报、等级评估、换届改选、购买服务和承接政府转移职能、评先评优等各个环节”，但对在工作实践中如何落地，缺乏具体的操作办法。又如，党建工作虽然已经作为重要内容嵌入社会组织年检年报，但仍有不少社会组织未按照要求填写党组织和党员情况信息。

（四）社会组织党建工作力量有待加强

首先，党建工作力量存在不足。广东省各地社会组织党委大多没有设置专职党务工作人员，现有的党务工作人员存在经验不足、能力有限等问题。其次，缺少党务工作人才。广东省社会组织中，从事党务工作的人员有相当一部分是党政机关及事业单位的退休人员，他们在社会组织党建工作中发挥了不可忽视的重要作用，但由于缺乏基本的工作保障条件，导致这部分社会组织党务工作者的积极性受挫，后备党务人才的培养也较缓慢。最后，党建工作经费保障不到位。社会组织党建工作经费保障科目细化程度不足，存在部分市、县社会组织党委办公经费不足的问题，导致无法聘请专职党务工作人员从事社会组织党建工作，此外，全省的社会组织党建工作发展存在差异化特征，但经费标准却是一致的，导致部分区域的社会组织党建工作存在经费不足的问题。

（五）社会组织党组织和党员管理教育有待进一步加强

一是党员流动性大、分布广，影响了党组织的稳定运行。党组织难以组建，或者是“建了散，散了建”。党员分散、构成复杂，基层支部难以有效管理。二是部分社会组织党组织生活容易被业务活动冲占挤压，而且内容和形式都不适应社会组织党员年轻、学历高、思维活跃的特点，与文化建设结合不够、引领作用不强，党员参与热情不高。三是部分基层党组织存在换届、人员调整不及时的情况。部分社会组织因被注销或撤销，党组织没有及时撤并，导致原有党员组织关系没有及时调整。

五、推动广东社会组织党建工作的对策建议

按照《广东省加强党的基层组织建设三年行动计划（2021—2023年）》提出的主要目标，不断扩大社会组织党的组织覆盖和工作覆盖，不断提升社会组织党建制度化、规范化、科学化水平，不断增强社会组织党组织政治领导力、思想引领力、群众组织力、社会号召力，以高质量党建推动社会组织高质量发展。结合广东省推进社会组织党建存在的主要问题，提出如下对策建议：

（一）完善社会组织党建工作，增强党的组织和党的工作有效覆盖

要提升社会组织党的组织和党的工作的有效覆盖面，建议从以下几方面着手：首先，加强社会组织章程修订。将党建工作写入章程，是民政部《关于在社会组织章程增加党的建设和社会主义核心价值观有关内容的通知》的要求，也是社会组织保持正确的前进方向、发挥社会正能量的要求。针对部

分社会组织未将党组织建设写入章程的情况，建议摸清、排查相关原因；同时，加强社会组织章程修订，通过多种方式、多种渠道，敦促社会组织及时修订，尽快将党建工作写入章程。其次，针对社会组织尚未建立党组织的情况，全面摸清导致这一情况的原因，查清社会组织党员人数，再根据社会组织的特点探索党组织设置形式。已有 3 名党员的单位，重点监督，积极引导其及时成立独立党组织；党员人数未满 3 名的，指引其成立联合党组织，强化党组织的领导地位，扩大党在社会组织的影响力。再次，针对未及时开展党组织活动的社会组织，建议通过多种方式积极发展符合社会组织特点、贴近社会组织实际情况的党组织活动，创新活动形式，增强吸引力。积极探索“互联网＋党建”模式，优化党建活动平台，增强党组织活动的开放性、灵活性、有效性，加强党员党性教育和管理，提高党组织活动的质量。最后，为避免党组织建立之后出现空壳化，应加强对社会组织党组织的管理，切实落实党建工作。

（二）建立健全社会组织党建工作机制

根据《关于加强我省社会组织党的建设工作的实施意见》的相关规定，细化社会组织党委、登记管理部门、业务主管部门的党建工作职责，解决党建工作责任不清问题。一是强化业务主管部门主体责任。根据相关文件要求，明确将抓党建工作列入社会组织业务主管部门领导班子履行党建工作职责的考核范围；明确由业务主管部门机关党组织牵头，负责协调对口业务处室共同推进社会组织党建。二是明确业务主管部门党建职责。业务主管部门负责指导主管的社会组织按照规定组建党的基层组织，开展党的工作，按照规定指导所属社会组织党组织按期换届；负责所属社会组织党组织负责人人选的审核；负责所属社会组织的党员发展工作；负责指导所属社会组织开展党风党纪教育及纪律检查工作。

（三）研究制定“五融合”具体实施细则，加强基层社会组织党组织建设

建议在省社会组织管理局的牵头下，社会组织党委、登记管理部门、业

务主管部门结合各自职责，制定出台落实“五融合”的具体实施细则。将党建工作在社会组织登记注册、年度报告、换届、重大事项报告和注销撤销等各个环节作为前置掌握、关联限制和考核指标范围，让社会组织的党建与登记管理、等级评估工作等紧密衔接、同步开展。同时，加强基层社会组织党组织建设。建立社会组织党建摸排和组织建设“双同步”长效工作机制，创新社会组织党组织设置形式，推动功能型、兼合式党支部建设，在不转移现有党员负责人组织关系的前提下，要求凡是党员负责人，必须加入所在社会组织党组织，参加党组织活动并给予其表决权，支持社会组织建立党组织书记参加或列席理事会议、联席会议制度，实行双向进入、交叉任职。

（四）强化社会组织党建工作力量，探索多渠道落实党建工作保障

首先，将“应建未建”的社会组织作为工作的重点，一些社会组织党员人数不满足成立党组织条件的，可考虑采用灵活的形式，按照便于联系的原则，就近与其他社会组织中的党员联合建立党支部；同时，探索建立功能型的特色党组织，使基层党组织设置模式更趋于开放包容，更符合党员参加组织生活的需求；由社区党委统一兜底管理分散的没有归属党组织但居住在社区的社会组织党员，实行区域化、网格化管理。其次，可打通公职身份退休党员到社会组织开展党建工作的制度障碍，社会组织党务工作人才匮乏，新退休的党政机关、事业单位、企业工作党员经验丰富，应积极吸纳这部分人参与社会组织党建工作，合理制定工作经费保障标准，充分调动他们的积极性。最后，探索建立经费保障机制。全面调研社会组织党建工作经费保障中存在的问题，将经费保障科目优化、做细，解决基层社会组织党委缺乏工作经费、人员经费的问题，细化社会组织党建工作经费补贴标准和实施办法，发挥好党建经费的作用。

（五）丰富党建工作载体，发挥社会组织党建引领作用

首先，要按照“无党员抓发展、有党员抓组建、组建后抓提升”的思路，有党员的社会组织要全部纳入管理体系，做到应建尽建、建就建实、建就建好，不能仅追求社会组织组织覆盖面，更要注重社会组织党建质量的提升，

大力加强党务工作者和党员“两支队伍”建设，打造一支素质过硬的专业党建工作队伍。建设社会组织党建云平台，创新党建工作方式，实现云学习、云会议、云谈话、云考察、云培训等，实现社会组织党组织、党员精细化管理。其次，各级党组织应加强分类指导，严格按照社会组织要求，不断创新党建活动载体。从党组织、党员作用发挥角度入手，开展多样化的文化娱乐活动，提高党组织归属感、认同感与责任感，提高党建活力，助推社会组织良性运作；积极开展献爱心、送温暖活动，提高服务行业、窗口单位为民服务的意识和能力，促进社会组织党的建设多维度发展，提高社会组织党组织的影响力、号召力、凝聚力。最后，结合社会组织的特点，创新工作方式，提高社会组织党建认同。强化党组织在社会组织中的有效嵌入，防止社会组织党建出现组织覆盖留于纸面现象，切实发挥党组织有效覆盖在促进社会组织发展中的效能。继续党建引领社会组织参与基层治理，大力表扬社会组织在“四个服务”方面的先进典型，促进社会组织在国家治理体系和治理能力现代化进程中更好发挥作用。

广东省社会团体发展报告

杨美芬[①]

摘　要：“十三五”规划期间，广东全面推进社会组织管理体制改革，完善社会团体法人治理结构和治理制度，深化行业协会商会脱钩，清理社会团体涉企收费，规范社会团体行为，促进社会团体健康有序发展。社会团体不断适应社会发展需求，形成广泛的社会动员能力和响应能力，积极参与社会治理、疫情防控、脱贫攻坚，助力粤港澳大湾区发展，为促进广东社会组织健康有序发展发挥积极作用。但社会团体还存在协同能力与社会经济发展要求不适应、创新发展与国家和省战略目标的融合不紧密、整体发展水平与国家治理体系和治理能力现代化建设不匹配等问题。

关键词：“十三五”；广东省；社会团体；制度改革；规范

一、广东社会团体发展概况

（一）结构分布

1. 总量及变化情况

“十三五”期间，广东社会团体数量稳步增加，从2016年的27056家，增加到2020年的31938家，增长18.04%，年增长率呈下降趋势，增长速度逐渐降低。增长量由2017年的1521家减少至2020年的467家，增长率由2017年的5.62%下降至2020年的1.48%（详见图1）。受新冠肺炎疫情的影响，2020年社会团体的增长量大幅下降。

---

① 杨美芬，广东潮州人，管理学博士，广东外语外贸大学社会与公共管理学院行政管理系讲师，广东省社会组织研究中心兼职研究员，研究方向为社会治理、政府监管、社会心理等。

图1 “十三五”期间广东社会团体总量及变化情况

数据来源：广东省社会组织管理局资料。

2. 社会团体占社会组织总量比例及变化情况

从总体上看，社会团体占社会组织总量的比例从2016年的45.65%下降到2020年的44.48%（见图2）。

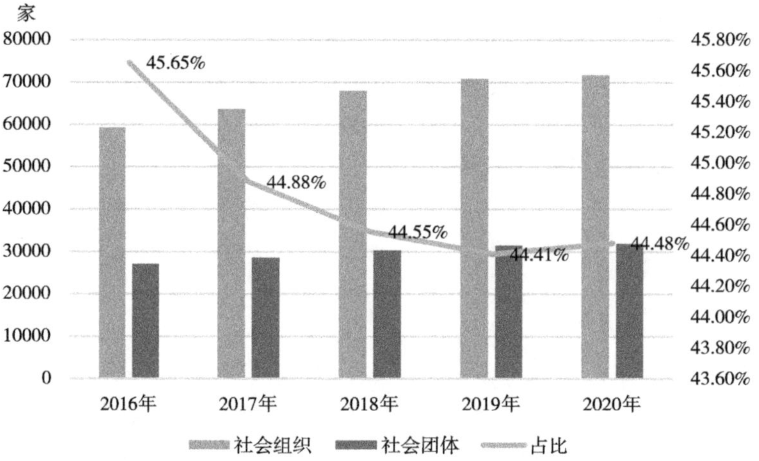

图2 “十三五”期间广东社会团体占比及变化情况

数据来源：广东省社会组织管理局资料。

3. 各类社会团体占比及变化情况

从类别上来看，一般性社会团体（如联合性社会团体、专业性社会团体和学术性社会团体等）占社会团体总数比例呈现逐年下降的趋势，从2016年的85.8%下降至2020年的84.5%，在三类社会团体中仍然保持最高；其次是行业协会，其占比在“十三五”期间基本保持不变，稳定在10.7%至10.9%之间；异地商会的占比一直最低，呈现出逐年上升的趋势，从2016年的3.3%上升至2020年的4.8%（见图3）。

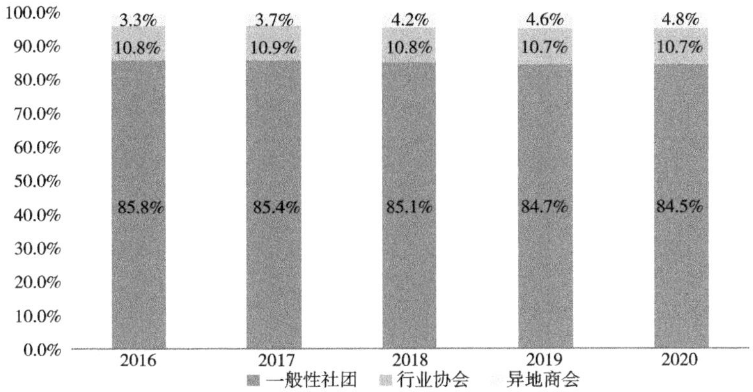

图3 “十三五”期间广东各类社会团体占比及变化情况

数据来源：广东省社会组织管理局资料。

4. 认定为慈善组织的社会团体情况

2016年3月16日，第十二届全国人民代表大会第四次会议正式通过《中华人民共和国慈善法》，自2016年9月1日起施行。截至2020年12月31日，广东慈善组织数量为1384个，其中慈善社会团体406个，具有公开募捐资格的社会团体数量为95个[①]。慈善社会团体通过开展扶贫济困、扶老救孤、恤病助残、应急救灾、支教助学等公益慈善活动，吸纳社会资源，壮大爱心力量，促进社会慈善事业发展。

5. 区域分布情况

从区域分布来看，“十三五”期间，深圳市社会团体数量占广东比例稳居第一，比排第二的广州市年平均高出近4个百分点，佛山市、江门市占比紧随广州之后，另外省本级社会团体占比也较高。汕尾市占比一直最低，云浮市、阳江市、潮州市、中山市占比也较低。从表1可见广东地区间社会团体发展不平衡，呈现出显著的区域差异。

① 数据来源：广东社会组织信息网，网址：https://main.gdnpo.gov.cn/home/index/indexStatistics/2020-12-01。

从全省社会团体数量占比变化趋势来看，广州市、深圳市、珠海市、河源市、惠州市、汕尾市、东莞市、阳江市、湛江市、茂名市、清远市、潮州市、揭阳市、云浮市的社会团体占比总体呈上升趋势；省本级、汕头市、韶关市、梅州市、中山市、江门市的社会团体占比总体呈下降趋势；佛山市、肇庆市的社会团体占比基本保持不变。

表1 “十三五”期间广东各地市社会团体占比情况

	2016年	2017年	2018年	2019年	2020年
省本级	6.99%	6.91%	6.72%	6.56%	6.47%
广州市	10.01%	10.52%	10.76%	10.87%	10.76%
深圳市	13.69%	14.42%	14.76%	14.74%	14.83%
珠海市	3.42%	3.60%	3.61%	3.58%	3.55%
汕头市	4.41%	4.41%	4.21%	3.99%	3.92%
佛山市	7.87%	8.03%	7.98%	8.02%	8.00%
韶关市	3.71%	3.74%	3.74%	3.64%	3.63%
河源市	2.44%	2.49%	2.52%	2.60%	2.65%
梅州市	4.89%	4.46%	4.35%	4.42%	4.39%
惠州市	4.25%	4.17%	4.34%	4.48%	4.40%
汕尾市	1.65%	1.68%	1.70%	1.71%	1.77%
东莞市	3.13%	3.18%	3.29%	3.42%	3.58%
中山市	2.34%	2.31%	2.28%	2.28%	2.24%
江门市	10.22%	8.97%	8.35%	7.69%	7.33%
阳江市	2.02%	2.01%	2.16%	2.26%	2.38%
湛江市	2.87%	2.95%	2.97%	2.98%	2.99%
茂名市	3.38%	3.38%	3.44%	3.52%	3.50%
肇庆市	3.20%	3.19%	3.16%	3.19%	3.24%
清远市	2.74%	2.80%	2.88%	2.98%	2.99%
潮州市	2.20%	2.19%	2.16%	2.27%	2.36%
揭阳市	2.68%	2.76%	2.77%	2.81%	2.96%
云浮市	1.88%	1.85%	1.84%	1.98%	2.07%

数据来源：广东省社会组织管理局资料。

从片区来看，粤港澳大湾区中除去香港、澳门两个特别行政区外，珠三角地区（广州、佛山、肇庆、深圳、东莞、惠州、珠海、中山、江门9个城市）社会团体数量占全省比例一直较高，基本保持在58%左右（见图4），主要是因为珠三角地区相比于粤东、粤北和粤西地区，经济发展水平较高，社会团体发展面临的客观社会环境较好，人才需求能够得到较好的满足。

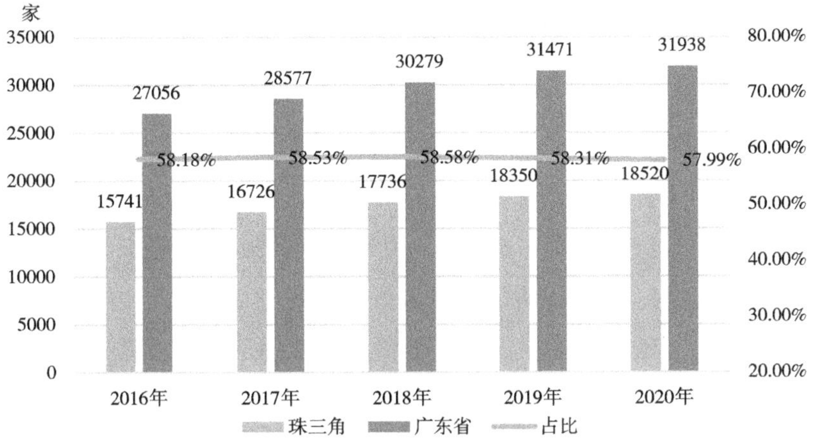

图4 “十三五”期间珠三角地区社会团体数量及变化情况

数据来源：广东省社会组织管理局资料。

（二）从业人员状况

1. 从业人员数量及变化情况

“十三五”期间，广东社会团体从业人员人数变化不大，呈小幅增加趋势，从2016年的207502人增加到2020年的246270人（见图5）。社会团体平均从业人员数量较稳定，除了2017年是7人/个，其他年份均为8人/个。

2. 从业人员年龄结构

从整体上看，“十三五”期间，广东社会组织从业人员平均年龄均在40～45岁。其中，社会团体从业人员的平均年龄变化不大，2017—2020年从业人员的平均年龄分别为41.82岁、42.01岁、42.14岁和41.03岁[①]。

① 数据来源：广东省社会组织管理局资料。因缺少2016年的相关数据，故仅呈现2017—2020年的数据。

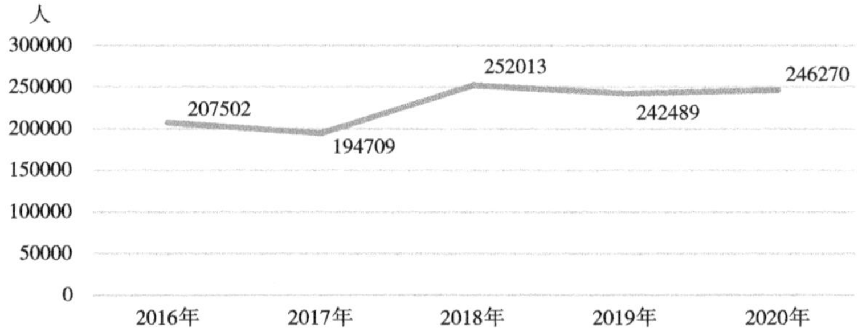

图5 “十三五”期间广东社会团体从业人员数量及其变化情况

数据来源：广东省社会组织管理局资料。

从年龄结构来看，社会团体从业人员平均年龄在36～45岁和35岁及以下的均占比较大，值得注意的是从业人员平均年龄较高的社会团体也占有相当一部分比例，从业人员平均年龄在56岁以上的社会团体历年占比约为12%～15%[①]（见图6）。这主要是因为社会团体中的部分人员是来自政府部门或部队中的离退休人员，年龄偏大。

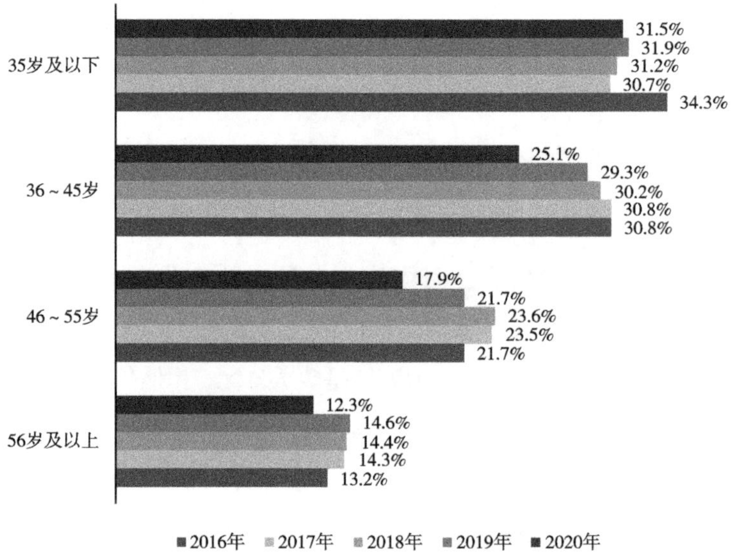

图6 “十三五”期间广东社会团体从业人员年龄结构情况

数据来源：广东省社会组织管理局资料。

① 数据来源：广东省社会组织管理局资料。因数据系统未进行逻辑设置，故存在各年龄段人员数量占比之和不等于100%的情况。

3. 从业人员性别

“十三五”期间，广东社会团体从业人员中女性占比相对较低，2016 年至 2020 年分别为 15.9%、19.8%、17.7%、20.4% 和 20.9%[①]。虽然整体呈现增长的趋势，但占比最高的 2020 年也仅为 20.9%，远低于社会服务机构从业人员女性的占比。

4. 从业人员受教育程度

在受教育程度方面，广东社会团体高学历从业人员比例呈现先下降后上升的趋势。具体来看，专科和本科学历从业人员占比均较大，专科学历 2016 年至 2020 年占比为 28.0% ~30.5%，本科学历 2016 年至 2020 年占比为 30.8% ~32.5%，硕士和博士学历从业人员占比较小，特别是博士学历从业人员的占比均不超过 1%，这主要是因为社会团体的薪资福利待遇在劳动力市场的竞争力不强，对硕士和博士等高学历人才的吸引力较小（见表 2）。

表 2 “十三五”期间广东社会团体从业人员受教育程度情况

	2016 年	2017 年	2018 年	2019 年	2020 年
专科	30.5%	28.0%	29.7%	29.3%	29.1%
本科	32.0%	30.8%	31.9%	31.9%	32.5%
硕士	3.1%	3.4%	2.4%	2.5%	3.0%
博士	0.8%	0.9%	0.3%	0.4%	0.6%

数据来源：广东省社会组织管理局资料。

5. 专兼职人员情况

“十三五”期间，广东社会组织从业人员中专职人员是主要组成部分，各年占比均超过 60%。然而，社会团体的专职从业人员比例各年均低于 50%，2016 年社会团体专职从业人员占比为 46%，2017 年至 2019 年呈逐年下降趋势，从 39.5% 下降到 36.5%，2020 年才提高到 41.9%（见图 7）。与社会服务机构和基金会相比，社会团体专职从业人员比例明显偏低。

国家公职人员兼职情况。广东社会团体中有现职国家公职人员兼任职务的比例较低，且呈现逐年降低的趋势。从省本级社会团体来看，2017 年有

① 数据来源：广东省社会组织管理局资料。

9.5%的社会团体有现职国家公职人员兼职，2020年这一比例下降为5.2%。2017年省本级社会团体中有17.7%的社会团体有离退休领导干部兼任职务，此后也逐年递减，2020年下降至5.2%。这是由于广东认真执行2014年6月中共中央组织部发布的《关于规范退（离）休领导干部在社会团体兼职问题的通知》要求，严格审批备案退（离）休领导干部在社会团体兼任职务（包括领导职务和名誉职务、常务理事、理事等），进一步规范退（离）休领导干部在社会团体中的兼职行为。

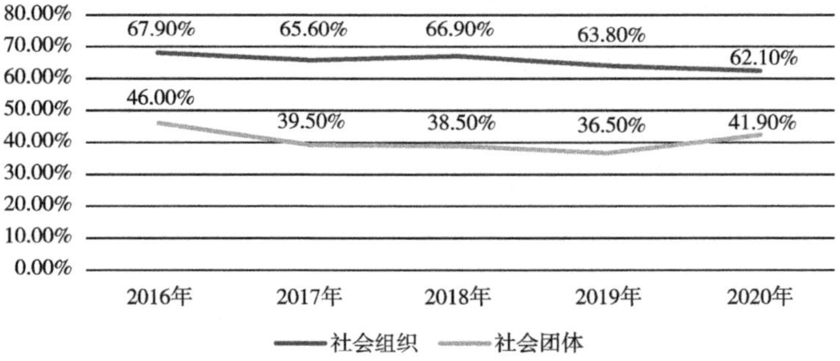

图7 “十三五”期间广东社会团体专职从业人员占比情况

数据来源：广东省社会组织管理局资料。

（三）法人治理结构

1. 会员情况

从会员数量来看，截至2020年底，广东社会团体会员总数达1365.5万个，其中，联合性社会团体的会员数量占比最高，达到63.7%；其次是行业性社会团体，占比为16.2%。从2016年至2020年会员数量的变化情况来看，呈现逐年递减的趋势，其原因主要是社会团体会员管理进一步规范，法人治理更加严格，有效减少了单位会员重复入会的数量。

从省本级社会团体会员是否达到规定个数来看，截至2019年12月31日，已经填报的社会团体中达到规定个数的有1755家，比2018年增加81家，占比96.75%。其中，有业务主管单位的社会团体683家，比2018年增加5家，占比37.65%；无业务主管单位的社会团体517家，也比2018年增加5家，占比28.5%；行业协会商会555家，相比2018年多出71家，占比30.6%。

会员未达到规定个数的社会团体有59家，比2018年减少6家，占比3.25%[①]。

2. 理事会设置情况

全省大部分社会团体能够按照章程规定如期换届，较好地保持了社会团体的稳定性、合法性。从年报来看，2017年至2020年，全省（除深圳外）按规定如期换届的社会团体共14826家，逾期三年未换届的社会团体共16377家。

3. 监事（会）设立情况

如图8所示，监事为3名及以上的社会团体数量不断增加，从2016年的3933家提高到2020年的9397家，共增加5464家；未设立监事的社会团体数量从2016年的6173家减少到2020年的3436家。这体现出广东社会团体对设立监事的重视程度越来越高，也从侧面反映了广东社会团体的内部治理结构在不断完善。

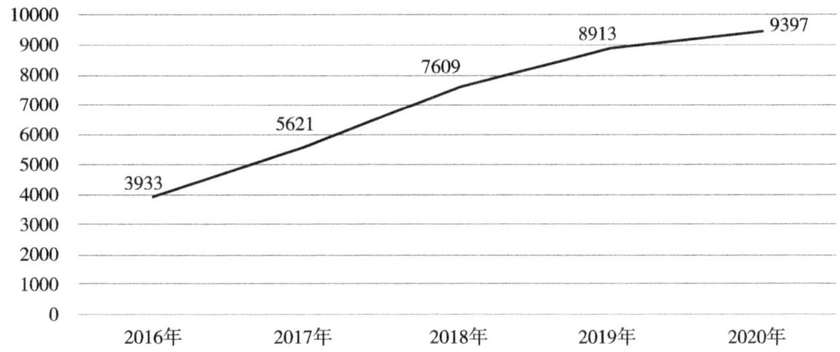

图8 “十三五”期间广东设立3名及以上监事的社会团体数量及变化情况（单位：个）

数据来源：广东省社会组织管理局资料。[②]

（四）发展质量

1. 承接政府购买服务情况

2020年，除深圳外，广东全省有承接政府购买服务的社会团体数量达1894家，其中，联合性社会团体占33.16%，行业性社会团体占30.68%，专业性社会团体占19.06%，学术性社会团体占9.56%，公益慈善类社会团体占

① 数据来源：广东省社会组织管理局资料。

② 由于深圳数据未纳入广东省社会组织管理局的系统，因此图中数据不含深圳市。

0.37%，其他社会团体占7.18%[①]。可见联合性社会团体和行业性社会团体在承接政府购买服务方面占比较高，一方面是因为这两个类别的社会团体数量较多，另一方面也与其业务范围和组织性质相关。

2. 等级评估情况

2016年至2020年，广东获得评估等级的社会团体数量分别为230个、130个、571个、217个和312个，可见社会团体参与等级评估的积极性还有待提升。从2020年的评估结果来看，参评的社会团体中有59.3%获得5A等级，7.4%获得4A等级，18.9%获得3A等级，11.9%和2.6%分别获得2A和1A等级[②]。

3. 参与年检年报情况

“十三五”期间，广东社会团体呈现出年报实施率逐年提高、年检实施率逐年降低的趋势[③]。2016—2020年，广东社会团体的年报实施率分别为10.60%、16.57%、39.11%、75.68%和81.54%；年检实施率分别为89.40%、83.43%、60.89%、24.32%和18.46%。

4. 信用管理情况

2018年1月起，广东省依照《社会组织信用信息管理办法》，结合各地实际，逐步实施社会组织信用信息管理，信用管理力度不断加大，全省基本形成了信用管理体系。

2018—2020年，广东列入活动异常名录的社会团体数量分别为746个、1191个和1427个。2020年与2018年相比，增加近1倍。2018—2020年，广东列入严重违法失信名单的社会团体数量分别为35个、123个和242个，其中，2020年超过社会服务机构（203个）。

二、发展特点

（一）整体发展平稳

“十三五”期间，广东社会团体整体发展平稳，质量有所提升，主要表现为：

---

① 数据来源：广东省社会组织管理局资料。

②③ 同上。

一是社会团体的会员质量得到提升，有效会员的数量有所增加。部分社会团体通过规范入会条件，提高入会门槛，有效减少了单位会员重复入会的现象，进一步增强了会员质量。

二是社会团体发展能力增强。受新冠疫情影响，很多社会团体的发展方式发生了变化，如疫情期间多数社会团体的会务由以往的线下转为线上，一些行业协会为了帮助行业应对变化的环境，增强行业凝聚力和协同力，通过发挥自身作用来促进行业企业的协同发力，不仅帮助单位企业渡过了难关，也进一步增强了自身的发展能力和行业的影响力。

三是社会团体进退机制更加规范。严格把关社会团体设立条件和程序，注重提升发起人代表性，提高社会团体设立科学性，合理控制同领域、同区域、同行业、同类型社会团体的发展数量，防止过度竞争，提高社会团体总体发展质量。推动社会团体依法退出，对名存实亡和两年以上未按规定参加年检（年报）的社会团体，分别列入严重违法失信名单、活动异常名录，引导一批社会团体实施注销。

（二）管理改革进一步深化

深化行业协会商会与行政机关脱钩。2015 年，中共中央办公厅、国务院办公厅印发《行业协会商会与行政机关脱钩总体方案》，推进行业协会商会与行政机关脱钩，促进行业协会商会规范发展。“十三五”期间，广东高度重视并贯彻执行该方案，下发《关于进一步做好广东省行业协会商会与行政机关脱钩改革工作的通知》，确定省级行业协会商会的脱钩名单及工作具体事项，推进脱钩改革工作。不断完善脱钩工作配套政策文件，印发《关于进一步规范广东省行业协会商会与行政机关脱钩工作的通知》，对清产核资和国有资产管理进一步作出规范，确保工作质量。截至 2020 年底，全省有 6894 家行业协会商会完成脱钩。

（三）管理更加规范

一方面，登记管理机关加大对行业协会商会涉企收费整治力度。广东省认真贯彻落实上级关于行业协会商会涉企收费治理工作的指示要求，全面落实减税降费政策，优化广东省营商环境。广东还把行业协会商会收费规范管理工作列入广东省民政工作综合评估内容、“平安广东”建设的考核内容和“法治广东”建设的考核内容，进一步压实各地市民政部门督促抓好涉企收费工作的责任。“十三五”期间，全省行业协会商会通过减免、降低、规范收费共减轻企业负担 4.22 亿元，其中，2020 年减免 1.45 亿元，2021 年减免 2.77 亿元，惠及企业 6.5 万余家。

另一方面，社会团体法人治理更加规范。在章程规范上，重新修订社会团体章程示范文本，健全法人组织机构的设置，合理设置理事会数量，明确理事会和监事会以及会长、副会长、理事、会员的权利、义务、责任，奠定了社会团体法人治理基础。在落实选举制度上，采取不记名投票方式产生领导机构，部分社会团体实行差额选举和竞争选举，民主选举成为社会团体的广泛共识。在民主治理上，多数社会团体实行决策、执行和监督机构分离，内部监督机制得到落实，法人治理成效明显。在制度建设上，绝大多数社会团体能够结合自身实际，制定了会员大会（代表）、理事会、重大活动管理、财务管理等制度，规范了社会团体的内部管理秩序。如：广东省土木建筑学会设立了 5 名监事开展内部监督，确保监事监督功能得到有效发挥。另外，在人力资源配置上，接近七成的社会团体都配备了专职人员以便更好地开展业务。内部治理结构的不断完善，将有利于社会团体的健康有序发展。

（四）信用建设有序推进

广东按照省社会信用体系建设领导小组统一部署，将社会组织信用建设列为信用体系建设的重要内容，深入推进社会组织信用建设。重点开展社会团体涉企收费专项治理行动，严格治理乱发牌、乱表彰、乱收费和强制入会、行业垄断等违规行为。推动行业协会商会诚信自律建设，将广东省建筑业协会、广东省信用协会、广东省房地产行业协会、广东省保险行业协会、广东银行同业公会、广东省食品行业协会等 10 家行业协会商会定为首批诚信自律建设试点单位，在房地产行业、保险行业、证券期货业等领域率先建立了行业社会责任体系。加大了行业协会商会信用惩戒力度，对存在违规行为的、两年未参加年检年报的列入活动异常名录，对存在严重违法违规行为的依法查处，列入严重违法失信名单。鼓励行业协会商会与具备资质的第三方信用服务机构合作，对会员的信用状况进行第三方评估，完善会员信用评价机制。引导社会团体实行信息公开，提高运作透明度，接受社会和会员监督。

（五）作用发挥更加明显

广东省注重发挥社会团体的行业倡导和广泛动员的特有优势，着眼广东“三个定位、两个率先”目标，凝聚社会合力，组织会员参与社会治理，助力经济社会全面发展。行业协会商会主动适应经济结构调整的发展需求，主动服务“补短板、调结构、稳增长、惠民生”方针政策，促进会员企业提质增效、产业科技创新、中小企业脱困、区域经济合作，推动建立行业规范、行业标准，主动应对贸易摩擦，为广东产业转型升级、规范市场秩序、改善发展环境发挥了积极作用。学术类、专业类社团发挥专业、智库优势，以专业能力提升、行业自律规范、民生事业保障、服务质量优化为重点，参与重大课题研究、政策法规咨询、行业政策协商，积极建言献策，促进教育、医疗、卫生、环保、民生等事业发展。联合类社会团体注重凝聚社会共识和优质资源，通过专业合作交流、团结专业人士、增强社会协同、弘扬社会正能量，积极促进社会和谐发展。广东社会团体积极履行社会责任，积极响应党和政府的号召，参与脱贫攻坚、疫情防控、粤港澳大湾区建设等，充分发挥了服务国家、服务社会、服务群众、服务行业的积极作用。

三、主要挑战

（一）国家治理体系和能力现代化建设对社会团体参与社会治理能力提出新要求

党的十九届四中全会通过的《中共中央关于坚持和完善中国特色社会主义制度　推进国家治理体系和治理能力现代化若干重大问题的决定》明确提出，要构建基层社会治理新格局，要完善社会管理和服务机制、完善群众参与基层社会治理的渠道，健全自治、法治、德治相结合的城乡基层治理体系，完善社区管理和服务机制，推行网格化管理和服务，发挥群团组织、社会组织作用，发挥行业协会商会自律功能，实现政府治理和社会调节、居民自治良性互动，夯实基层社会治理基础。对标对表广东社会治理走在全国前列的新要求，社会团体总体发展水平还有较大差距，在社会倡导、社会动员和社会规范等方面能力不足，社会公信力建设缺乏社会广泛认可，参与社会治理理念、方式、方法、渠道等方面创新驱动乏力，特别是枢纽型社区社会组织数量还比较少、作用发挥还比较有限等。

（二）粤港澳大湾区建设给社会团体提供融合发展新机遇

习近平总书记在党的十九大明确提出："要支持香港、澳门融入国家发展大局，以粤港澳大湾区建设、粤港澳合作、泛珠三角区域合作等为重点，全面推进内地同香港、澳门互利合作，制定完善便利香港、澳门居民在内地发展的政策措施。"2019 年 2 月 18 日，中共中央、国务院印发《粤港澳大湾区发展规划纲要》，提出全面准确贯彻"一国两制"方针，完善创新合作机制，建立互利共赢合作关系，共同推进粤港澳大湾区建设。"十三五"期间，广东社会组织在助力粤港澳大湾区建设，发挥合作发展作用方面进行了探索和实践，但仅限于理论层面研究，缺乏系统的顶层设计、制度创新和具体政策指引；合作项目较单一，仅限于一般性交流访问研讨，实质性工作较少，缺乏有效的对接和融合机制；参与面窄小，也仅限于部分行业组织、专业组织和联谊组织，缺乏基本合作平台。

（三）常态化疫情防控给社会团体发展带来新挑战

常态化疫情防控形势下，社会团体面临资源短缺、服务方式重构、运行模式再造等问题，需要在困境中寻找突破、在艰难中创新发展。一是部分社会团体内部治理失灵，因疫情防控需要，如期换届会员大会、年度理事会难以实现现场选举投票，造成换届和重大决策事项不及时、不合规，致使法人决策合法性受损，需要用新的制度保障法人治理合法性、有效性。二是社会社团服务会员的传统模式受到疫情冲击，不适应疫情变化，需要创新服务渠道和服务方式。二是多数社会团体依靠会费收入维持运转，随着会员企业生存发展面临困境，会费收缴率严重下降。同时，企业会员的服务需求更为迫切，社会团体面临生存与发展双重压力。四是管理制度和管理方式需要与时俱进，现行制度法规没有对应疫情防控等重大社会突发事件的管理细则，常态化的管理模式不适应特殊情形下的管理需要。如：疫情期间如何引导社会团体中的慈善组织依法开展慈善活动，救助有需要的群众和组织，如何引导社区社会团体积极参与疫情防控，引导行业协会商会积极发挥作用，及时收集、掌握行业诉求，支持企业复工复产等，都是社会团体发展需要思考的重要问题。

四、对策建议

（一）加强政策引导

发挥社会团体联系行业、企业、专业人士的特殊优势和政府与社会的桥梁纽带作用，围绕国家和省委、省政府重大决策部署，聚焦“一带一路”建设、粤港澳大湾区建设、深圳建设中国特色社会主义先行示范区、广州“四个出新出彩”等重点任务，提高社会团体响应能力、倡导能力和参与能力。登记管理机关和业务主管单位、行业管理部门要适应社会、经济、环境大局的变化，加大对社会团体培育发展的力度。围绕国家发展战略和中心任务，制定有效政策，引导成立新的社会团体，增加服务大局的参与度。激励社会团体创新，引导社会团体及时动员社会资源和会员企业响应政府决策，服务战略目标，加大政府购买服务力度，从服务理念、服务方式、服务内容、服务项目、服务力量等方面，参与社会治理，提高服务质量。鼓励社会团体引领社会资源服务粤东、西、北欠发达地区，引导发达地区社团与欠发达地区社团结对帮扶，更好履行社会责任。

（二）加强培育扶持

加强重点社团培育。着眼促进粤港澳大湾区社会组织融合和服务“一带一路”发展，充分发挥广东的区域优势，重点培育具有国际性视野、区域影响力的社团组织。推动政策创新，争取国家支持，扶持发展新型、能吸纳国际人才的、具有制定国际行业规则、标准能力的行业组织。

加强人才队伍建设。构建社会团体“引得进、留得住、用得好”的人才建设机制，把社会团体领军人才、骨干人才列入地方人才序列，建立社会团体人才数据库。探索建立社会团体参与社会协商机制，发挥社会团体集中会员意见、反映社会诉求的功能作用，提高专业咨询能力。鼓励社会团体实行秘书长聘任制，建立秘书长参与决策的制度和考评制度，提高社会团体秘书处专业服务能力。完善专职工作人员薪级评价机制，依法保障专职工作人员薪酬待遇。加强人才激励，创造条件将有突出贡献的优秀人才推荐参选党代表、政协委员、劳动模范等，扩大参政议政渠道，提高专职工作人员的政治地位。加大专职工作人员培训力度，建立社会团体专职工作人员能力成长的职业培训体系，创新培训模式，提高专职工作人员职业化、专业化水平。

推动品牌建设。发挥登记管理机关、业务主管单位、行业管理部门及其他相关政府部门的合力，推动广东社会团体品牌建设，力争在“十四五”期间形成多领域、多层次、多类型的社会团体品牌发展格局，营造社会团体争先创优的良好社会氛围。进一步完善社会团体品牌标准和制度，倡导树立行业社会团体品牌。加大社会团体培育扶持力度，制定相关“扶优、扶强”措施，推出一批党建工作突出、行业发挥作用好、社会影响力大的品牌社会团体，以发挥各行业领域“龙头”示范带动作用。规范社会团体开展评比达标表彰活动，提高评优评先质量，增强社会团体公信力。建立社会团体品牌榜，总结推广品牌建设经验，发挥优秀社会团体的示范引领作用。大力培育发展枢纽型社区社会组织（联合会），探索社区社会组织发展规律，采取示范引路、经验推广、全面覆盖等形式，建立起覆盖所有社区社会组织的枢纽体系，促进社区社会组织整体水平提升。

（三）强化规范发展

优化社会团体结构。以人民群众对美好生活需要为目标，优化社会团体结构，大力发展服务性、公益性、互益性社区社会团体，优先发展行业协会商会类、公益慈善类、城乡社区服务类社会团体，积极引导社会组织服务基层、服务群众、服务社会，依法参与各领域、各行业、各层次的社会治理。

规范行业有序发展。加强行业协会商会诚信建设，完善诚信管理和诚信自律机制。支持行业协会商会对其成员实行信用监管，支持民营经济发展、规范市场秩序、开展行业自律、制定团体标准、维护会员权益、调解贸易纠纷。健全社会团体管理制度。根据分级登记管理体制，协同推进社会团体高质量发展体系建设。推动业务主管单位、行业管理部门继续深化细化管理措施和办法，完善业务主管单位前置审查标准，确保登记前严格把关，登记后规范管理。深化行业协会商会脱钩改革，落实“脱钩不脱管”的政策措施，促进行业协会业务发展与行业部门管理职能精准对接，提高政府服务效能。加强社会团体的分类管理，实行双重管理与直接登记并举的社会团体管理制度，不断建立和完善行业归口管理机制。

提高社会团体依法自治能力。不断修订完善章程示范文本，规范法人治理结构、规则和制度。进一步细化社会团体负责人、常务理事会、理事会、监事会的权利与义务，形成责任明确、相互制衡的组织架构。支持社会团体创新内部管理方式，建立内部激励和惩戒机制。促进社会团体不断规范完善财务制度，建立规范合理的资金管理制度。增强社会组织管理信息系统智能化服务功能，适时监测社会团体自治状况，提前预警提示社会团体换届、变更、备案、报告等事项，进一步提高社会团体管理水平。

广东省民办非企业单位（社会服务机构）发展报告

林海彬[①]

摘　要：“十三五”期间，广东省通过党建引领、制度创新、培育扶持、联合监管等措施，促进民办非企业单位（社会服务机构）[②]稳健发展、优化结构、规范运作、品牌建设，服务社会经济发展作用明显；适应社会发展变化和人民群众对美好生活的需要，提供多样化、个性化、专业化的社会服务；服务国家大局，参与基层社会治理、脱贫攻坚、疫情防控。广东省社会服务机构发展面临的困境主要是法律制度配套滞后、非营利性法人界限不清、法人治理结构不够完善、规范化治理程度不高等。针对存在问题及“十四五”规划的发展要求，提出相关建议。

关键词：稳健发展；优化结构；规范有序

“十三五”期间，广东省认真贯彻中共中央办公厅、国务院办公厅《关于改革社会组织管理制度　促进社会组织健康有序发展的意见》，联合推动社会服务机构的管理改革，完善社会服务机构管理体制机制；完善法人治理结构和治理规则，规范社会服务机构章程，全面规范法人治理；加强监管力度，推进对违法违规行为的查处；加强社会服务机构品牌建设，促进了社会服务机构的健康有序发展。

一、“十三五”期间社会服务机构的发展现状

“十三五”期间，社会服务机构稳健发展、结构优化，基本与广东省社会

① 林海彬，广东汕头人，政治学博士，广东外语外贸大学广东省社会组织研究中心、社会与公共管理学院讲师，硕士生导师，研究方向为社会组织与社会治理。

② 按照《中华人民共和国民法典》最新要求，下文统一称之为社会服务机构。

经济发展状况相符合、与社会服务需求相适应。

（一）发展进入平缓时期

从数量上看，2016 年广东省社会服务机构为 31409 家，2020 年为 38566 家，总体增长 22.79%，年均增长率为 5.27%。社会服务机构的增长速度呈现逐年放缓的趋势，数量从 2017 年的 2743 家降至 2020 年的 355 家，增长率从 2017 年的 8.73% 降至 2020 年的 0.93%（见图 1）。

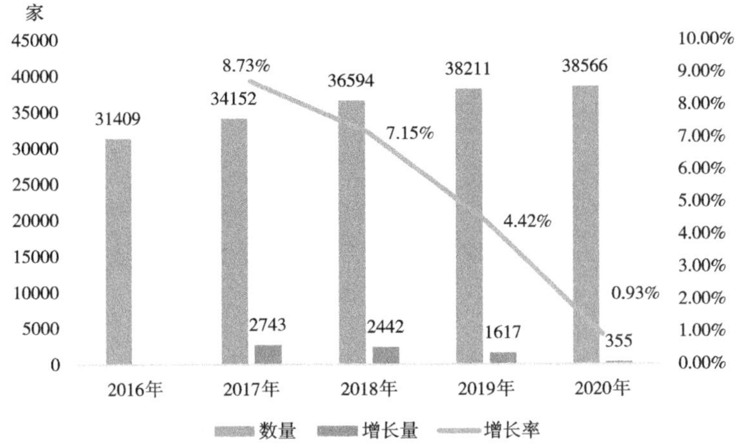

图 1　社会服务机构的数量及增长率

从社会组织类别占比来看，社会服务机构的占比一直保持高位，各年均在 50% 以上（见图 2）。

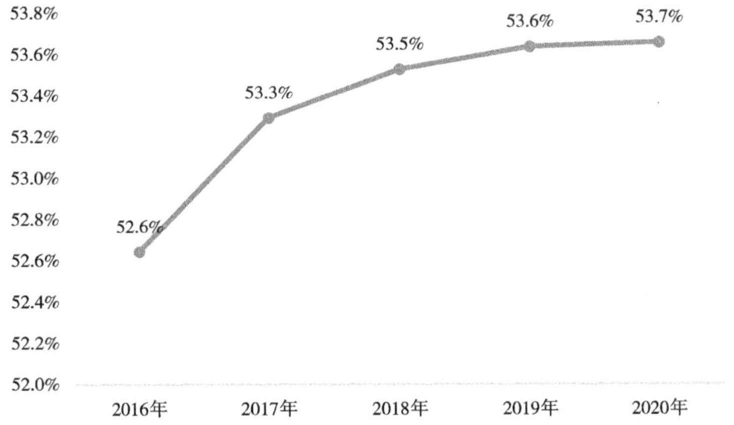

图 2　社会服务机构占比变化

从退出来看，在撤销和注销的社会服务机构中，教育类社会服务机构占比最高，达到 45.80%，为 2151 家；其次是社会服务类的 732 家，占比 15.58%；文化、体育和科技研究类占比也不低，均超过 5.00%（见图 3）。

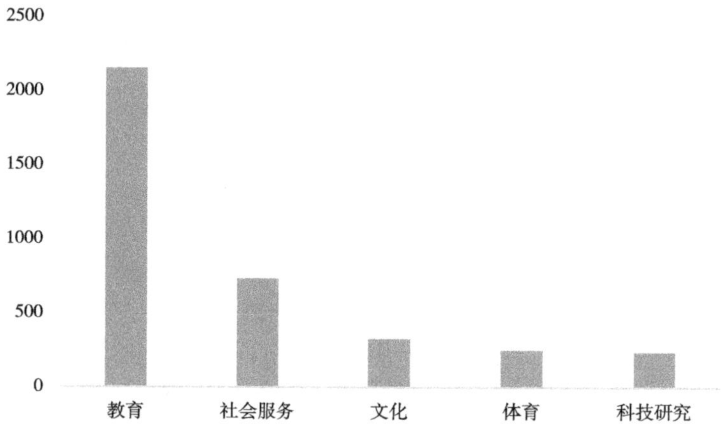

图 3　社会服务机构退出的主要类别数量（单位：家）

（二）结构得到优化

从行业类别来看，社会服务机构主要分布在教育、社会服务、文化和科技研究等领域，2020 年这四个领域的数量均接近或超过 2000 家，占比均在 5.00% 以上。

其中，教育领域的社会服务机构数量最多，达 24044 家，占比 62.35%（见图 4）。

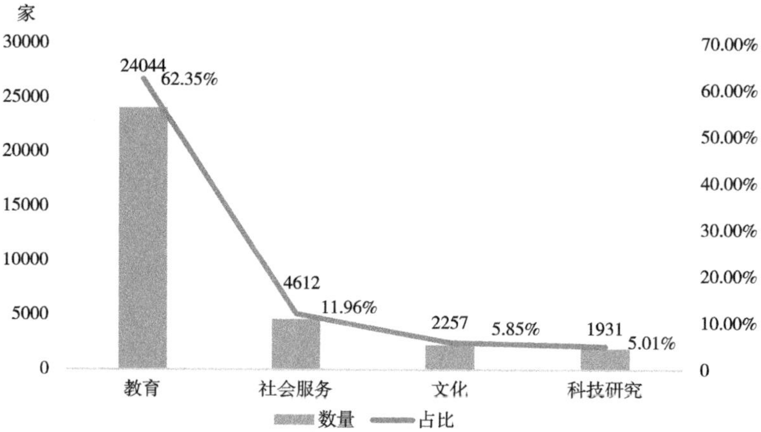

图 4　2020 年社会服务机构主要类别占比

广东省认真执行《关于规范校外培训机构发展的意见》，规范校外培训机构设置标准、登记审批、培训行为和监督管理等。教育领域社会服务机构的增长率从2017年的8.75%下降至2020年的1.18%（见图5）。

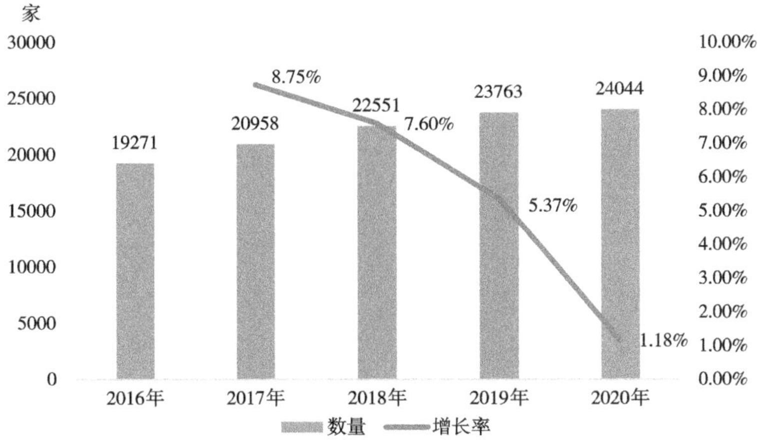

图5　教育类社会服务机构的数量及增长率

从民办教育机构的类别来看，出现频率最高的词是"学前教育"，为37.46%，远高于其他类别（见表1）。

表1　社会服务机构业务范围词频分析表

关键词	词频	占比
学前教育	16257	37.46%
职业技能教育与培训	2376	5.48%
中小学生校外托管服务	1699	3.92%
课外辅导培训	1606	3.70%
文艺演出	1260	2.90%
幼儿托管服务	1230	2.83%
医疗卫生服务	1013	2.33%
小学教育	949	2.19%
中小学教育	895	2.06%

社会服务类机构共有4612家，占社会组织总数的11.96%（见图4）。其中，2016年，社会服务工作机构有1254家，大幅增加18.50%至2018年的1486家，之后到2020年一直稳定在1486家（见图6）。

广东省社会服务工作机构发展在我国各省区市排名前列。2017 年，全省有 1406 家，占全国社会服务工作机构总量的 18. 70%，其中：数量最多的前 3 个市分别为广州 392 家、深圳 217 家、佛山 166 家；粤东、粤西、粤北地区共有 181 家，占全省总数的 12. 9%。

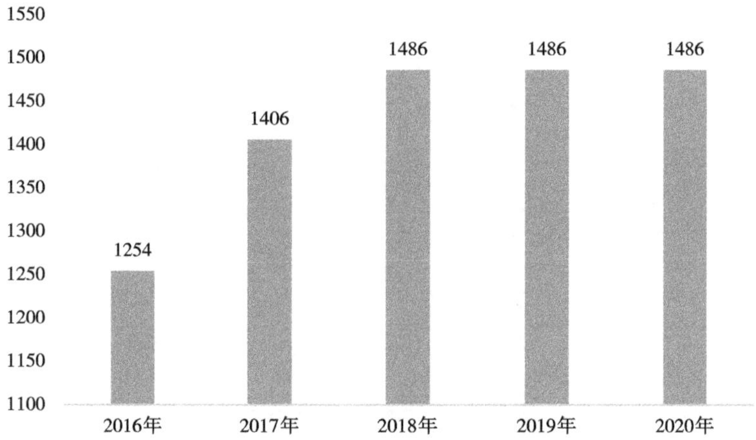

图 6　2016—2020 年社会服务工作机构数量（单位：家）

广东省民政厅主办“双百计划”，从 2017 年起分两批建设 407 个镇（街）社工服务站，每个社工站配备 3 至 8 名社工，由镇（街）直接聘用、省统一督导。社工立足镇街、深入村居，为有需要的群众、家庭、社区打通民政服务最后一米。社区服务站的数量快速增长，从 2016 年的 20097 家大幅增长 32. 38% 至 2020 年的 26605 家。政府主导社工服务站建设，为民办社会服务机构业务扩展起到促进作用。

科技研究类社会服务机构增长速度最快，从 2016 年的 1416 家增加至 2020 年的 1931 家，高出广东省社会服务机构总体增长率 13% 以上。

智库类社会服务机构在智库类社会组织中占比一直超过 25%，并且持续缓慢上升，从 2016 年的 25. 39% 上升至 2020 年的 27. 23%（见图 7）。

民办非营利性养老服务机构，2017 年有 233 家，2020 年有 344 家，增长 47. 64%。

从区域分布来看，社会服务机构区域发展不均衡的问题有所变化。2020 年，社会服务机构主要分布在珠三角地区，共 23418 家，占比 60. 69%，而粤

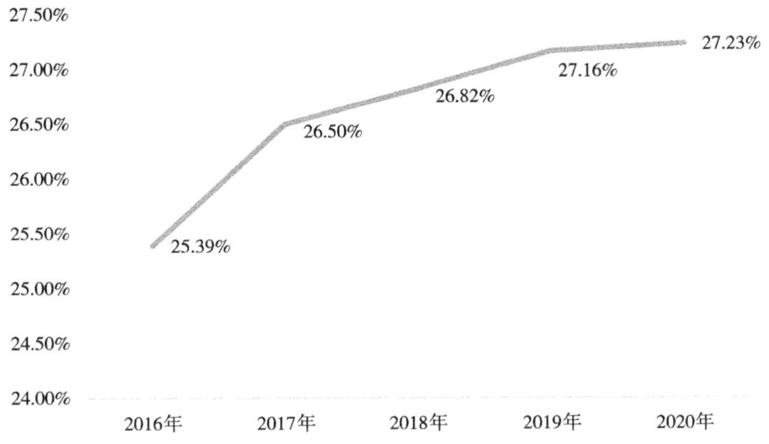

图 7　智库类社会服务机构占智库类社会组织的比重变化

东西北均不足 5000 家，分别为 4776 家、4847 家、4763 家，占比均不足 13%；全省性社会服务机构为 780 家，占比 2.02%（见图 8）。

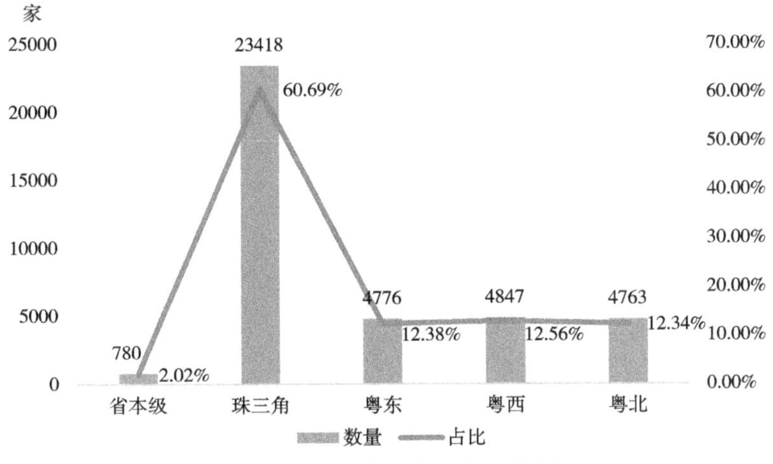

图 8　2020 年社会服务机构区域分布

2020 年，广东省社会服务机构超过 2000 家的地市，排名前 5 位的有 4 个市属于珠三角地区，社会服务机构不足 1000 家的排名末 5 位的地市，均属于粤东、粤西、粤北地区。其中：社会服务机构数量最多的是 GDP 规模最大的超大城市深圳市，有 5261 家；数量最少的是 GDP 和常住人口规模最小的云浮市，只有 478 家（见图 9）。

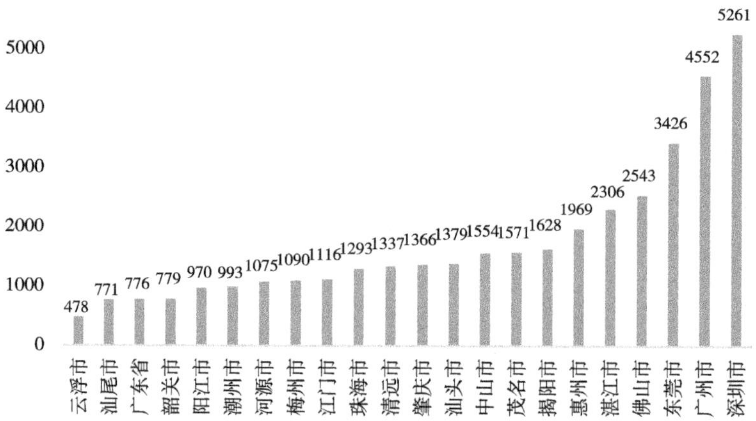

图 9　2020 年广东省社会服务机构地区分布（单位：家）

发展形态表明，从 2017 年到 2020 年，粤东、粤西、粤北地区社会服务机构占比呈增长态势，占比从 33.36% 上升到 37.28%，珠三角地区从 64.28% 降至 60.69%。其中，省本级占比变化不大，不过数量上有所下降，从 2017 年的 808 家减少近 30 家，为 780 家（见图 10）。

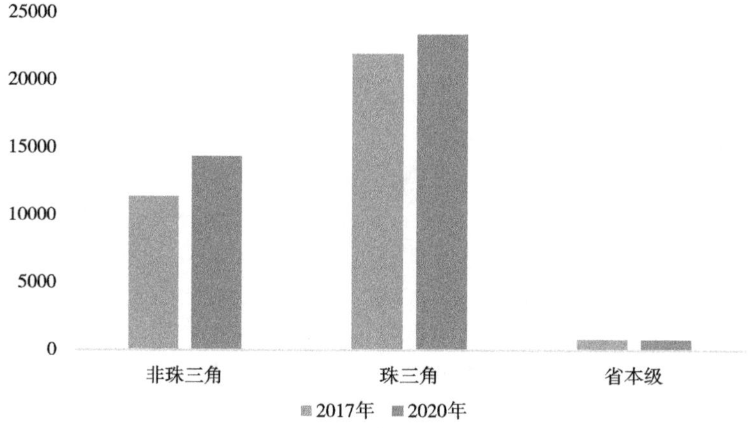

图 10　社会服务机构区域发展数量及占比动态变化（单位：家）

珠三角地区多个城市社会服务机构数量有所下降。2020 年较 2016 年，有 5 个城市数量下降，4 个城市数量上升。其中：肇庆市增长速度最快，为 39.67%；中山市社会服务机构数量下降幅度较大，为 -10.74%（见图 11）。

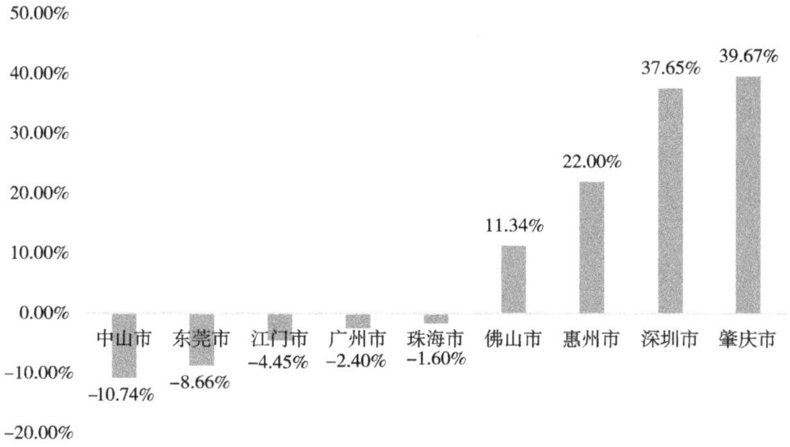

图 11　2020 年较 2016 年珠三角地区各市社会服务机构数量增长分布

（三）发展质量稳步提升

广东省认真贯彻落实国家系列规范社会服务机构、促进社会服务质量提升的政策制度，结合实际出台管理细则，促进了社会工作、养老、普惠型民办中小学、幼儿教育、托幼、托管等民生服务事业发展。国家多部门联合出台治理社会培训机构政策等为促进社会服务机构有序规范发展提供了政策依据和良好的发展环境。民政部门促进社工、养老等民办事业，教育部门推动民办的普惠型中小学校、幼儿教育事业发展，部分地市出台促进托幼、托管的专门政策。各级民政部门加强社会服务机构品牌建设，扶持了一批品牌性社会组织，如：广州市制定地方标准《品牌社会组织评价指标》（DB4401/T 38—2020），并且开展专项整治项目，引导社会服务机构发展质量的提升。

社会服务机构通过承接政府购买服务参与社会服务是其发展的重要方式。一方面，参与项目数和参与社会服务机构数量均快速增长。广东省社会服务机构承接政府项目的数量由 2016 年的 276 项持续增至 2019 年的 4535 项，承接政府购买的社会服务机构数量从 2016 年的 194 家，持续上升至 2019 年的 1364 家（见图 12）。①

① 2020 年数据不全，故未作分析。

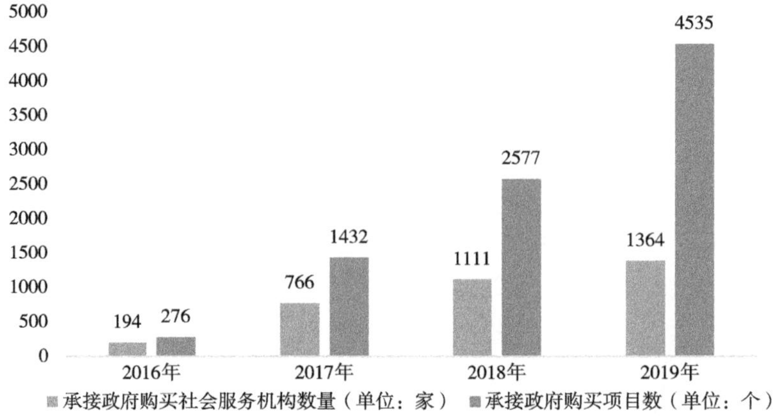

图 12　承接政府购买的社会服务机构数量及承接项目数量

另一方面，社会服务机构承接政府购买的覆盖面和深度不断扩大和增加。承接政府购买的社会服务机构占比从 2016 年的 0.63%，持续上升 3 个百分点至 2019 年的 3.63%；承接政府购买的社会服务机构承接项目平均数从 2016 年的 1.39 项上升至 2019 年的 3.27 项，显示了社会服务机构与政府部门良好、稳定的合作关系，从而能够持续参与社会服务（见图 13）。

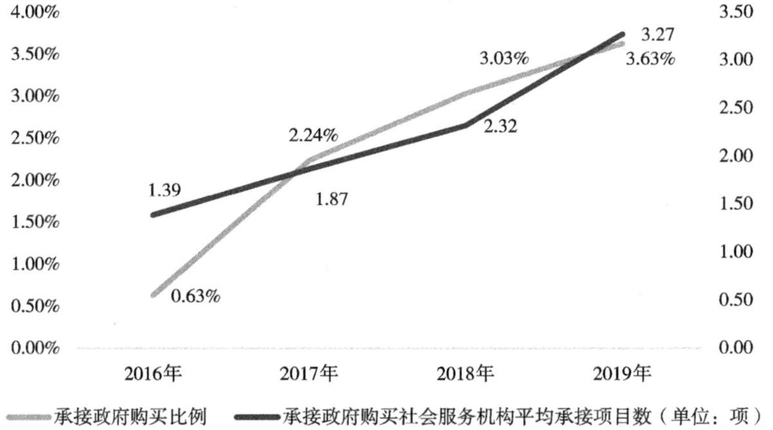

图 13　社会服务机构承接政府购买比例与承接项目平均数量变化

社会服务机构为社会提供服务的价值也不断增加。以省本级社会服务机构为例，2016—2020 年，社会服务机构提供服务的金额持续增加，从 2016 年的 83 亿元，大幅上升 78.25% 至 2020 年的 148 亿元，年均增长 15.65%；其中，2018 年较 2017 年增幅最大，为 22.77%，首次突破百亿元大关（见图 14）。

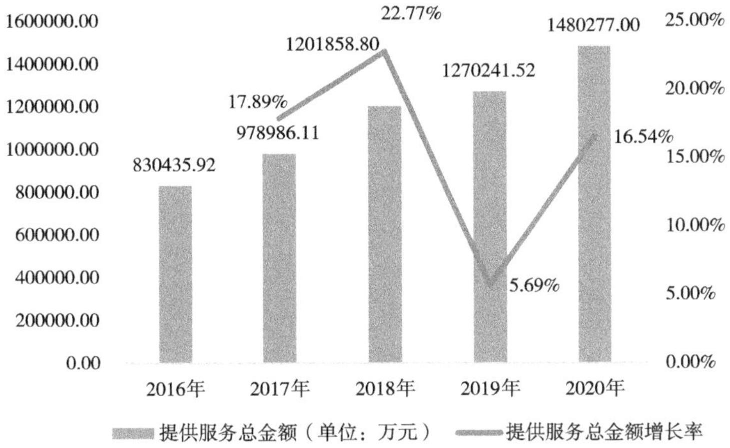

图 14　2016—2020 年全省性社会服务机构提供服务金额及增长率

平均每家社会服务机构提供服务的价值也在上升。以省本级社会服务机构为例，2016 年平均每家社会服务机构提供服务的价值为 1498 万元，持续增长 38.50% 至 2020 年的 2076 万元，年均增长 7.7%。其中，2020 年较 2019 年增幅最大，为 14.74%，首次突破 2000 万元大关（见图 15）。

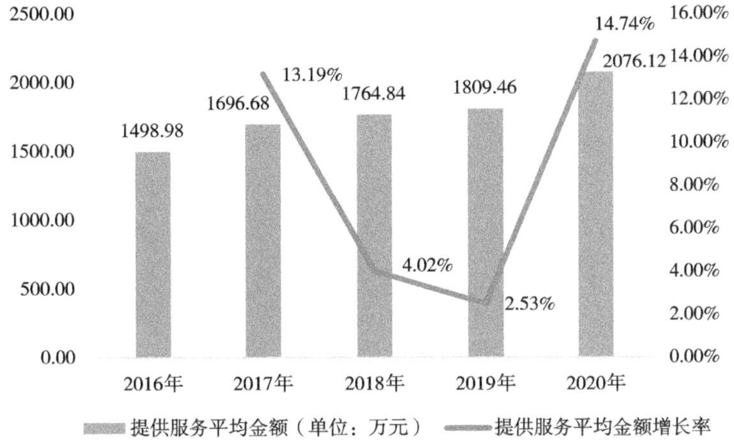

图 15　2016—2020 年全省性社会服务机构提供服务平均金额及增长率

社会服务机构助力公益活动、发展公益事业，活动类型涉及医疗卫生、文化教育、志愿服务、爱心募捐、脱贫攻坚、疫情防控等各个领域。在慈善活动方面，社会服务机构在 2018—2020 年举办的慈善活动共 2907 次。其中：2019 年举办次数最多，为 1756 次；受疫情影响，2020 年仅举办公益慈善活动 16 次（见图 16）。

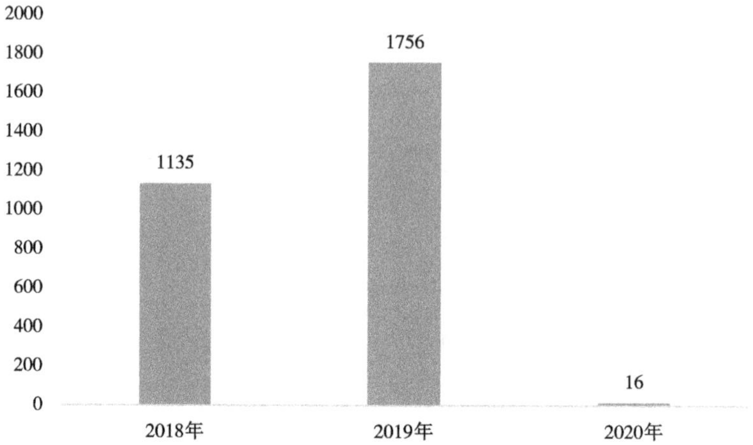

图 16　开展公益慈善活动次数（单位：次）

在提供志愿服务方面，2017—2020 年，社会服务机构累计志愿服务时长为 17531 个小时，年均 4382.75 个小时，2019 年次数为历年最高，达 7365 个小时，受疫情等因素影响 2020 年降至 1516 个小时（见图 17）。

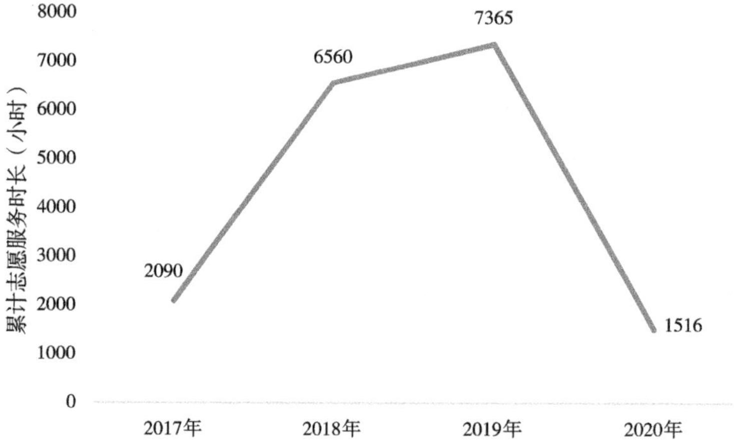

图 17　社会服务机构累计志愿服务时长（单位：小时）

社会服务机构参与公益服务形式更加丰富。各地探索“社工 + 志愿者”服务模式，社会服务机构引导志愿者在文化宣传、文明交通、卫生环保、关爱老人及孤残儿童、战疫等多个服务领域做了大量工作。如：广州在多年志愿服务工作的深度实践中，梳理出了“社工 + 志愿者”工作模式，并相继在全省、全国宣传推广，成为独具特色的志愿服务“广州经验”，社会服务机构引导志愿者参与志愿扶贫、民间河长（湖长）、平安联防、厕所革命、邻里守望、金雁关爱、阳光助残、义务劳动、垃圾分类、文明交通等十项志愿服务专项行动。

社会服务机构参与脱贫攻坚。各地市出台政策引导社会服务机构发挥专业优势，助力脱贫攻坚战。如：汕头市印发《社会组织参与决战决胜脱贫攻坚倡议书》《关于引导支持社会组织和志愿服务力量参与脱贫攻坚的实施方案的通知》《民政局关于鼓励社会力量参与消费扶贫的通知》[①]。“十三五”期间，社会服务机构在参与脱贫攻坚的社会组织中占比一直稳定在10%左右（见图18）。

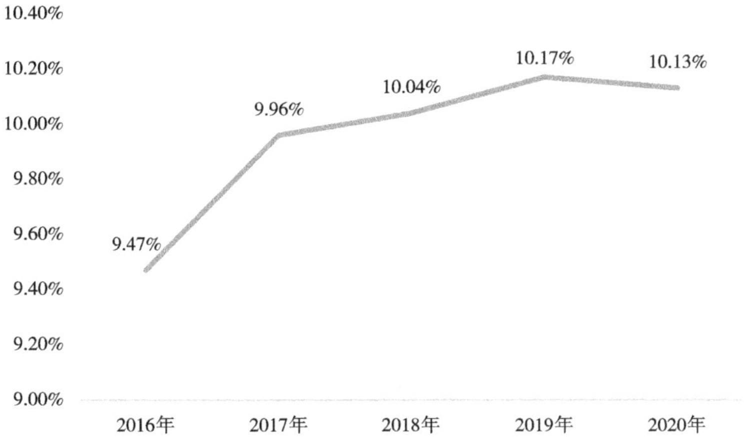

图18　社会服务机构占脱贫攻坚类社会组织比重及变化

社会服务机构通过举办公益和扶贫济困活动助力脱贫攻坚。2017—2020年，社会服务机构举办公益和扶贫济困活动共68237次，年均17059.25次。活动的数量和热度不断增加，从2016年15968次持续增至2019年27192次，2020年为脱贫攻坚战收官之年，受疫情影响，活动数量骤降至2825次（见图19）。

社会服务机构参与扶贫项目，从2018年的237个增至2019年的711个（见图20）。社会服务机构参与疫情防控。广东省社会服务机构充分发挥融入

① 资料来源：汕头市民政局社会组织2020年工作总结和2021年工作计划。

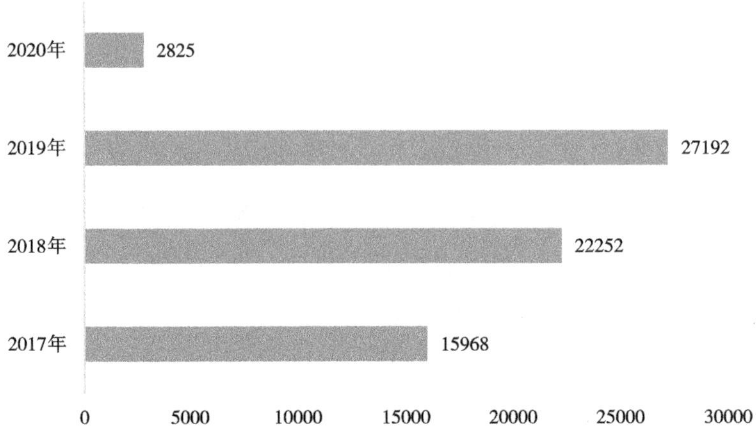

图 19　社会服务机构举办公益和扶贫济困活动次数及变化（单位：次）

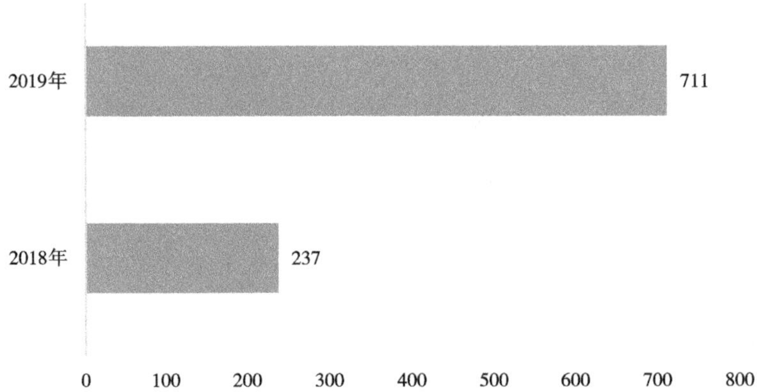

图 20　2018—2019 年社会服务机构参与扶贫项目数量变化（单位：个）

基层、贴近百姓、服务群众的专业优势，在抗击疫情一线充分展现了社会服务机构的责任与担当。

按照社区统一部署，参与防御防线构建。如：佛山市菠萝救援服务中心在超过百天的抗疫时间里，累计为超过 1400 家单位开展消毒工作，累计消毒面积超过 2400 万平方米。① 广州市和悦社会工作服务中心开展电访了解 1315 户困难家庭，为其提供情绪支持、信息普及、防疫知识宣传等服务，发挥企业社工优势，为 352 家企业（近 2000 名湖北籍职工）进行防疫排查，共计服

① 佛山社会组织：脱贫攻坚善作为　抗疫一线勇当先[EB/OL].（2020－11－26）. http://www.fsonline.com.cn/p/284152.html.

务 3850 人次，企业防疫宣传覆盖 121304 人。[①]

组织开展抗疫志愿服务。如：深圳各社会服务机构的社工、志愿者坚守社区联防联控岗位，截至 2020 年 3 月 20 日，61 家社工服务机构累计复工 8945 人，投入疫情防控服务总人数 7585 人。[②] 2020 年初，东莞市每天千余名社工扎根基层，引导累计 5 万余人次志愿者参与社区防控工作，守护小区防疫“安全关”。[③]

（四）法人治理成效明显

2015 年，《广东省民政厅关于广东社会组织法人治理指导意见》以及《民办非企业单位法人治理结构与规则》出台，把法人治理建设作为今后一个时期规范社会组织发展的重要内容，为“十三五”社会服务机构健康有序发展奠定了制度基础。2017 年，广东对全省社会服务机构开展合规性检查，清理规范运营行为，完善法人治理结构建设。2018—2020 年，围绕法人治理、服务规范、社会信用和安全责任等行为，对民政部门主管的社会服务机构、直接登记的社会服务机构持续开展全覆盖检查和专项整治行动，促进了社会服务机构法人治理规范化管理水平的提高。从 2020 年全面检查情况看，运作比较规范的社会服务机构占社会服务机构总数的 84.80%[④]，对管理比较松散、名存实亡的社会服务机构进行分类整顿。

2016—2020 年，每年获评等级为 4A 和 5A 的社会服务机构所占比例均在 35%以上。除了 2017 年外，其余年份占比均高于获评等级为 1A 和 2A 数量之和 25 个百分点以上（见图 21）。

---

① 抗击疫情，服务社群，广州社会服务机构在行动［EB/OL］.（2020－11－27）. http://mzj.gz.gov.cn/gznpo/dt/gzdt/content/post_5679172.html.

② 抗击疫情，深圳社会组织在行动［EB/OL］.（2020－04－02）. https://www.ssof.cn/news/newscenter/1620.html.

③ 东莞：“友善之城”迸发抗疫正能量［EB/OL］.（2020－02－26）. http://dg.wenming.cn/zyfw/202002/t20200226_6313972.shtml.

④ 数据来源：广东省社会组织管理局资料。2020 年全省性社会服务机构专项检查中，全省各地共将 8298 家社会服务机构列入整治对象，共发出 1261 份整改通知书，由此测算出至少有 7037 家社会服务机构未发现存在问题，占比 84.80%。

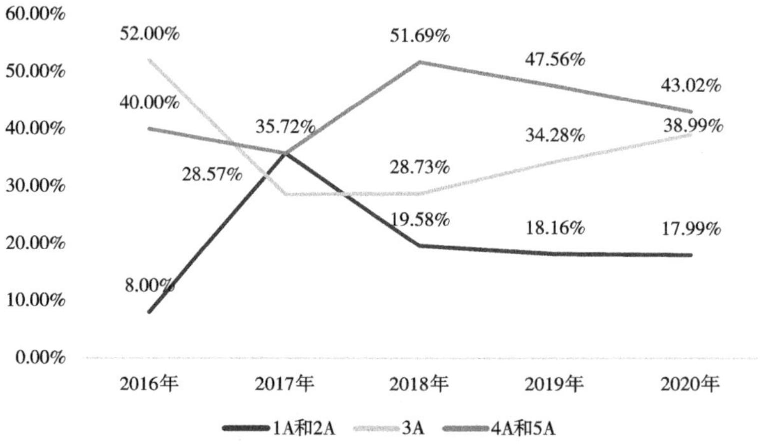

图 21　2016—2020 年社会服务机构等级分布

需要注意的是，社会服务机构各个等级的波动较大，如获评等级为 3A 的在 2016 年的比例最高，为 52.00%，2017 年降至 28.57%，2020 年升至 38.99%。这主要是因为参与等级评估的社会服务机构数量持续大幅提升，在社会服务机构数量逐年增长的背景下，参与等级评估的社会服务机构占比从 2016 年的 0.52%，大幅上升 30 个百分点至 2020 年的 30.59%（见图 22）。

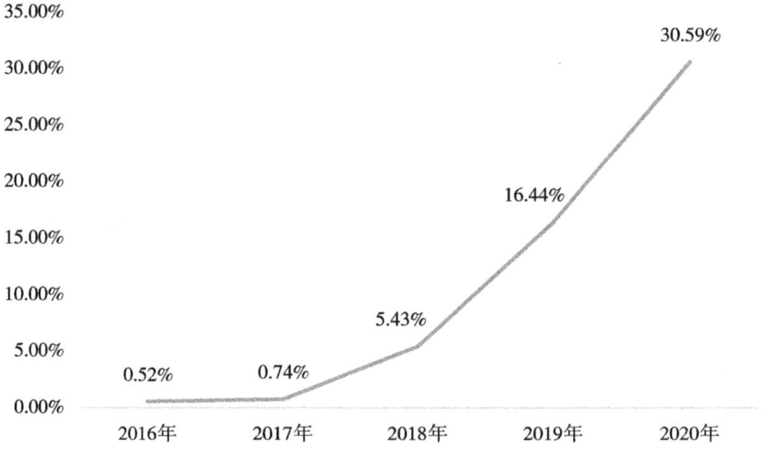

图 22　社会服务机构参评率变化

综上所述，分析社会服务机构各等级的平均比例更能够反映社会服务机构等级分布状况。2016—2020 年，近半数社会服务机构等级为 4A 或 5A，历年平均占比为 43.6%，高于 1A 和 2A 这两个等级总和近 24 个百分点

（见图23）。

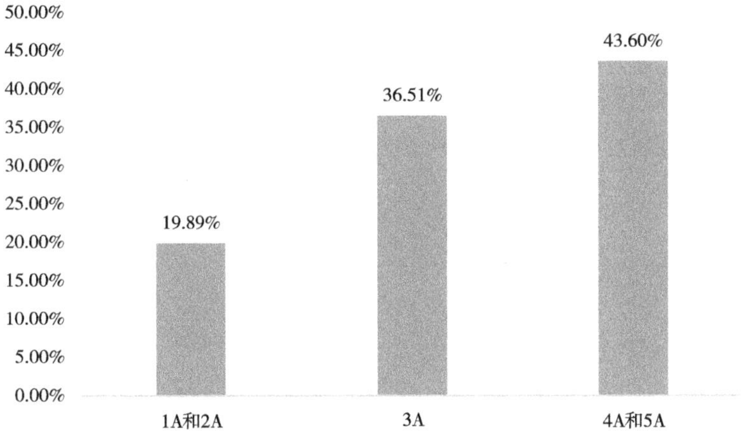

图23　2016—2020年社会服务机构各等级平均数量的比例分布

二、“十三五”期间社会服务机构发展的主要特点

（一）发展政策更加完善

广东省贯彻落实《国务院关于鼓励社会力量兴办教育　促进民办教育健康发展的若干意见》《教育部　人力资源社会保障部　民政部　中央编办　工商总局关于印发〈民办学校分类登记实施细则〉》等政策法规，结合广东实际，研究制定落实的具体措施和办法，先后下发《广东省民政厅办公室关于进一步做好清查规范民办非企业单位托养机构的通知》《广东省民政厅转发〈民政部关于进一步加强和改进社会服务机构登记管理工作的实施意见〉的通知》等规定，涵盖了经济、科技、教育、民生、文体等社会服务机构（民办非企业单位）重点服务领域，为广东社会服务机构健康有序发展提供了配套政策保障。认真贯彻《民政部关于大力培育发展社区社会组织的意见》，推动社区社会服务机构健康有序发展，充分发挥在基层治理中的积极作用。对社会服务机构进行分类管理，重点培育为老年人、妇女、儿童、残疾人、失业人员、农民工、服刑人员或强制戒毒等限制自由人员的未成年子女、困难家庭、严重精神障碍患者、有不良行为青少年、社区矫正人员等特定群体服务的社会服务机构。广州市成立了社会组织培育发展基地和社会组织研究院，

为社会服务机构提供信息、项目策划、培训、交流和服务的平台。

各级政府部门加大向社会组织购买服务的力度，加大购买服务规范化、制度化建设，社会服务机构逐渐成为承接政府购买服务的主体，承接项目和金额逐年增加、服务范围逐年扩展。如：深圳市出台《深圳市提升社会工作服务水平若干措施》规范购买项目的运作，并且规定了政府购买社会工作服务整体打包费的最低标准和续签奖励措施等。

（二）发展空间有效拓展

积极适应广东经济发展体量大、范围广、类别多、示范性强等特征，社会服务机构在研究咨询、标准制定等方面助力经济发展，会聚了一批科技领军人物和高端人才团队，提高社会服务机构发展品质，为促进广东科技创新、经济发展注入了新的活力。省本级和广州、深圳、东莞、珠海等地都由院士牵头成立了高新科技类社会服务机构。

围绕广东现代产业体系和“一核一带一区”建设，适应微电子、新能源、电子商务、环境保护、生物工程、物流业等领域的发展要求，先后成立了广东省现代科技创新研究院、广东粤港澳大湾区协同创新研究院、广东省新兴激光等离子体技术研究院、广东聚华新型显示研究院、广东省新时空位置网创新研究院等一批新型社会服务机构，在服务领域、服务范围、服务作用等方面都有新的发展，从教育培训、民生保障等基本公共服务向智库、科技服务、城市更新、供应链、网络安全、农村电商等高端需求拓展。

社会服务机构服务民政事业发展。社会工作服务机构向基层下沉，形成社区服务指导中心—社区服务中心—社区服务站的工作体系，将服务融入社区，参与基层社会治理。2020 年，广东共有 18 家社区服务指导中心、1863 家社区服务中心和 26605 家社区服务站。将社会工作力量与民政服务相结合，依托“双百计划”拓展业务，实现新发展，提供更加专业化、精细化的便民服务。为群众提供政策咨询，其中包括低保、临时救助、医疗救助、“银龄安康行动”老人保险、重大病症救助、退伍军人补贴、危房改造、高龄长者补贴、孤儿补助等政策咨询。提供个案跟进，主要包括政策咨询类、精神慰藉类、心理疏导等个案。帮助解决特殊人群“急难愁盼”问题，包括解决土地纠纷、低保和五保办理、失学儿童重返校园、残疾证申办、调解亲子关系等。

（三）综合监管更加有力

广东省不断创新社会服务机构监管方式，以实施年度工作报告机制、引入第三方监督评价机制、推进信用信息管理机制及联合监管机制为抓手，打造政府监管、社会监督、社会组织自律的法人治理体系。

全省推广实施社会服务机构年检制度改为“年度工作报告”制度，通过招投标方式引入第三方机构，统一监测指标，统一评价方式，公开、公平、公正地对社会服务机构提交的年度工作报告进行监测评价，并运用监测评价结果，突出监督管理重点，全面促进社会服务机构健康有序发展。运用抽查审计、“双随机一公开”实地检查等方式，推进联合监管机制。省本级由37个成员单位组成广东省社会组织工作联席会议，加强对包括社会服务机构在内的社会组织工作的领导和管理，强化部门间协作配合，进一步完善工作机制。坚持培育发展和监督管理并重，加强监管执法，防范各类风险，净化发展环境。如：加强对社会服务机构的资金监管和联合执法，出台了《全省性社会组织资金监管机制实施方案》《全省性社会组织联合执法机制实施方案》等文件。

（四）信用管理更加有效

广东注重建立信用管理体系，将年度工作报告数据作为信用管理的重要内容，及时公开信用信息。将未参加年度工作报告的社会服务机构列入“活动异常名录”，对多年未参加年检或年度工作报告的社会组织进行行政处罚并列入“严重违法失信名单”。全省列入失信名单的社会服务机构数量由2018年的40家增至2019年的215家、2020年的203家。广东社会组织信息网设置“信用信息”查询功能，方便公众查询社会服务机构三年来的年检年度工作报告、等级评估、行政处罚等信息，将“严重违法失信名单”纳入“信用广东”平台以实现失信公示和联合惩戒。部分地市还创新信用管理方法，如：珠海市通过红黑名单公示机制、信用承诺机制和信用分类监管机制推进社会服务机构信用建设。其中，红黑名单公示机制是根据社会服务机构守信状况分别将其列入守信慈善组织名单（红名单）、异常名录、严重违法失信名单（黑名单），并将其信用情况纳入“信用珠海”体系，及时推送信用中国（广东珠海）网站对社会公开，为实现社会服务机构联合惩戒提供数据依据；珠海市还组织社会服务机构开展诚信自律信用公开承诺活动，签订有关承诺书，并及时在信用中国（广东珠海）网站对外公示有关信用承诺；建立健全社会服务机构信用档案，运用年度检查、财务抽查审计及随机抽查等工作方式实行分类监管。

（五）作用发挥更加明显

广东社会服务机构围绕“三个定位、两个率先”目标，加强孵化培育，引导规范运作，总体发展质量进一步提高，广泛活跃在教育、卫生、科技、文化、体育、社会福利、社会工作等领域，在促进经济发展、繁荣社会事业、创新社会治理、提供公共服务等方面发挥了重要作用。社会服务机构发挥专业优势，通过各种不同的方式与渠道，参与社会治理。社会工作服务机构直接为社区基层和各类群体提供志愿和专业服务，服务范围基本涵盖全省，服务领域涵盖民生发展，助力打通民生服务“最后一公里”。社区社会服务机构聚焦群众急需，为群众提供法律咨询、邻里调解、社区矫正、长者饭堂、居家养老等专业化、个性化服务。如：广州六榕街颐康中心作为养老综合体，不仅在“家门口”为社区老人提供就餐、托养、康复理疗、文化娱乐等“一站式”服务，还提供242个家庭养老床位，为行动不便需要居家养老的长者提供适老化改造、智能化设备、专业化照护的“三入户”服务。

广东社会服务机构结合自身实际，积极参与脱贫攻坚，从教育扶贫、卫生医疗扶贫、社会救助、新农村建设、救灾赈灾等方面开展扶贫工作。

三、“十三五”期间社会服务机构的发展困境

（一）法律制度配套滞后

国家层面有关社会服务机构管理的法律法规就发展环境条件来说相对滞后，相关管理法规位阶不高，现行管理法规主要是1998年修订颁布的《民办非企业单位登记管理暂行条例》，缺少社会服务机构或社会组织管理法律文

件，法律体系构架不完善，与现行法律之间缺少衔接。如：1998 年《民办非企业单位登记管理暂行条例》出台之前的民办教育机构是以出资的形式成立的，对其产权性质、资产权属、产权继承、收益分配等都没有明确规定，成为法律上的空白地带，给社会服务机构分类改革带来困难。社会服务机构成立之后，举办者抽逃、转移资金，造成机构空壳化，追讨资金时存在法律衔接不顺畅的情况，导致行政执法难以进行；民办幼儿园负责人以协议或者合同方式将幼儿园出售，从而获取一笔不菲的报酬。显然这与民办非企业单位的非营利性质背道而驰，但在法律层面上却无法可依，无法对其行为进行约束或作出行政处罚。

（二）非营利性法人界限不清

非营利性是社会服务机构的根本属性，社会公众对其非营利属性的认识存在偏颇。由于社会服务机构运营模式与企业相似，其通过向社会提供竞争性公共产品获得服务收入，维持社会服务机构发展，容易忽略非营利发展导向，在实际运营中也容易出现偏差。社会服务机构服务种类繁多，营利模式复杂，对自我的非营利性认定不足，在税收层面难以界定非营利属性，使大部分社会服务机构无法享受税收优惠。

公益慈善导向较强的社工服务类、公益托老类、公益助残类等社会服务机构，对慈善组织认定认知不清，而政府又缺乏有效的促进措施，致使社会服务机构获得慈善组织认定数量极少、过度依赖于政府购买服务，不利于慈善公益类的社会服务机构长远发展。社会服务机构获取社会资源支持能力弱化，尤其是接受社会和慈善机构捐赠严重不足。以省本级为例，“十三五”期间，社会服务机构获得的捐款数额，虽然从 2016 年的 2612 万元，增加到 2020 年的 1.28 亿元，但是历年来占社会服务机构收入的比重均不足 1%（见图 24）。

社会服务机构法人独立性弱化，营利性法人和非营利性法人的人、财、物、业务运营界限不清，有些社会服务机构与企业属于两块牌子、一套人马，将前者作为吸纳社会资源、享受政府相关政策优惠、降低企业成本的工具。有的在承接项目和提供服务时，将追求利润作为主要目的，甚至将社会服务机构营利收入分配给出资方，导致部分社会服务机构常年账面负债。如：2019 年年度工作报告统计显示，省本级社会服务机构共 364 家存在亏损，占

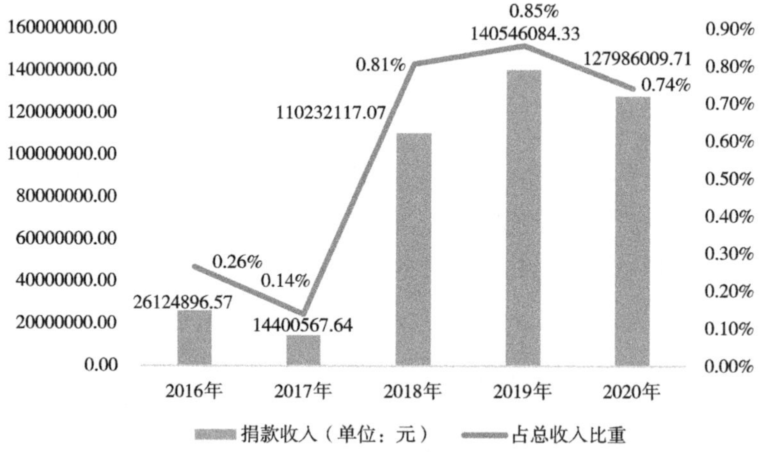

图 24　2016—2020 年社会服务机构的捐款收入及其占比

比达 51.3%。

（三）法人治理结构不够完善

全省社会服务机构法人治理水平总体向好，有序竞争、淘汰机制作用明显，但部分社会服务机构法人治理结构不完善、内部治理制度缺失、日常运营不够规范等问题依然存在，清理“僵尸型”社会服务机构和依法退出任务繁重。如：2020 年专项整治行动中，分析梳理省本级社会服务机构法人治理建设不完善问题共 230 个，主要问题是：部分社会服务机构制度建设不规范、不完整；对理事会和监事设立不重视，理事会和监事职责不清，理事会、监事发挥作用不明显；重大经济活动未经集体讨论通过，会议纪要记录不规范，缺乏合法性；理事会、监事变动未及时到登记管理机关备案，法定代表人或负责人变更不及时且未依法进行财务审计。各地市针对专项整治行动中发现的问题，发出整改通知书共计 1031 份，其中市本级 593 份、县（市、区）级 438 份。全省共注销社会服务机构 570 家，其中市级 285 家、县（市、区）级 285 家；全省共撤销登记社会服务机构 287 家，其中省本级 8 家、市级 275 家、县（市、区）级 4 家。

（四）专业化水平不高

尽管社会服务机构专业化服务能力取得了长足的进步，尤其是在项目优化设计、规范运营流程、专业功能发挥等方面基础较好，但是在统筹专业优势发挥与非营利性法人治理协调发展、更好服务社会等方面还存在与新时代发展特征不相适应的地方，管理专业化程度不高。部分社会服务机构由于管理制度不健全、法人治理不规范等原因，出现不落实安全管理责任、不按章程开展活动、不依法接受监管等行为，侵害了服务对象切身利益，影响了社会服务机构的公信力。有的社会服务机构的服务意识薄弱，承接政府购买服务能力不够，经济来源单一，发展后劲不足，不能满足社会发展的需求。有的社会服务机构专业人才短缺，专业团队松散。目前，社会服务机构吸纳人员多数采用挂靠、外聘等方式，缺乏“引得进、留得住、用得好”的人才保障机制，大部分社会服务机构存在实力弱、基础薄，专职工作人员专业素养不高、流动性大等问题，很大程度上制约了自身发展。2019 年年度工作报告显示，省本级社会服务机构有 131 家无专职工作人员，占比 18.5%，仅 1 名专职工作人员的有 111 家。

四、社会服务机构发展的对策建议

社会服务机构是社会组织三大法人形式之一，是提供竞争性公共产品的重要载体，也是参与社会治理、开展公益服务的重要力量。新发展阶段，社会服务机构应立足于广东经济社会发展的新战略目标，从“人民日益增长的美好生活需要和不平衡不充分的发展之间的矛盾”中定义发展方向和功能作用，建立更加明确的法规制度、更加完善的治理机制、更加有效的促进措施，促进社会服务机构高质量发展。

（一）完善法律法规制度

社会服务机构要适应依法治国的新形势、新任务、新要求，紧跟法律法规发展变化，完善配套相关管理制度，为促进高质量发展提供法治条件。一是依据《中华人民共和国民法典》调整制定完善社会服务机构法律法规制度，与法律新规条文相衔接，明确社会服务机构法定民事主体地位，享有的各项民事权利和承担的义务，规范社会服务机构法人参与民事活动的各项规则。二是依据《中华人民共和国民办教育促进法》和《中华人民共和国民办教育促进法实施条例》，从法规制度层面解决民办教育历史遗留问题，推进民办教育机构分类登记、分类管理，引导以营利为目的的转向营利法人登记、以非营利为目的的继续保留非营利法人登记，促进民办教育分类改革。

（二）坚守非营利性法人定位

《中华人民共和国民法典》明确社会服务机构为非营利性法人。社会服务机构亟须厘清认知不足、定位不清、产权不明等问题，解决非营利法人治理障碍。

一是对非营利性社会服务机构实行分类管理、分类指导，引导公益慈善类社会服务机构通过认定为慈善组织，获得优惠资格和接受定向募捐资格，有利于社会资源流向公益性社会服务机构，实现持续发展。

二是对以市场运作为导向、营利为目标的历史留存社会服务机构（民办非企业单位），争取出台相关政策，引导其转为营利法人。

三是加大对社会服务机构的扶持力度，扩增购买服务的领域、项目、金额等，明确政府购买服务税收减免细则。完善监管机制，加强对非营利性组织的行为管理，依法处置违背非营利性原则行为。

（三）加强规范化管理

社会服务机构要厘清与相关公司的关系，明确企业法人与社会服务机构法人的行为边界，防止混业行为，维护社会服务机构完整的法人地位。引导和督促社会服务机构设立理（董）事会、执行机构、监事会（监事）等法人治理结构组成部分，严格按照章程开展活动，维护法人治理结构的正常运转。加强联合监管力度，登记管理机关和业务主管单位要加强协同配合，统筹资格许可管理和法人登记管理，防止出现管理层面“两张皮”，保持依法管理的一致性。通过年度检查、年度报告、随机抽查、财务审计、专项检查、信息公开、信用管理、等级评估等方式，加强监督检查、行风建设，提高社会服务机构法人治理和业务运营信息公开和透明度，接受社会监督。制定优胜劣汰机制，责令法人治理结构不健全、管理混乱的社会服务机构进行整改，对名存实亡的社会服务机构引导其有序退出。

专题报告

广东省社会组织参与疫情防控专题报告

广东省社会组织研究中心　邵任薇　赵沛沛　张宇晴[①]

摘　要：新冠肺炎疫情防控形势严峻而复杂，广东省因其地理位置及外来人口众多等特点，疫情防控任务更为艰巨。广东省社会组织利用自身优势，广泛动员社会力量，积聚社会资源，积极开展应急捐赠、参与疫情防控和复工复产，承担了社会组织应有的社会责任。社会组织在参与应对重大突发公共卫生事件时仍存在协同机制不完善、自身应急能力不匹配、捐赠供需信息不对称、正负激励不到位等问题。因此对社会组织参与应急管理体系建设，提出了建立健全协同机制、制定组织应急预案、完善信息共享平台、提高监管效能等对策建议。

关键词：广东省社会组织；疫情防控；参与

一、参与疫情防控基本情况

2020年初，突如其来的新冠疫情给社会经济正常运行带来巨大冲击。广东社会组织管理部门积极响应党和政府的号召，迅速行动，广泛动员，主动作为，充分发挥行业优势，组织全省登记的7万多家社会组织和备案的11万多家社区社会组织投身到全民抗疫中去。

（一）疫情发展初始阶段：社会组织迅速响应

2020年1月23日至2020年2月23日，广东省面临着外防输入、内防扩

---

① 邵任薇，管理学博士，硕士生导师，广东外语外贸大学社会与公共管理学院、广东省社会组织研究中心副主任，主要研究方向为社会组织管理、地方政府绩效评价、政策评估及城市更新等。赵沛沛，广东外语外贸大学社会与公共管理学院在读研究生。张宇晴，广东外语外贸大学社会与公共管理学院在读本科生。

散的重大风险，启动了重大突发公共卫生事件一级响应。广东社会组织紧急响应政府应对重大突发公共卫生事件预案，在积极做好自身防护的同时援助武汉重点疫区。一是行业协会率先行动。2020 年 1 月 23 日，广东省湖北商会发布了《广东省湖北商会关于新型冠状病毒肺炎疫情紧急告全体书》，以疫情防控为中心对协会工作进行了初步部署。广东省医疗行业协会、广东省中小企业发展促进会、广东省养老服务业商会等 30 余家行业协会紧随其后，发布疫情防控倡议书，对其所指导行业提供指引、加以规范。如：广东省医疗器械行业协会、省医药企业管理协会协助稳定防护物资价格，倡议全体会员及业内企业，全力保障疫情所需防护用品、医疗器械产品及药品的紧急供应，确保供应产品质量，不抬价不加价。二是全面动员企业捐赠。据广东省社会组织管理局资料，截至 2020 年 2 月 1 日，广东省本级社会组织累计捐款 2774 万元，企业通过基金会捐款约 411 万元，会员企业累计捐款约 1.4 亿元。三是组织应急社会力量。部分行业协会、社区社会组织召集人员投入一线救助工作，如广东省减灾救灾应急协会共出动 11 支社会应急力量队伍共约 500 人次协助各地政府部门、医院、社区等单位开展了志愿工作、维持公共场所秩序、送治疫情患者等服务。

（二）疫情发展稳定阶段：社会组织参与疫情防控促进复工复产

2020 年 2 月 24 日至 2020 年 5 月 8 日，广东省新冠肺炎疫情防控应急响应级别由省重大突发公共卫生事件一级响应调整为二级响应，广东社会组织按照政府的统一部署，促进行业抗击疫情和复工复产。一是动员会员企业落实防疫措施。广东省工业园区协会早于 2020 年 2 月 20 日下发《2020 企业复工疫情防控辅导手册》，对复工复产流程、复工后防护要求等内容加以明确、规范。后续 40 余家省级商会协会联合，就助力推进疫情防控和经济发展发出倡议。二是组织会员企业复工复产。省民政厅牵头召开推动行业协会商会在支持企业复工复产中发挥积极作用专项工作座谈会，强调行业协会商会须履行社会责任，推动企业分区分类分批复工复产，加大对行业协会的鼓励和支持力度。如广东省养猪行业协会针对疫情防控而造成的生猪生产饲料和畜牧产品运输难问题，为企业开辟绿色通道，助力生猪稳产复产保供。三是帮助会员企业纾困解难。广东省磁性元器件行业协会在疫情期间为加强员工安全保障和心理疏导，提供线上讲座和课件供会员企业学习，帮助企业适应环境变化。

（三）疫情防控常态化阶段：社会组织根植基层服务社会

2020年5月9日至2020年12月31日，广东省新冠肺炎疫情防控进入常态化阶段。在这一阶段，一是全省各地社区志愿者组织在基层党组织的统一领导下，积极参与疫情防控和社区服务。广州社会工作服务机构开展“红棉守护行动”，开设“红棉守护热线”200条，协助做好社区疫情排查；珠海市成立新冠肺炎疫情“海心花”社会心理健康咨询专家志愿服务队伍，提供“线上+线下”24小时服务，入驻乡镇（街道）的社工机构及时为辖区居民提供电话咨询服务。二是行业协会利用专业优势进行技术革新，用科技手段助力疫情防控。如2020年3月20日，经过专家审定，广东省标准化协会发布并实施《日常防护口罩》团体标准，该团标创新性地把口罩过滤效率划分为三个等级，即A、AA、AAA级，其核心指标具有先进性和适用性，达到国际先进水平。

二、参与疫情防控基本特点

（一）党建引领坚强有力

广东社会组织及主管部门认真贯彻党中央、国务院、省委省政府对疫情防控的重要部署，发挥党组织与党员在疫情防控中的模范作用。主管部门党委发动各级党组织与党员参与疫情防控，鼓励社会组织党组织挺身而出，指导防控工作。党员以身作则、冲锋在前，积极参与街道、社区疫情防控一线的志愿服务，积极开展应对疫情调查、走访，并且积极参与防控一线志愿服务，带头捐赠，发挥党员先锋模范作用。

（二）组织调度有条不紊

广东社会组织及主管部门加强监管社会组织行为，规范社会组织疫情防控参与行为，要求社会组织按规定落实防控工作，自觉做好安全防护措施，暂缓、暂停举办年会、研讨会、论坛等聚集性活动，并禁止社会组织未经相关部门批准统一派工作人员或鼓励志愿者进入重点防疫区域开展工作。要求社会组织认真贯彻疫情防控要求，确保日常工作平稳有序开展，实现组织自身健康发展。加强对行业协会商会监督管理。在倡导行业自律的同时，也要坚决制止垄断市场、串通企业哄抬物价等扰乱市场秩序行为。一经发现有上述行为，将从重从严从快予以处理。同时组织各级登记管理机关积极报送疫情防控信息，为政府制定防疫政策提供决策依据。

（三）行业优势作用明显

广东社会组织发挥专业优势，广泛汇集社会资源，鼓励社会组织疫情防控期间结合自身特长提供专业服务，满足群众多样化需求。突出行业协会资源平台及自律功能，密切联系会员企业，动员企业落实防疫措施，组织复工复产，引导规范经营行为，帮助企业纾困解难，切实履行社会责任。

（四）管理创新适应需求

为配合疫情防控工作，广东社会组织创新内部管理模式、调整服务提供方式，依托云平台和视频会议形式开展工作、提供服务，提高效率。主管部门主动创新，调整对社会组织的管理手段，综合考虑组织实际情况及疫情防控需求，借助线上平台与社会组织加强沟通，为全力支持社会组织参与新冠肺炎疫情防控、支援和推动复工复产工作，将2019年度工作报告填报截止时间延迟至2020年6月30日，以方便更多的社会组织参检和确保参检率。

三、广东社会组织参与疫情防控的主要短板

（一）协同机制不够完善

社会组织与政府的协同机制缺失。主要表现在：一是广东社会组织响应参与重大突发公共事件的协同机制缺乏，在整个社会应对突发事件的体系中，方案预案不完善，登记管理机关与业务主管单位、行业管理部门引导社会组

织参与疫情防控的机制不健全，协同性不够。二是捐赠者和受赠对象有效对接机制不太通畅，捐赠效率不高。三是社会组织间缺乏协同合作机制。疫情防控期间，省内各社会组织在疫情防控中大多为“单独行动”，凭借各自的资源、渠道单向性援助，缺乏整体协调性。首先，部分社会组织仅凭着一腔热血参与疫情救援，缺少专业的技术和方法。其次，社会组织之间缺乏必要的交流与配合，专业性发挥不足，造成服务对象、服务内容重复，浪费公益资源。最后，枢纽型信息平台缺位①。社会组织之间的资源与信息对接停留在人际传播、社群传递的层面，未能形成规范化的常规性的交流机制。即使实现了组织间的对接，也存在效率低、效果差等问题，导致了疫情防控前期捐献资源的浪费。枢纽型信息平台的缺位导致社会组织力量未能得到充分调动，影响疫情防控的效率和效果。

（二）捐赠供需信息不对称

由于捐赠供需信息不对称，容易造成资源浪费，主要表现在：一是需求信息获取不全面。疫情防控初期，广东省各级慈善组织接收的社会捐赠款物折合人民币达 8.6 亿元，其中定向捐赠给疫情集中的“热门地区”的款物占比 50%，未得到网络关注的地区及群众则易被忽视。二是物资使用率低。由于供需信息的不对称，捐献物资未能得到充分使用。截至 2020 年 2 月 14 日 17 时，广东省慈善总会防控新冠肺炎项目资金拨付率约为 51.9%；截至 2 月 14 日 14 时，广州市慈善会资金拨付率约为 52.0%，物资的拨付率约为 32.2%。三是捐献供需信息对接平台缺失。广东省尚未对各个层级慈善机构公开款项的信息平台、标准、细则加以统一，不利于从省级层面进行物资的统筹和调配。

（三）社会组织应急能力不匹配

广东社会组织的应急能力与实际需求不匹配。主要表现在：一是缺乏应

① 徐家良．疫情防控中社会组织的优势与作用：以北京市社会组织为例［J］．人民论坛，2020（23）：28－31.

急意识。由于广东社会组织普遍缺乏应急意识，导致对疫情响应迟缓，如广东省于2020年1月23日启动重大突发公共卫生事件一级响应，但省内多数的社工、志愿服务机构和慈善组织均是在29日省民政厅发布《动员全省社会组织参与疫情防控》文件之后，才陆续有所行动。二是缺少应急预案方案和有效指引。广东社会组织未制订针对各类突发公共事件的应急预案，并缺少应急行动的有效指引，导致了疫情防控期间部分社会组织参与失序，无法充分发挥作用等问题。三是应急能力储备不足。广东社会组织平时基本没有开展针对重大突发公共事件的应急处置演练，应急物资储备和处置训练不足，缺乏必备的应急能力储备。四是应急组织体系和专业人才缺乏。广东社会组织尚未构建完整的应急组织体系，缺乏应急管理专业人才。大部分依靠应急志愿者参与疫情防控工作，难以将社会组织的专业优势与重大突发公共事件的应急体系相结合，难以充分发挥社会组织的行业优势。五是现场管理不够规范。部分社会组织因为人员紧缺及经验不足，出现了在捐献物资筹措及分发现场存在捐赠的物资和急需物资的品种、型号、标准不完全一致，物资运送调配不合理、物资调拨不及时等问题。

（四）“正、负”激励不到位

疫情防控工作给广东各级政府及社会组织带来了巨大的挑战，但相应的激励措施仍不充分，影响了社会组织持续参与疫情防控的热情。一是“负激励”措施力度不够。未制定重大突发公共事件处置应急状态下对社会组织违法违规行为的惩戒办法，对利用疫情非法募捐、诈骗、传播虚假疫情信息等违法违纪行为未进行超常规快速高效处置。二是对疫情防控中工作成效较好的社会组织，激发其动力的“正激励”措施有待加强。“正激励”缺乏表现为：一是宣传不足。没有及时总结突发公共事件应急处置做法，相关资料统计不完整，应急处置经验总结缺失。全省社会组织系统内没有开展专题表彰大会，先进社会组织事迹没有得到弘扬，其正面影响未能及时扩大。二是缺乏扶持配套措施，对疫情防控中的先进社会组织奖励优惠、政府购买服务优先等扶持政策较少，对社会组织激励不足。如广州市社会组织管理局印发了《关于应对新冠肺炎疫情影响支持社会组织持续健康发展若干措施的通知》，提供了减轻租金负担、加大金融支持等政策优惠，但该文件已于2020年12月31日废止，后续也未有针对社会组织的优惠政策。

四、广东省社会组织有序参与疫情防控的建议

（一）建立健全协同机制

第一，在政社协同方面。首先是厘清政府与社会组织关系。社会组织与政府之间应是统筹－合作的关系①，在决策部门的统筹安排下，实现政社合作，调动社会资源参与应急管理，实现资源的高效配置。其次是要明确社会组织权责。政府应明确各类社会组织在应急管理中应尽责任与权力范围，明确政府应急权力下放程度，以规章制度的形式明确社会组织在突发事件应急工作中应该做什么、能够做什么以及其权力的边界，便于各主体依规定开展工作。最后是将社会组织纳入应急管理体系，明确细化社会组织作用形式。应将社会组织纳入应急管理体系中，实现社会组织参与应急管理制度化，在政策制定、应急预案设计中充分体现社会组织职责、功能、作用。如规定政府在应急状态下通过直接补助、购买服务等方式积极发挥社会组织的力量，确保社会组织的深度参与，保障其合法权益。

第二，在社会组织联动方面。首先是社会组织间应加强信息交流互通。各社会组织充分利用信息枢纽平台，分享突发事件相关信息，实现信息共享，避免因信息差而导致的组织行动冲突、资源浪费等问题。其次是社会组织间达成合作关系，实现优势互补。不同的社会组织也可以在疫情防控和救援的合作中取长补短，如民间基金会可以与其他社会组织达成应急救灾中的合作关系，通过项目资助等方式参与重大突发公共事件应对。

（二）制订组织应急预案

第一，社会组织应加强自身风险意识、应急意识，自觉做好应急准备，提高自身应急管理能力。首先是各类型社会组织应参考政府总体应急预案，

① 鲁全．公共卫生应急管理中的多主体合作机制研究：以新冠肺炎疫情防控为例［J］．学术研究，2020（4）：14－20.

结合自身规模、专业能力等具体情况，对不同类型的突发事件制订有针对性的、个别的应急预案。其次是定期进行应急演练，提高应急状态下的组织响应能力。实际操作中，具备应急救援能力的社会组织可加强应急预案体系中应急队伍及对其他社会组织的支持系统等的建设；基金会则可建立常备应急基金，以供在紧急情况下调配使用。

第二，社会组织管理部门应协助推进社会组织应急预案和应急指引制定工作。从政策上要求社会组织设计符合自身实际情况的应急预案及重大突发事件应急指引，对其应急预案和应急指引加以定期审核或抽查，督促其按规定及时修订，加强可操作性。

（三）完善信息共享平台

第一，规范信息公开形式、内容。广东省层面应协调慈善、行业组织建立健全全省统一、规范、有效的信息公开细则，对社会组织信息公开内容、形式加以明确，并对其信息公开时间、平台作出明确规定，制定具体详尽的信息公开模板，便于相关部门、公众有效监督社会组织的慈善行为。

第二，建设全省接受捐赠与需求对接平台。医院、社区等单位可于该平台上发布需求信息，社会组织则在平台上公布物资详情，供需双方对接更高效。一方面，引导社会组织根据单位的实际需求进行合理募捐、有序参与，提高物资捐献效率，避免公益资源浪费；另一方面，供需双方信息透明有助于减少物资发放统筹中出现的各种问题，提高物资调配效率。

第三，全程追踪捐赠物资去向。除防控指挥部、卫健委、医院之间建立纵向数据对接外，防控指挥部、志愿者与社会组织之间也应实现横向信息互通。这种信息交换机制主要涉及：一是突发事件中技术、设备、人员等需求信息；二是各社会组织所具备的物资、人员、技术等供给信息；三是社会组织与政府在应对突发事件的合作中所取得的进展及出现的新问题等相关信息。信息传达到位是事件处理高效、高质的必要基础。信息交换机制的顺利运行还需搭建科学、高效的信息平台，可借助区块链等先进技术保障各方信息的透明度、可信度，从而实现信息的高度共享。

（四）提高管理效能

第一，主管部门应坚持分类管理，规范社会组织应急管理的参与，引导社会组织发挥自身优势，激发其参与突发事件应急管理的积极性。对于专业服务型社会组织，政府可以借助购买服务等方式，鼓励其开展经营性活动，扩大资金来源，提高服务水平。而对一些“草根”社会组织，政府则应管理与支持并重，提供资金与政策支持的同时，明确组织的权利和义务，促使其不断成长。

第二，加大社会组织监督力度，规范应急参与行为。一是监督社会组织建立规范的募捐流程，如来源渠道，审查相关备案及募捐资格、信息公开程度等，保障募捐工作的有序性。对非法募捐或者利用疫情进行欺诈的社会组织，应采取严厉惩处的措施，如警告、列入违法失信名单、吊销登记证书等。二是加强社会组织发布的公开信息审核，避免出现错报、漏报。密切关注公众舆论，对公众所关注的问题加以解答，及时通报对社会组织违规行为查实追责的处理情况。

第三，加大对主要社会组织在突发事件中的支持力度。一是密切关注并及时跟进主要社会组织工作情况，协调相关资源，协助其解决工作困难。在仓储、车辆调度等硬件方面，应督促社会组织评估自身硬件接收能力，能力不足时主管部门应协助社会组织申请支持。二是大力支持慈善行为。为符合条件的慈善组织提供税收优惠，推动慈善组织发起公益捐赠。对募捐程序规范、募捐信息公开透明的社会组织，可给予简化年审程序、优先采购服务等奖励。三是对在重大突发公共事件处理中救助效率高、行为规范的社会组织，可以通过加强宣传扩大影响等方式加以激励。主管部门应加大对表现优秀的社会组织的宣传力度，倡导其他社会组织以优秀社会组织为榜样进行学习，带动更多的社会组织积极参与重大突发公共事件的应对。

广东省社会组织助力脱贫攻坚报告

费久浩　房瑞佳　郑可帆　卜欢欢①

摘　要： 作为社会组织总数全国排名前列的省份和经济社会发展强省，广东省高度重视引导社会组织参与贫困地区的脱贫攻坚工作。“十三五”期间，广东省切实提高政治站位，全面部署和引导社会组织深度参与；建立有效机制，确保帮扶项目高效对接落地实施；搭建帮扶平台，打造高影响力对口帮扶品牌项目；多元精准介入，因地制宜推出多种扶贫模式；优化相关政策，激活社会组织参与扶贫激励机制，在助力脱贫攻坚上取得了显著成效。当然，在工作中亦存在一些问题，包括政府各部门之间及其与社会组织之间的沟通协作不足，社会组织整合扶贫资源的能力不够，社会组织缺乏参与脱贫攻坚的专业指导，后扶贫工作跟踪乏力等。今后一段时间，可以从制度建设、能力培育和项目开展等方面着手，进一步优化和改进社会组织参与乡村振兴和助推共同富裕的相关工作。

关键词： 广东；社会组织；脱贫攻坚

一、“十三五”期间广东省社会组织助力脱贫攻坚概述

近年来，随着社会组织在公共生活和经济社会发展中的角色作用和重要性日益提升，政府开始意识到并引导其充分发挥在脱贫攻坚领域的角色作用。2016 年 12 月，国务院印发的《“十三五”脱贫攻坚规划》专辟一节规划社会

---

①　费久浩，广东外语外贸大学社会与公共管理学院行政管理系主任，副教授，研究方向为社会治理、公共政策。房瑞佳，广东外语外贸大学马克思主义学院讲师、中山大学政务学院行政管理博士（在读），主要研究方向为公共服务供给、青年研究等。郑可帆，广东外语外贸大学社会与公共管理学院行政管理专业本科生。卜欢欢，广东外语外贸大学社会与公共管理学院应用心理学专业本科生。

组织和志愿者脱贫攻坚帮扶任务，明确指出要“支持社会团体、基金会、社会服务机构等各类组织从事扶贫开发事业”，“制定出台社会组织参与脱贫攻坚的指导性文件，从国家层面予以指导”。2017 年，国务院扶贫开发领导小组办公室的工作要点中再次提出“指导社会组织参与脱贫攻坚。建立健全社会组织参与扶贫开发的协调服务机制。配合有关部门制定社会组织参与精准扶贫助力脱贫攻坚的指导性文件”。并于该年 11 月下发《关于广泛引导和动员社会组织参与脱贫攻坚的通知》，指出要为社会组织参与脱贫攻坚创造条件，充分发挥社会组织在产业扶贫、教育扶贫、健康扶贫、易地扶贫搬迁、志愿扶贫等领域中的帮扶作用，引导社会组织在承担公共服务、提供智力支持、实施帮扶项目、协助科学决策等方面主动作为。

作为社会组织总数全国排名前列的省份和经济社会发展强省，广东省高度重视引导社会组织参与脱贫攻坚行动。自国务院及扶贫开发领导小组上述通知下发后，广东省即明确提出脱贫攻坚要“充分发挥社会力量的作用”，要“引导各类企业积极开展产业扶贫、就业扶贫、公益扶贫，推进村企合作、镇企合作、县企合作”，“支持社会团体、基金会、社会服务机构等各类组织从事扶贫开发事业，发挥扶贫志愿者和行业协会的积极作用，加强社会扶贫平台建设和推广，推动社会力量与相对贫困村、相对贫困户精准对接”。在实际行动层面，广东省民政厅高度重视，统一部署，明确责任，精心组织，统筹安排，将其列入重要议事日程和民政重点督办工作，广泛引导和动员社会组织参与脱贫攻坚工作，充分发挥社会组织联系社会帮扶资源与农村贫困人口的纽带作用，引导社会组织成为脱贫攻坚事业中的重要行动者。

据社会组织报送数据统计，“十三五”期间，广东省各级各类社会组织充分发挥自身专长和优势，按照各自宗旨理念和业务范围，各尽所能地参与脱贫攻坚各项工作。2018 年至 2020 年，6600 多家社会组织开展扶贫协作项目 6200 多个，投入资金约 35. 5 亿元，其中，1000 多家社会组织开展东西部扶贫协作对口支援项目 2200 多个，社会组织投入资金约 11. 3 亿元；5000 多家社会组织开展扶百村项目 3400 多个，社会组织投入资金约 22. 3 亿元；500 多家社会组织开展其他贫困地区扶贫协作项目 500 多个，社会组织投入资金约 1. 9 亿元。2020 年，全省 5. 8 万余家社会组织及其会员参与脱贫攻坚，参与率达81%，1900多家社会组织开展扶贫协作项目2700多个，社会组织投入资金约11亿元。在实际引导和动员社会组织参与脱贫攻坚的过程中，广东省形成了独具特色的帮扶经验和典型案例，涌现出一批对口帮扶先进典型，构成了广东省社会组织参与脱贫攻坚事业的亮丽图景。

二、“十三五”期间广东省社会组织助力脱贫攻坚主要做法

（一）提高站位，全面部署社会组织参与脱贫攻坚

广东省高度重视引导和动员社会组织参与脱贫攻坚，省民政厅党组书记和省社会组织管理局党组书记从组织、制度、动员等方面亲自抓落实，充分发挥社会组织党组织的政治引领作用，把党的组织优势转化为脱贫攻坚强大政治优势，全力推进以党建引领助力打赢脱贫攻坚战。

一是成立领导小组。广东省民政厅及时成立了以厅长为组长、副厅长为副组长、相关室局负责人为成员的领导小组，广东省社会组织管理局也成立了由省民政厅党组成员、副厅长任组长的社会组织参与脱贫攻坚工作领导小组和省社会组织管理局决战决胜脱贫攻坚工作专班，指定专人负责，明确工作责任。小组和专班的成立强化了引导社会组织参与脱贫攻坚工作职责，明确了社会组织和相关民政部门的关系与责任，为社会组织助力脱贫攻坚打造了坚实后盾。

二是制订工作方案。广东省制订了《关于进一步引导和动员社会组织参与脱贫攻坚的实施方案》，印发了《广东省社会组织管理局2020年引导和动员社会组织参与决战决胜脱贫攻坚工作方案》，部署广东省社会组织参与脱贫攻坚的各项工作，具体分解社会组织在产业扶贫、教育扶贫、健康扶贫、易地扶贫搬迁、志愿扶贫等领域中的行动，落实政社合作、社企合作、对口帮扶、项目开展、实地调研与走访等具体工作机制。

三是广泛引导动员。2018年以来，省、市、县、区各级民政部门通过发出倡议书，召开动员大会、座谈会，举办主题活动等，动员号召社会组织积极参与“广东社会组织支援‘三区三州’建设”“扶贫济困日”“社会组织扶百村”等一系列扶贫活动。各枢纽型社会组织和部分社会组织带头吹响打赢

脱贫攻坚战的号角，积极动员其会员单位、会员个人履行社会责任，参与脱贫攻坚，层层推动，组织形成扶贫济困的强大社会力量。

（二）建立机制，确保帮扶项目有效对接落地实施

为深入贯彻落实党中央、国务院和省委、省政府打赢脱贫攻坚战的决策部署以及民政部引导社会组织参与脱贫攻坚的相关工作部署，广东省建立起切实可行的具体工作机制，以保证各项工作落到实处。

一是建立东西部扶贫对接机制。2019 年，广东省民政厅负责组织全省性社会组织对口支援新疆喀什地区的疏附县、莎车县、塔什库尔干县；广州市民政局负责引导和动员本市社会组织对口支援四川甘孜地区的色达县、理塘县；深圳市民政局负责引导和动员本市社会组织对口支援四川凉山地区的普格县、金阳县、甘洛县、雷波县；珠海市民政局负责引导和动员本市社会组织对口支援云南怒江地区的泸水市、福贡县、贡山县、兰坪县；佛山市民政局负责引导和动员本市社会组织对口支援四川凉山地区的喜德县、美姑县、昭觉县、布拖县。2020 年，建立社会组织与挂牌督战县对口支援关系。至 2020 年，广东省已经有 581 家社会组织开展东西部扶贫协作对口支援项目 1400 个，其中省本级有 36 家社会组织开展东西部扶贫协作项目 61 个，社会组织投入资金约 1.98 亿元；各地市有 545 家社会组织开展东西部扶贫协作项目 1339 个，社会组织投入资金约 4.4 亿元。

二是形成实地调研机制。除促成对口帮扶对子的结成之外，广东省还高度重视赴帮扶地区开展实地调研。针对省外，2018 年以来，广东省民政厅及省社会组织党委领导多次亲自带领相关社会组织开展对接扶贫协作项目的实地调研活动，提升对口帮扶质量。比如，2020 年 9 月，广东省民政厅相关领导带领佛山市顺德区陈村总商会、深圳市质量检验协会、深圳建筑业协会、广州市利世慈善基金会和广东善缘社会工作服务中心等社会组织赴四川西昌市和康定市参与脱贫攻坚项目签约仪式，并调研先天性心脏病患病儿童救治、医疗救助和助学帮扶等项目；2020 年 10 月，广东省民政厅相关领导率队赴云南开展扶贫协作实地考察，广东省慈善总会、广东省扶贫基金会、广东省汉企联公益基金会等对接了怒江州 3 个扶贫协作项目；2020 年 10 月，广东省社

会组织管理局相关领导率广东社会组织赴新疆开展贫困村家庭平整院落及地面硬化、蛋鸽养殖产业、建造乡村旅游设施等扶贫协作项目的实地考察，并在乌鲁木齐市参加“珠水映天山·粤新一家亲·共筑中国梦”广东省社会公益力量支持新疆脱贫攻坚惠民生项目座谈会暨签约仪式。针对省内，广东省民政部门高度重视珠三角地区对粤东西北地区的脱贫攻坚实地调研活动，省内各地市亦强调对本地区的扶贫项目和活动的实地考察，从而确保各项工作部署合理、落实高效。

三是探索对口“扶智”机制。除了大力推进社会组织在资金、项目上的对口帮扶之外，“十三五”期间，广东省高度重视对贫困地区的“智力”帮扶。一个典型例子是，广州市社会组织管理局举办了四川省甘孜藏族自治州民政（社会组织管理）干部广州培训班，帮助甘孜州民政部门和社会组织培训专业人才，促进其工作骨干提升综合服务能力和水平，产生了良好的实际效果和社会反响。

（三）搭建平台，打造高影响力对口帮扶品牌项目

广东省历来重视社会组织参与脱贫攻坚的品牌打造工作，而自“十三五”期间国家明确提出引导社会组织参与脱贫攻坚以来，更是把握形势，强化帮扶举措，大力动员社会组织参与、举办、开展多种形式的扶贫项目，巩固并创建了一系列具有较高知名度和美誉度的脱贫攻坚品牌项目。

一是扶贫济困日。2010 年 6 月，经国务院批复同意，广东省将每年 6 月 30 日设为“广东扶贫济困日”，旨在“鼓励对口帮扶部门以及社会各界深入贫困地区，献爱心，搞帮扶”。经过 10 余年的发展，在中央和广东省扶贫开发决策部署下，该活动已成为广东省参与面最广、惠及面最大、社会效果良好的公益慈善活动和社会化扶贫品牌。据广东省“6·30”活动办统计，自设立以来，广东扶贫济困日活动共吸引 1000 多家社会组织、近万家企业、100 多万志愿者、2000 多万爱心人士参与，累计募集社会资金 373.31 亿元。

二是社会组织扶百村。自 2018 年起，广东省逐步建立起省内各地市对口帮扶结对机制，引导各级社会组织对口帮扶粤东西北地区及惠州、肇庆等 14 个地市脱贫攻坚，由广东省民政厅统一收集被帮扶地市贫困地区扶贫协作项

目，再分发给各帮扶地市，并组织本地社会组织对接落实。数据显示，2018—2020 年，广东省共有 5000 多家社会组织开展“扶百村”项目 3400 多个，以脱贫攻坚战收官之年的 2020 年为例，共有 1024 家社会组织开展“扶百村”项目 1194 个，其中：省本级有 57 家社会组织开展项目 227 个，社会组织投入资金约 7800 万元；各地市有 967 家社会组织开展项目 967 个，社会组织投入资金约 3.6 亿元。

三是百家社会组织走进困境和留守儿童“牵手行动”。从 2018 年起，广东省百家社会组织走进困境和留守儿童“牵手行动”成为每年必不可少的系列行动，通过各级各类社会组织进村入户开展帮教助学、成长教育、心灵关怀、医疗帮扶、扶贫帮困、优化环境、公益倡导等关爱服务活动，为省内困境和留守儿童送去关爱和温暖。该项目逐步发展成包含“牵手成长”“牵手有家”“牵手陪伴”“牵手阅读”“牵手助行”等子活动的系列牵手项目。截至 2020 年底，该项目已累计动员 740 家社会组织，分成 15 个关爱小组深入全省 15 个地市的贫困地区，共开展活动 192 场，投入社会资金 1034 万元，惠及 2.4 万名儿童。

四是“珠水映天山・粤新一家亲・共筑中国梦”公益慈善援疆活动。从 2018 年起，广东省民政厅、社会组织管理局与广东省公安厅、新疆维吾尔自治区驻广东工作组紧密合作，积极动员、组织广东社会组织开展“珠水映天山・粤新一家亲・共筑中国梦”公益慈善援疆活动，创设慈善资源与扶贫需求对接机制，创新社会组织扶贫项目管理模式。从 2018 年到 2020 年，共有 30 多家基金会、行业协会、商会等社会组织参与该项目，金额累计达 1600 多万元，主要涉及慰问边防战士、公安英模、公安英烈家属，修建农村厕所、公共浴室、蓄水净水供水站，地面硬化和房屋修缮，修建村级小店铺、国语教室，援建林果基地、农业合作社，提供老年人康复服务、困境儿童帮扶等扶贫协作项目。广东省对口援助新疆项目对新疆相关县市的脱贫奔小康起到了显著的帮扶作用，为此，新疆维吾尔自治区党委专程给广东省民政部门致送感谢信。值得强调的是，该项目除了具有助力少数民族贫困地区脱贫致富的民生价值，还具有显而易见的稳定边疆、增强民族团结的政治意义，使少数民族贫困地区和民众切身体会到社会主义制度的优越性和共同富裕的可及性。

（四）多元介入，因地制宜推进多种精准扶贫模式

广东省社会组织在助力脱贫攻坚过程中高度重视不同帮扶地区的实际情况和资源禀赋，并在此基础上探索适合当地特定情境的扶贫模式，体现出显著的精准性和针对性。

一是产业扶贫。产业扶贫是以市场为导向，以产业发展为杠杆促进贫困户增加收入的扶贫措施，旨在不断激发贫困群众内生动力，不断增强当地“造血”功能，通过“输血”和“造血”共同驱动实现长久的脱贫致富。目前，广东省社会组织产业扶贫已经取得显著成效，并形成长效脱贫的体制机制。比如，广东省扶贫开发协会着力构建企业帮扶、产业发展的利益联结机制，已培育产业扶贫示范基地100家，直接或间接带动贫困村1000个，关联贫困农户20万户，户年均增收18000元。截至2019年底，共认定扶贫农产品300多种，举办展销推介会100多场次，开通消费扶贫直通车20班次，开办扶贫农产品展销中心（专卖店）10个，实现年销售超过100亿元。

二是教育扶贫。扶贫必扶智，教育扶贫以提高贫困人口基本文化素质和贫困家庭劳动力技能为抓手，瞄准教育最薄弱领域，以期阻断贫困的代际传递。广东省各类社会组织特别是教育类、学术类社会组织通过设立奖学金、资助贫困地区儿童上学等多种方式，为提升贫困地区教育水平、增强扶贫对象就业能力作出贡献。例如，深圳市慈善会连续11年举办“天威慈善助学专项资金”活动，帮扶37名贫困大学生完成大学梦，“仕高玛奖助学金”连续13年为贫困学生共计发放14.98万元奖助学金；广州市社会组织联合会开展的“春雨”扶贫项目通过组织会员单位广州市家具行业协会探访贵州省毕节市威宁彝族回族苗族自治县二塘镇梅花小学，捐赠大量文具、图书等爱心物资，升级改造当地学校硬件设施。

三是健康扶贫。健康扶贫致力于改善贫困地区医疗卫生机构条件，构建全面覆盖贫困人口的基本医疗卫生制度，稳步推进基本公共卫生服务均等化，努力防止因病致贫、因病返贫。“十三五”期间，广东省社会组织通过提供医疗技术支持、卫生人才培训和紧缺设备援助等，帮助贫困地区提高医疗水平，改善医疗服务设施，并针对贫困人口组织开展义诊、免费体检等公益活动，

持续提高贫困地区居民健康素养水平。比如，广东省扶贫开发协会在重点关怀外来工和社区低收入群众的基础上，启动健康扶贫工程走进贫困村活动，该项目目前已成为全省扶贫“双到”推广的常态工作。截至2020年底，共组织开展健康扶贫专项活动累计200场次，受益人数达到1.5亿人次，减免医药费检测费累计3亿元。

四是易地搬迁扶贫。易地搬迁扶贫是指将生活在缺乏生存条件地区的贫困人口搬迁安置到其他地区，并通过改善安置区的生产生活条件、调整经济结构和拓展增收渠道，帮助搬迁人口逐步脱贫致富。总体来看，广东省易地扶贫搬迁已经取得明显成效，通过易地扶贫搬迁，贫困户摆脱了“一方水土养活不了一方人”的生活困境，同时赋予了迁出贫困户持续自我发展的条件和能力。比如，佛山市顺德区慈善会积极链接慈善资源对口四川凉山扶贫，通过易地搬迁和土地增减挂钩安置项目，使191户群众得到集中安置，而困难群众家庭“厅室革命”项目投入捐赠资金9.55万元，直接用于帮助集中安置点群众购买家具，受益农户共计756人。

五是其他关爱帮扶。广东省社会组织积极助力农村低保、特困人员救助供养等社会救助制度，以求实现应保尽保，确保兜住贫困人口基本生活底线。比如，广东省扶贫开发协会的银发温暖工程以贫困老人为重点关怀对象，为贫困村65岁以上的低保老人统一购买新型农村养老保险，使其终身受益，为贫困村60岁以上的“五保”老人发放生活补贴每人每年1200元。

（五）优化政策，激活社会组织参与扶贫激励机制

在引导、促进社会组织助力脱贫攻坚方面，广东省特别强调通过具体的制度设计和政策体系予以激励和规范。

一是建立奖励表彰制度。广东省通过大力表彰在扶贫济困、精准帮扶、东西部扶贫协作等方面事迹突出、成效显著的社会组织或团队，进一步提高了社会组织参与脱贫攻坚工作的积极性、主动性。建立社会组织参与脱贫攻坚的正向激励机制，对参与脱贫攻坚表现优异的社会组织在等级评估中给予加分，在评优评先中优先考虑，予以通报表扬或推荐参评脱贫攻坚奖等，激发调动社会组织参与热情。

二是认真做好慈善组织认定和公开募捐资格审核。截至2020年底，广东全省拥有慈善组织1326家、公募慈善组织151家，慈善信托37单、资金6.8亿元。广东省支持慈善组织在章程规定的业务范围内积极开展慈善活动，参与社会公益事业，按照国家和省有关规定落实优惠政策。目前，获得省级公益性捐赠税前扣除资格的社会组织有401家，获得省级非营利免税资格的社会组织有2947家。

三是强化宣传。加强社会组织参与脱贫攻坚的宣传激励，及时挖掘和提炼社会组织参与对口帮扶地区脱贫攻坚的典型案例和成功经验，通过媒体宣传、发文通报等方式，大力宣传社会组织在参与脱贫攻坚中的好经验、好做法，不断发挥典型的引领作用和辐射效应，在全社会营造鼓励、支持社会组织参与脱贫攻坚的良好氛围。

四是严格规范。督促社会组织依法依规依章程参与脱贫攻坚，认真落实社会组织“双随机一公开”，加强对社会组织项目运行、资金使用、收益分配等环节的信息公开力度，接受社会监督，提升社会公信力。

三、“十三五”期间广东省社会组织助力脱贫攻坚存在问题

（一）政府各部门之间及其与社会组织之间的沟通协作不足

按照国务院扶贫开发领导小组《关于广泛引导和动员社会组织参与脱贫攻坚的通知》精神，引导和动员社会组织参与脱贫攻坚是扶贫、民政部门及各社会组织业务主管单位和行业管理部门的共同职责，但是目前部分社会组织业务主管单位的协作参与度不高，政府部门与社会组织之间在脱贫攻坚工作中的交流互动缺乏有效的对接机制。大部分社会组织业务主管单位没有定期检查本单位管理的社会组织参与脱贫攻坚工作情况，也没有统计、公布本单位、本部门、本系统社会组织参与脱贫攻坚的情况并将检查情况和统计信息通报给同级登记管理机关和扶贫部门。

（二）社会组织整合扶贫资源的能力不够

整体而言，广东省社会组织经济规模体量普遍较小、资源单一、力量单

薄，在聚集会员企业、爱心人士、社会人员等社会力量共同参与脱贫攻坚方面能力不足。许多社会组织开展扶贫的资金筹集仍以民间捐赠和通过政府职能转移及购买服务方式获取的财政拨款、财政补贴为主，社会组织依靠自身力量筹集脱贫攻坚资金有限，整合扶贫资源的能力有待提高。

（三）社会组织缺乏参与脱贫攻坚的专业指导

社会组织存在专职人员少、从业人员流动频繁、班子队伍老龄化、组织软弱松散等问题，大部分社会组织人员既没有接受过有关脱贫攻坚工作的专业培训，也没有脱贫攻坚专业人员的指导，开展扶贫工作经验不足，对贫困对象的识别不够全面和精准，在扶贫资金的使用、募捐及帮扶活动的开展等方面缺乏针对性、专业性和长效性。少数社会组织觉得扶贫资金的使用不好把握，加上跨省实施项目，缺乏有力有效的监督管理办法，亟须总结经验，完善制度。

（四）社会组织"后扶贫"工作跟踪乏力

"十三五"期间，广东省社会组织参与脱贫攻坚的项目数量和投入非常可观，品质亦不断改善，助力完成了消除绝对贫困的艰巨任务。在全面脱贫攻坚取得重大胜利之后，应如何进行"后扶贫"阶段的工作以避免贫困地区返贫的问题随之提上日程。贫困地区人口生计具有脆弱性，而且地理位置通常偏远，环境恶劣，兜底保障全覆盖还未完成。社会组织开展公益慈善活动的持续性以及后续监管与创新转型工作的挑战尚存，社会组织后续的"后扶贫"工作只能"摸着石头过河"，任重而道远。

四、后扶贫时代优化广东省社会组织参与乡村振兴和助推共同富裕若干建议

2020 年是我国脱贫攻坚战取得全面胜利的重要年份，"现行标准下 9899 万农村贫困人口全部脱贫，832 个贫困县全部摘帽，12. 8 万个贫困村全部出

列，区域性整体贫困得到解决，完成了消除绝对贫困的艰巨任务”[①]，但这并不意味着减贫事业的彻底完成，由于仍然存在生计脆弱、自然环境恶劣、灾害频发，兜底保障覆盖有限等多重因素，脱贫地区和群众脱贫之后仍然具有潜在的返贫可能性。[②] 因此，今后一段时间内持续减贫与发展的压力依然很大，缓解长期存在的相对贫困、巩固脱贫成果并做好与乡村振兴和共同富裕的有效衔接仍然任重道远，而社会组织在此过程中依然大有可为。为确保社会组织继续在减贫事业和共同富裕中发挥其功能和作用，结合目前存在的相关不足和问题，当前可考虑从以下三个方面着手推动社会组织在后扶贫时代更好地参与脱贫成果巩固，实现乡村振兴和全民共同富裕。

（一）改进社会组织参与乡村振兴和助推共同富裕的制度建设

1. 强化激励

一是强化具体政策支持。在社会组织助力巩固脱贫攻坚成果和实现乡村振兴的过程中，政府要为社会组织提供制度空间。虽然中央层面制定出台了《关于进一步动员社会各方面力量参与扶贫开发的意见》，广东省也发布了对应的行政文件和倡议，但多为宏观方面的指导，缺乏实际操作性，因此需要进一步出台具体的实施细则，特别是针对社会组织参与脱贫攻坚成果巩固和乡村振兴战略，应从登记注册、申请、开办等方面降低准入门槛，简化手续，从税收、财政、信贷等领域给予其政策倾斜和优惠服务，出台具体的专项操作性措施和方案，继续引导和推动社会组织开展今后的相对贫困治理行动。[③]

二是营造良好的社会氛围。社会组织扶贫是一种基于民众自愿的社会性救助行为，其发展必须有相应的道德伦理和社会氛围作支撑。培育慈善文化、优化社会组织的制度环境，对鼓励和引导社会组织从事扶贫开发事业具有重要的

---

① 习近平．在全国脱贫攻坚总结表彰大会上的讲话［A/OL］．https://www.12371.cn/2021/02/25/ARTI1614258333991721.shtml.

② 郭景福，夏米斯亚·艾尼瓦尔．“三区三州”减贫与发展的多维路径与对策探析［J］．民族学刊，2020（6）：9－16.

③ 陈成文，陈建平．社会组织与贫困治理：国外的典型模式及其政策启示［J］．山东社会科学，2018（3）：58－66.

作用。[①] 广东省在经济发展方面走在全国前列，这为社会组织募集扶贫资金提供了较好的基础和可能性，但良好基础转化为现实可能的重要前提是整个社会拥有浓厚的慈善氛围，因此今后应加大力度宣传公益慈善和乐善好施的社会文化。

三是健全购买服务机制。从国外社会组织的实践经验和我国社会组织参与脱贫攻坚的成功项目来看，健全政府购买服务机制是构建扶贫减贫政社伙伴关系进而激励社会组织参与积极性的重要方式和政策工具。[②] 因此今后应进一步加大政府购买社会组织服务力度，扩大向社会组织购买服务的范围和规模，探索将相关项目委托给符合资质的社会组织开展。

2. 加强监管

当前和今后一段时间里，可能存在一些社会组织打着帮扶乡村振兴旗号敛财牟利，甚至出现违法行为的现象，它们利用爱心人士的善心，破坏社会组织的形象、挫伤社会各界参与乡村振兴公益项目的积极性，损害社会组织参与乡村振兴和推进共同富裕的良好声誉。为了确保社会组织参与脱贫攻坚成果巩固和乡村振兴长足良性发展，政府除引导动员和激励外，还要加强规范约束，一是制定具体规章制度，严禁利用参与乡村振兴的名义牟利，确保以参与乡村振兴为主要业务的社会组织进一步提高政治站位，坚持服务乡村振兴、服务共同富裕基本方略，严禁打着乡村振兴旗号从事与之无关的活动。二是明确各方职责，严肃查处各类违法违规活动，进一步加大对社会组织参与脱贫攻坚成果巩固和乡村振兴工作的管理，特别是对利用此名义牟利敛财，挪用、截留相关资金或擅自改变资金用途的要予以严肃查处。三是建立长效激励约束机制，建立健全社会组织参与乡村振兴工作台账，及时发现和总结社会组织参与乡村振兴工作的好经验、好做法，推出一批先进典型和成功案例，支持和指导社会组织用好相关捐赠税前抵扣政策；通过社会组织依法登记、年检年报、评估、慈善组织认定、公募资格审定等方面的工作，支持、规范社会组织参与脱贫攻坚成果巩固和乡村振兴，牵头建立协调服务机制，

---

① 陈成文，陈建平．社会组织与贫困治理：国外的典型模式及其政策启示［J］．山东社会科学，2018（3）：58－66．

② 同①。

及时解决社会组织参与扶贫过程中遇到的困难和问题。四是发挥登记管理机关职能，规范社会组织参与脱贫攻坚成果巩固工作，继续做好社会组织依法登记、年检年报和评估等工作，支持、规范社会组织参与脱贫攻坚成果巩固和乡村振兴工作。

（二）强化社会组织参与乡村振兴和助推共同富裕的能力培育

1. 健全机制

一是完善资金筹措机制，社会组织应通过获得行政委托项目、政府购买服务、协同合作项目等方式进行筹资，部分运作稳定且规模较大的社会组织，可以将某些基础性项目分化为多个子项目，再寻找其他社会资源培育子项目，增加相关的附加服务，达到资源整合的目的。二是建立现代化运行机制，完善组织内部治理结构。社会组织首先应建立参与帮扶的信息公开制度，在法律规定范围内实现活动信息、公益信息、财务信息高度透明化和程序化，防止出现组织内部以权谋私、挪用公益款项等不正当行为；其次社会组织必须建立民主化决策和平等的议事机制，增强决策主体的独立性、内容的针对性、程序的合法性和方式的科学性。① 三是探索创新机制，强化社会组织参与乡村振兴的有效性。有关部门应创新实施公益创投、购买服务、第三方评估等机制，加大对公益慈善、社工服务、志愿服务、农业生产等可直接参与脱贫攻坚成果巩固和乡村振兴的社会组织的培育扶持，强化社会组织参与的有效性。四是探索能力提升机制，提高社会组织参与扶贫成果巩固的“造血”功能。将“给钱、给项目”等传统的扶贫方式与“给思路、给能力”等新扶贫策略有机结合，注重提高社会组织参与“造血”功能的能力，可考虑通过双向互挂实现人才交流，将广东省社会组织领域领军人才送出去，通过“干中学”的方式对帮扶地区相关人员进行指导和培训；把帮扶对象地区社会组织领域领军人才请进来，使其直接参与相关工作，开阔视野，拓展思路，以便因地制宜助力地方脱贫攻坚。

---

① 邱玉婷．社会组织与政府协同治理相对贫困的行动策略：以2020年后巩固拓展脱贫攻坚成果为视角［J］．广西社会科学，2021（4）：11－16.

2. 精准对接

尽管在我国现行标准下，农村绝对贫困人口全部脱贫、贫困县实现全部摘帽、区域性整体贫困问题得以解决，“两不愁、三保障”的突出问题彻底解决，但在自然生态环境及生活环境极端恶劣的脱贫地区（如“三区三州”），依然存在脱贫户内生动力不足、致贫风险大和返贫率高等现实问题。为此，社会组织应充分发挥自身优势，在相对贫困瞄准识别、公众参与度、社会敏感度、动态防贫、帮扶方式灵活度等方面下大力气，用足功夫。具体而言，在相对贫困治理中，社会组织应在教育帮扶、救灾应急、健康帮扶、生态帮扶、社区发展帮扶等领域积极开发专业的对标项目，为脱贫地区提供公共产品，解决政府和市场失灵情况下的公共服务不均等和脱贫户权利不平等的问题。在帮扶项目的开发上，一些基础条件比较好的社会组织可以积极提升其行为能力，加强与其他社会组织的“协同共振”，关注社会力量和帮扶对象的共识性，从帮扶对象需求的角度出发提供有针对性的公共产品。在提供服务的过程中，从减少返贫群众的角度出发，注意帮助帮扶对象转变被动帮扶的理念，引导其主动领会当前的帮扶政策，培育自助能力，提升自身的造血功能。特别是在自然资源匮乏的特困地区，社会组织可根据当地的实际情况，通过“寻找根源”，开发精准公共服务产品“对症下药”进行靶向帮扶。为提高帮扶对象的内生发展动力，在基础设施、产业、金融、电商、教育、医疗卫生、生态旅游等帮扶项目中，积极探索和创新公共产品的供给机制，提供个性化的服务供给方案，提高社会组织自身在帮扶领域的自主性和独立性，构建可持续减贫的长效机制。①

（三）促进社会组织参与乡村振兴和助推共同富裕的项目开展

1. 多点共进

继续加大资金支持、人才支援、劳务协作、产业合作和消费支持等多种帮扶力度。一是加强资金使用管理，提高资金使用效率，在加大财政援助力

---

① 邱玉婷．社会组织与政府协同治理相对贫困的行动策略：以 2020 年后巩固拓展脱贫攻坚成果为视角［J］．广西社会科学，2021（4）：11－16.

度的同时，加大社会资金筹集力度。二是强化人才支援，加大干部培训力度，提高帮扶队伍战斗力，丰富人才支援类别，增强人才支援的针对性，拓宽专业技术人才支援领域，在完成互派专业技术人才协议任务的基础上，根据帮扶地区需求，增派卫生防疫、农业科技、产业规划、乡村建设、文旅等领域的专家人才。三是加强劳务协作，将就业帮扶作为巩固脱贫成果和乡村振兴的重要切入点和抓手，积极宣传并严格落实帮扶地区劳动力招聘、稳岗、培训等补贴政策，转变工作方式，采取超常规硬举措，积极稳妥做好疫情防控期间帮扶地区劳动力来粤就业、就近就业和劳务技能培训等各项工作。四是加强产业合作，瞄准提升带贫实效，通过共建产业园升级、助力当地特色产业升级转型和强化助力乡村振兴机制，在产业合作上加大帮扶力度，强化帮扶协作地区“造血”功能。五是强化消费支持，将消费作为带动西部地区乡村振兴的重点任务予以推进，从源头提升产品品质、从市场加强产销对接，打造东西部乡村振兴协作消费“升级版”。

2. 分类推动

加强分类引导，提升社会组织巩固脱贫成果和助力乡村振兴的质量。要充分发挥社会组织自身专长和社会资源优势，注重分类引导，各尽所能开展帮扶活动。进一步引导公益慈善类社会组织对接开展资金捐赠、资助公益类项目；进一步引导行业协会商会将主办、承办的博览会、展销会、年会、专题会等优先放在乡村地区举行，积极与乡村地区经济发展、招商引资、扶贫开发等相结合；引导科技类、民办教育培训、养老、卫生等社会服务机构为乡村地区提供相应行业的人才培养、技术指导或提供相关服务（如医疗看诊、支教助教、社会工作服务等）。

广东省社区社会组织发展报告

涂　斌　张　涵[①]

摘　要：“十三五”期间，广东省大力培育发展社区社会组织，构建社区治理共同体，创新共建共治共享的社区治理格局，推动了社区社会组织的快速发展，在街道（乡镇）备案和依法登记的社区社会组织数量呈现逐年递增的趋势。由于社区社会组织培育期短，社区社会组织培育发展沉淀不足以及相关发展政策配套不完善，出现了社区社会组织发展程度地区（地市）差异大、监督管理制度不完善、社区社会组织自身发展能力薄弱等问题。对此，应当尽快完善政府扶持社区社会组织发展的政策环境，加大对社区社会组织的培育和扶持力度，优化社区社会组织发展结构，加强社区社会组织自身能力建设，促进广东省社区社会组织的健康有序发展，充分发挥社区社会组织社区服务、居民参与、培育社区文化和促进社区和谐的作用。

关键词：“十三五”；社区社会组织；快速发展；作用发挥；培育扶持

党的十九大报告明确提出，要“加强社区治理体系建设，推动社会治理重心向基层下移，发挥社会组织作用，实现政府治理和社会调节、居民自治良性互动”，并将此作为“打造共建共治共享的社会治理格局”的重要内容。2016 年中共中央办公厅、国务院办公厅下发的《关于改革社会组织管理制度促进社会组织健康有序发展的意见》，以及 2017 年中共中央、国务院下发的《关于加强和完善城乡社区治理的意见》，都对培育发展社区社会组织作了专门论述。2017 年民政部印发《民政部关于大力培育发展社区社会组织的意见》（民发〔2017〕191 号），明确指出，要大力培育发展社区社会组织，加

---

① 涂斌，经济学博士，教授，广东外语外贸大学社会与公共管理学院副院长。研究方向为社会组织管理、社区治理。张涵，广东潮州卫生健康职业学院教师。研究方向为社会组织管理。

强和创新社会治理。为深入贯彻党的十九大精神和民发〔2017〕191号文件精神，推动社区社会组织在创新基层社会治理中更好发挥作用，“十三五”期间，广东省通过政策支持、资源整合、公益创投项目支持等多种方式大力培育和发展社区社会组织，不断促进社区社会组织健康有序发展。

一、社区社会组织发展现状

社区社会组织是由社区居民发起成立，在城乡社区开展为民服务、公益慈善、邻里互助、文体娱乐和农村生产技术服务等活动的社会组织[①]。“十三五”期间，广东省社区社会组织数量快速增长，枢纽型社区社会组织数量显著增加。但同时社区社会组织的类型结构和区域结构也存在明显的分布不均状况。

（一）社区社会组织数量逐年增加

“十三五”期间，广东省社区社会组织总数整体快速增长。一方面，2016年社区社会组织36122家，2020年达到116037家，共增加了79915家。除了2018年社区社会组织数量增长率略低于2017年外，其余年份均有明显的增长，其中，2020年社区社会组织数量的增长率更是将近75%（见图1）。

另一方面，在街道（乡镇）备案和依法登记的社区社会组织数量均呈现逐年递增的趋势。备案的社区社会组织数量和增速均大于依法登记的社区社会组织数量。2016年，依法登记的社区社会组织数量为10946家，备案的社区社会组织数量为25176家。2020年，依法登记的社区社会组织数量达到19861家，增长了81.4%，备案的社区社会组织数量为95224家，增加了3.8倍（见图2）。

社区社会组织作为推进基层治理现代化的重要参与载体，一个地区的社区社会组织越多，按人口平均计算的社区社会组织数量越多，表明该地区社区社会组织发展越良好，越能满足人民群众对美好生活的需求，因此，每万人拥有社区社会组织的数量能较大程度反映地方政府社区社会组织发展状况。

① 参见民政部印发的《民政部关于大力培育发展社区社会组织的意见》（民发〔2017〕191号）。

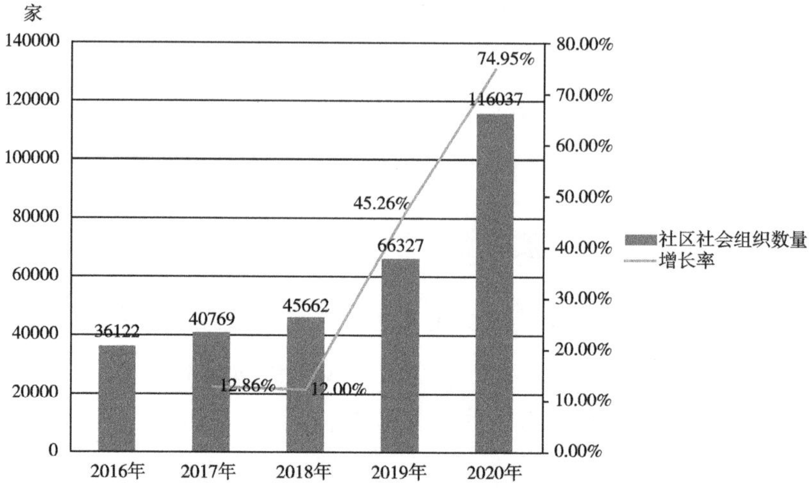

图1 “十三五”期间社区社会组织数量变化情况

资料来源：广东省社会组织管理局数据资料。

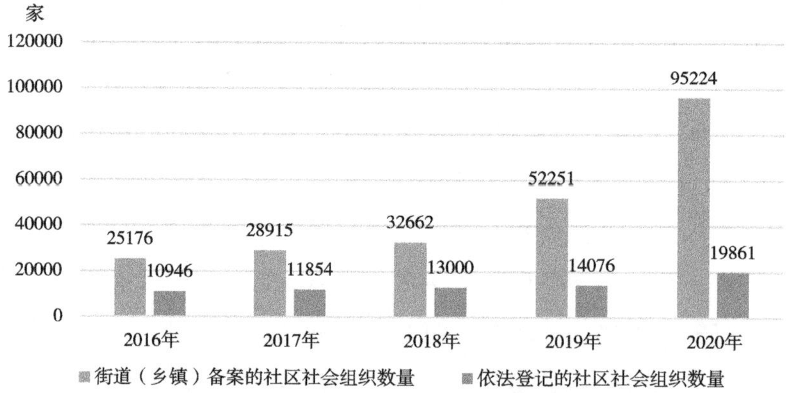

图2 “十三五”期间依法登记、备案的社区社会组织数量变化情况

资料来源：广东省社会组织管理局数据资料。

“十三五”期间，广东省每万人拥有社区社会组织数量逐年增加：2016 年为 3.28 家；2018 年为4.02 家；2020 年达9.21 家，是2016 年的2.8 倍，增长率达到了59.95%。这表明“十三五”期间广东省社区社会组织人均拥有数量上得到较大发展（见图3）。

“十三五”期间广东省社区社会组织数量得以快速增长，得益于广东省政府的大力培育和扶持。一方面，广东省印发了《广东省民政厅转发〈民政部关于大力培育发展社区社会组织的意见〉的通知》和《〈关于改革社会组织管理制度促进社会组织健康有序发展的意见〉的通知》，明确了社区社会组织管理体制、管理权限，激发了社区社会组织的发展热情；另一方面，广东省灵活运用各项社会组织扶持措施，积极争取各级财政资金支持，为社区社会组织的发展建设提供了资金保障。

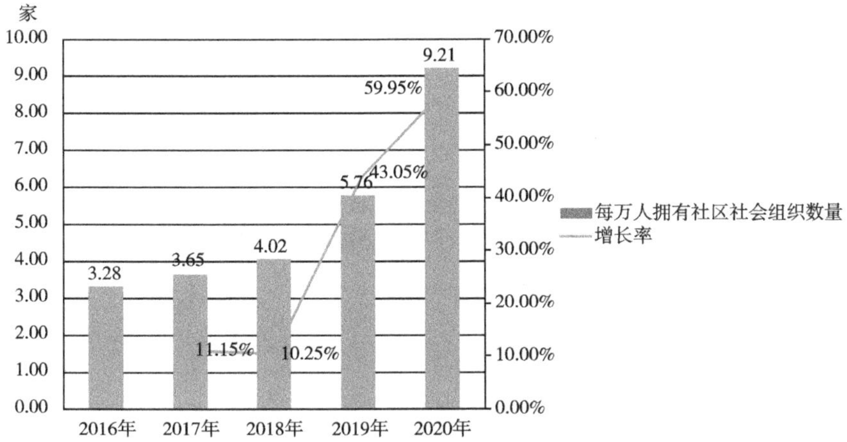

图3 “十三五”期间每万人拥有社区社会组织数量变化情况

资料来源：广东省社会组织管理局数据资料。

（二）社区社会组织区域（地市）结构与当地经济社会发展呈现同步

从社区社会组织区域（地市）分布来看，广东省社区社会组织分布与当地经济社会发展同步。一般而言，社区社会组织的区域分布很大程度上受当地的经济社会发展水平的影响，经济社会发展水平越高的地区，其社区社会组织也就越发达。受益于地区经济社会发展水平，珠三角地区社区社会组织具有数量多、规模大的特点，“十三五”期间珠三角地区依法登记的社区社会组织数量居于全省首位，依法登记的社区社会组织累计 8074 家；而粤北地区的经济社会发展水平相较珠三角地区仍存在一定差距，其社区社会组织数量整体较少，“十三五”期间粤北地区累计社区社会组织仅 2953 家（见图 4）。

从街道（乡镇）备案的社区社会组织数量来看，“十三五”期间珠三角地区备案的社区社会组织总量最多，粤东地区次之，粤西地区累计登记的社区社会组织数量最少，其累计登记的社区社会组织仅有 13436 家。“十三五”

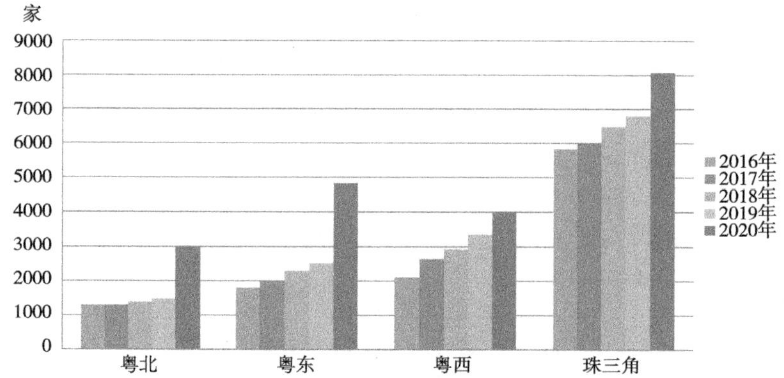

图4 “十三五”期间各片区依法登记的社区社会组织数量变化情况

资料来源：广东省社会组织管理局数据资料。

期间，粤北地区街道备案的社区社会组织数量由 2016 年的 1075 家增加到 2020 年的 14282 家，可见其社区社会组织得到较好的发展（见图 5）。

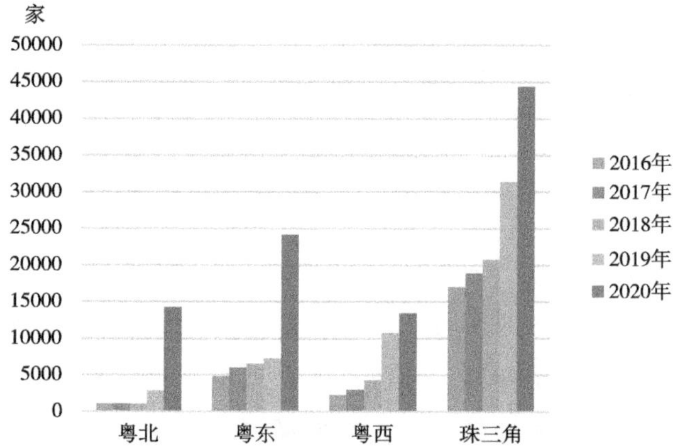

图5 “十三五”期间各片区街道（乡镇）备案的社区社会组织数量变化情况

资料来源：广东省社会组织管理局数据资料。

从具体城市分布来看，2016 年各地市在街道（乡镇）备案的社区社会组织数量最多的是深圳市，共4818 家，相反，2016 年云浮市街道（乡镇）备案的社区社会组织数量为 0；2020 年各地市在街道（乡镇）备案的社区社会组织数量最多的是广州，共 18920 家，也是 21 个地市中唯一一个街道（乡镇）备案的社区社会组织数量破万的地市，珠海市 2020 年街道（乡镇）备案的社区社会组织数量为 194 家，排名最末（见表 1）。

表 1 “十三五”期间各地市社区社会组织数量变化 （单位：家）

地市	2016 年	2017 年	2018 年	2019 年	2020 年
潮州	387	1177	1177	1576	1574
东莞	2013	2250	2416	2731	3276
佛山	1047	1094	1155	1220	1954
广州	3717	4258	5133	10110	18920
河源	42	44	48	49	5426
惠州	1447	1574	1820	3869	5690
江门	527	535	544	3582	3598
揭阳	/	/	/	/	9274
茂名	432	529	1669	2473	2688
梅州	501	501	501	501	2461
清远	1070	1070	1074	2775	5100
汕头	1169	1251	1097	1041	910
汕尾	2718	2998	3718	4093	4464
韶关	5	5	5	36	9182
深圳	4818	5644	5970	6016	5396
阳江	288	289	290	294	296
湛江	1558	2162	2334	3222	3346
肇庆	2255	2265	2316	2356	3959
中山	1059	1152	1231	1322	1362
珠海	123	115	162	194	194
云浮	0	2503	2818	6021	6154

资料来源：广东省社会组织管理局资料。

（三）社区社会组织以生活服务类占比最大

“十三五”期间，广东省依法登记的社区社会组织类别主要包括“公益慈善类”“生活服务类”“文体娱乐类”“协商调解类”和其他类型五大类。总体来看，登记为“生活服务类”的社区社会组织占比逐年提高，2020 年生活服务类社区社会组织占比最大，为 33.67%。登记为“公益慈善类”的社区社会组织占比逐年下降，2016 年“公益慈善类”社区社会组织占比为 14.96%，到了2020年，其占比下降到11.45%，下降了3.5个百分点。此外，登记为“协商调解类”的社区社会组织占比最低，5年均不超过4%，且其比重还呈下降趋势，2016年“协商调解类”社区社会组织占比为3.61%，到了2020年其占比下降至3.13%（见图6）。这反映了“十三五”期间广东省不断加强和完善城乡社区治理，积极鼓励和支持社会力量提供社区服务，重点培育为社区居民和特定群体服务的社区社会组织，强化社区社会组织的服务功能。

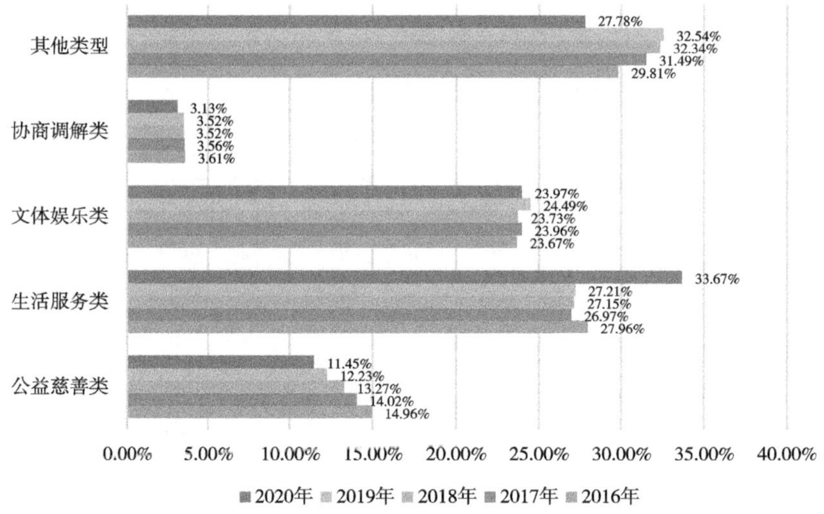

图6 “十三五”期间依法登记的社区社会组织占比变化情况

资料来源：广东省社会组织管理局数据资料。

从社区社会组织类别的区域分布来看，“十三五”期间，粤东地区的社区社会组织以生活服务类占比最高，其占比始终保持在40%以上，其中，2020年的占比更是达到了47.54%。而粤西地区的文体娱乐类社区社会组织占比，比其他地区都高，占比在31.93%～37.64%。此外，省内四个地区协商调解类的社区社会组织占比普遍较低，2020年珠三角地区协商调解类的社区社会组织占比为5.91%，粤北地区协商调解类的社区社会组织占比为0.30%，相较2016年的数据占比下降了0.10个百分点（见表2）。

表 2 不同地区各类别社区社会组织占比 （单位：%）

片区	公益慈善类	生活服务类	文体娱乐类	协商调解类	其他类型
2016 年粤北	8. 19	26. 87	27. 19	0. 40	37. 36
2016 年粤东	12. 54	40. 21	19. 69	2. 02	25. 53
2016 年粤西	1. 54	27. 60	37. 64	0. 38	32. 84
2016 年珠三角	21. 95	24. 58	19. 14	5. 94	28. 40
2017 年粤北	9. 86	20. 50	29. 43	0. 39	39. 83
2017 年粤东	12. 14	40. 86	19. 24	1. 56	26. 20
2017 年粤西	1. 65	31. 12	34. 04	0. 35	32. 85
2017 年珠三角	20. 94	21. 94	19. 95	6. 31	30. 86
2018 年粤北	11. 16	21. 37	28. 74	0. 36	38. 37
2018 年粤东	12. 06	41. 27	18. 71	1. 15	26. 82
2018 年粤西	1. 79	30. 01	31. 93	0. 34	35. 93
2018 年珠三角	19. 30	22. 16	20. 74	6. 43	31. 37
2019 年粤北	11. 29	20. 60	29. 57	0. 34	38. 19
2019 年粤东	10. 39	42. 33	18. 32	0. 97	27. 99
2019 年粤西	1. 71	29. 59	32. 73	0. 36	35. 61
2019 年珠三角	18. 29	21. 93	21. 59	6. 70	31. 49
2020 年粤北	6. 20	38. 06	31. 83	0. 30	23. 60
2020 年粤东	10. 11	47. 54	16. 40	2. 49	23. 46
2020 年粤西	1. 77	30. 20	33. 73	0. 40	33. 91
2020 年珠三角	18. 99	25. 51	20. 75	5. 91	28. 85

资料来源：广东省社会组织管理局数据资料。

（四）枢纽型社区社会组织数量逐年增加

“枢纽型”社区社会组织作为社区治理的纽带与桥梁，在社区“两委”与社区社会组织之间起到“上传下达”的作用①。一方面，枢纽型社区社会组织能够为减轻社区工作者的压力，协助社区党委、居民委员会开展社区服务

① 孙江涛．“枢纽型”社区社会组织的运作机制研究［J］．克拉玛依学刊，2019，9（2）：59－64＋2.

与社区治理；另一方面，枢纽型社区社会组织还能调动居民参与社区治理的积极性，在参与社区治理的过程中提升社区居民解决问题的能力。

从数量上看，全省枢纽型社区社会组织数量逐年增加，2016 全省枢纽型社区社会组织共 748 家，2020 年共 1810 家，5 年间约增加 1062 家。此外，“十三五”期间全省枢纽型社区社会组织增速先快后慢，2016—2019 年全省枢纽型社区社会组织增长速度逐年加快，其中 2019 年增速达 39. 13%，较 2018 年增长 21. 22%，但在 2020 年增长速度放缓，较 2019 年下降 8. 26%（见图 7）。

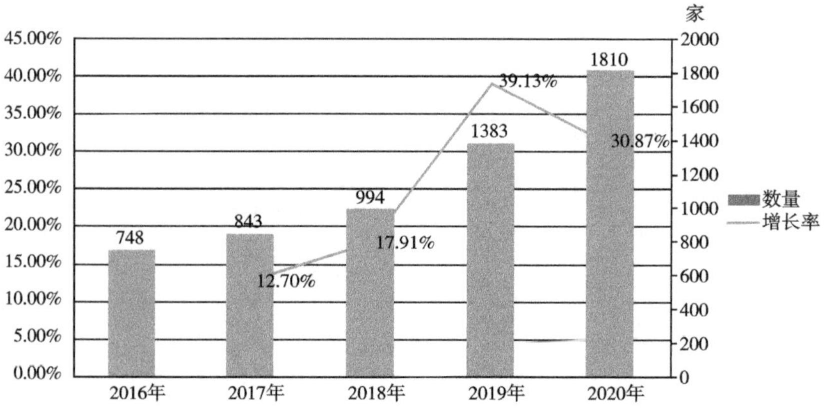

图 7 “十三五”期间枢纽型社区社会组织数量变化情况

资料来源：广东省社会组织管理局数据资料。

从结构上看，在枢纽型社区社会组织中社会团体类数量最多，比重最大。“十三五”期间，社会团体在枢纽型社区社会组织中占比始终保持在 70% 以上，2020 年占比更是达到 76. 19%。相反，基金会占比最低，2020 年基金会占比不足 1%，仅为 0. 22%（见图 8）。

从区域分布来看，各片区的枢纽型社区社会组织数量均呈现逐年增加的趋势。2016 年至 2018 年，粤东地区的枢纽型社会组织数量最多，珠三角地区次之；2019 年至 2020 年，珠三角地区的枢纽型社区社会组织数量迅速增加，超过粤东地区。粤西地区的枢纽型社区社会组织相对较少，2016—2018 年，粤西地区的枢纽型社区社会组织均不足 100 家，2019 年达到 102 家，2020 年共有枢纽型社区社会组织 118 家。粤北片区的枢纽型社区社会组织数量最少，

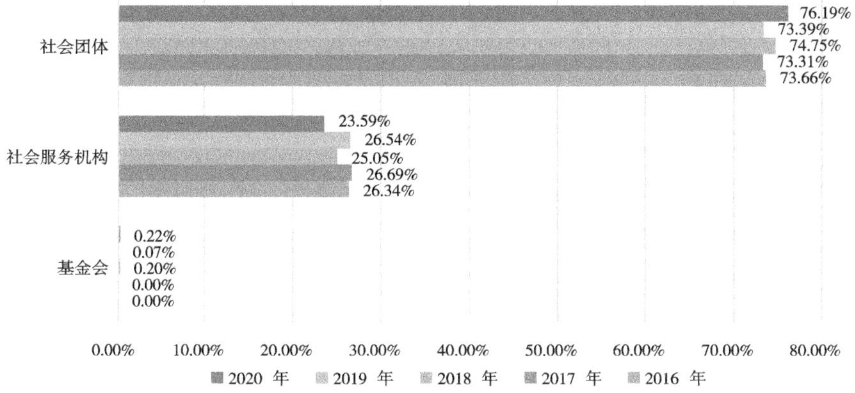

图 8 “十三五”期间各类型枢纽型社区社会组织占比变化情况

资料来源：广东省社会组织管理局数据资料。

尽管每年都有新增的枢纽型社区社会组织，但直到 2020 年，也仅有枢纽型社区社会组织 32 家（见图 9）。

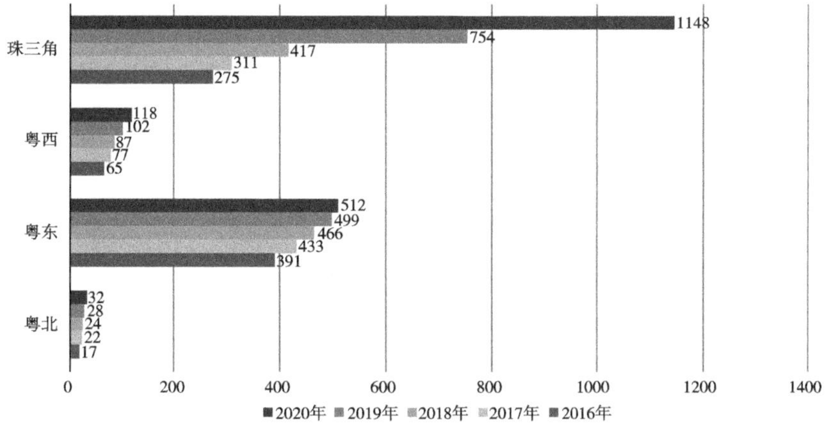

图 9 “十三五”期间各片区的枢纽型社区社会组织数量变化情况（单位：家）

资料来源：广东省社会组织管理局数据资料。

二、社区社会组织的作用发挥

“十三五”期间，广东省出台《广东省推进民政领域基层社会治理体系和治理能力现代化的若干措施》，认真贯彻落实《民政部关于大力培育发展社区社会组织的意见》，加大社区社会组织培育发展力度，积极引导社区社会组织在乡村振兴、宜居社区、社区居家养老等基层社会治理中发挥作用，激发基层活力，社区社会组织逐渐成为社区社会治理的重要力量。其作用主要体现在以下几个方面。

（一）提供社区服务

社区社会组织通过承接社区公共服务项目、融入城乡社区便民利民服务网络等多种方式，为社区居民提供多种形式的服务。

社区社会组织通过社会工作者引领社区志愿者，链接社区公益慈善资源，为社区内特困人员、低收入家庭、空巢老人、残疾人等困难群众和特殊群体提供生活照料、法律援助、社会融入、人文关怀和心理健康等各类志愿服务。例如，云浮市云城区高峰街道社工站在高峰社区居民委员会社区志愿者的牵头下，在社区开展社工服务、家政服务、“爱心学堂”等便民利民活动。截至目前，“爱心学堂”举办各类活动 10 余场，惠及社区居民人数达 200 余人；云城区雍美社会工作服务中心则是为蟠龙社区及周边老人提供专业卫生健康服务，为其免费进行测量血压、健康咨询等。又如汕头市金平区海平慈善会开展“阳光妈妈”服务项目，精准评估单亲妈妈需求，为 123 户单亲家庭建档并提供精神、经济、生活等方面帮助。

“十三五”期间，社区社会组织通过为社区内低保对象、空巢老人、困境儿童、残疾人等困难群体提供生活照料、文体娱乐、医疗保健等志愿服务，满足了社区居民求知、求乐、求美、求健康的精神文化需求，深受广大社区居民欢迎，在宜居社区建设中发挥着重要的作用。

（二）扩大居民参与社区治理

社区社会组织具备扎根社区、贴近群众的优势，能够汇聚民智、收集民意，广泛动员社区居民参与社会事务。一方面，社区社会组织多是社区居民为了共同目标自愿组建的，居民在组织活动中能平等相处，也能用民主的方式处理产生的分歧，因此，社区社会组织不仅具有较强的居民组织动员能力，还能调动社区居民参与社区治理的积极性。例如，2016 年以来，广州市番禺区创新推出“五社联动”基层社会治理模式，并通过“五社联动”平台推动解决小区车辆乱停乱放、宠物管理、社区卫生环境等问题超过2000多个，有力推动了社区群众参与社区建设和治理的积极性。又如，佛山市组建社区社会组织党员志愿服务队伍，协助社区社会组织深入社区开展矛盾纠纷调解、社会环境整治、社会治安巡逻等社区服务。

另一方面，社区社会组织在基层党组织领导下，能够通过协助基层群众性自治组织，推动社区居民有序参与基层群众自治实践，依法开展自我管理、自我服务、自我教育、自我监督等活动。例如，汕头市金平区委利用联合会作为区域内重要社会力量枢纽的覆盖面优势，将联合会建设成基层党建工作的延伸平台，以联合促党建，推动党的组织和党的活动全面覆盖。金平区各基层社会组织联合会均确立了社区“两委”干部挂钩联系社会组织机制，积极推动街道、社区“两委”干部挂钩联系或兼任社区社会组织职务。同时，注重发挥党员的先锋模范作用，通过落实“三会一课”、主题党日等制度，有针对性地要求党员围绕脱贫攻坚、乡村振兴、社区治理、居民服务、民俗文化等主题，带动所在社区社会组织开展公益活动。社区居民在党员干部和社区社会组织的带领下，越来越多地参与社区治理和服务，为社区建设贡献力量。

（三）培育社区文化

社区文化是指在一定的区域内和一定的条件下，社区成员在社区社会实践中共同创造的具有本社区特色的精神财富及其物质形态。通过发展社区文化，强化社区居民的主人翁意识，倡导岭南特有的健康民风民俗，促进积极向上价值观的形成，增强社区居民归属感，维系社区良好的人际关系，提高居民的生活质量。广东社区社会组织作为社区活动的组织者，充分利用社区内的设施开展文化、教育、体育、科普、娱乐、慈善等社区居民活动，并在各类居民活动中培育践行社会主义核心价值观，弘扬优秀文化。例如，汕头市阳光文化社区书院自成立以来，先后开展了“创文明展风采”社区文艺晚会，“弘扬潮汕文化·和谐社区邻里”元宵晚会，“我爱我家·我晒我家”社区摄影大赛，“庆元旦·迎新春”社区大舞台文艺会演等服务社区、服务社会的活动。通过举办一系列文化活动，积极调动广大社区群众乃至社会群众的参与热情，也极大地弘扬了优秀的传统文化和社会主义核心价值观。

广东社区社会组织积极参与社区楷模、文明家庭等各种社区创建活动，弘扬优秀传统文化，维护公序良俗，形成了向上向善、孝老爱亲、与邻为善、守望互助的良好社区氛围，增强了居民群众的社区认同感、归属感、责任感和荣誉感。例如，汕头市金厦街道百合社区老年人协会依托社区文化广场，根据辖区老年人的兴趣爱好，组建广场舞、排球竞技、潮乐演奏、书法、灯谜竞猜、象棋等多支文体队伍，增强居民体质，活跃群众文娱生活，促进了居民间的沟通交往和联系。

（四）促进社区和谐

广东社区社会组织提供社区服务、参与社区管理、开展社区文化活动、动员居民参与，并协助预防化解社区矛盾，促进了社区和谐。

一方面，广东社区社会组织积极参与民政系统开展的“牵手行动”“助老行动”、社工“双百计划”，解决社区困难群众急难问题，筑牢民生底线。2019 年，共有 240 家社会组织参与“牵手行动”，从帮教助学、成长教育、心灵关怀、医疗帮扶、扶贫帮困、优化环境、公益倡导 7 个方面，开展了 127 场儿童关爱帮扶活动，参与人员超过 2700 人次，投入帮扶资金约 836.4 万元，惠及超过 1.6 万名留守和困境儿童。

自“双百计划”实施以来，广东省共有 1737 名社工和近 100 名专、兼职督导奔赴全省 19 个地市 407 个社工站，探访走访达 30 万人次，为服务对象建立“一人一档”近 3 万份，协助核准民政服务对象 8 万多人，开展近 2 万场群众喜闻乐见的社区活动，动员群众共同打造社区公共空间近 1000 个、推动群众参与公共事务达 6 万余项，成立了 330 个社会工作与志愿服务协会，培育志愿者 5 万多人。

另一方面，广东社区社会组织还广泛参与物业纠纷、农村土地承包经营纠纷、家庭纠纷、邻里纠纷调解和信访化解等社区事务，积极为社区居民提供沟通机会，以维护社区和谐。各地社区社会组织还积极参与群防群治，协助做好社区矫正、社区戒毒、刑满释放人员帮扶、社区防灾减灾、精神障碍社区康复等工作，对平安社区建设、促进社区和谐发挥积极的推动作用。例如，“十三五”期间，广州市社区社会组织共开展社区发展、社区治理项目30多项，并建立社会组织三防应急对接机制，指导社会组织按照应急响应统一部署做好防汛防风防暴雨应急响应备勤工作。

在疫情期间，广东社区社会组织更是扎根社区，联系群众联防联控。按照当地党委、政府的统一部署，社区社会组织积极协助村（社区）“两委”开展联防联控、社区宣传、环境卫生整治、关爱困难群众等工作。各地社区志愿者组织积极投入疫情防控工作，为疫情防控作出突出贡献。如东莞市横沥社区发展基金会在疫情期间成立社区防控新型冠状病毒肺炎专项基金，共筹集300万元，同时向全镇41个住宅小区捐赠一次性口罩、84消毒水、酒精喷雾、护目镜等防疫物资。该基金会还启动“齐心防疫·横沥挺你”项目，在全镇铺设57个爱心防疫包领取点，向解除医学观察人员和湖北籍留莞人员派发爱心防疫包；提供防疫物资线上申请渠道，与5家社区社会组织合作，支持其为社区的流浪人员、孤寡老人、困难新莞人家庭、戒毒矫正人员提供防疫服务。

三、社区社会组织的培育举措

（一）强化党建工作，引领社区社会组织健康有序发展

广东省不断加强社区社会组织党建工作，通过建立社区社会组织党建工作由乡镇（街道）、村（社区）属地管理工作机制，实现“应建尽建、归口管理”。对暂不具备条件的，协调建立基层党组织班子成员挂钩联系或选派党建指导员机制。加强社区社会组织党建工作与党群服务相融合。建立社区党组织与社区社会组织联系制度。“十三五”期间，广东省始终坚持以党建引领促进社区社会组织规范化建设，引领其健康有序发展。“十三五”期间，广东省各级地方政府始终坚持党的全面领导，深入贯彻落实“三年行动计划”，切实开展社会组织“两个覆盖”质量提升行动。例如，按照广东省委组织部、省委“两新”工委和省民政厅的工作部署，深圳市在社会组织登记及日常管理过程中开创性推出“三同步、五嵌入”做法和“分门别类”的联建模式，不断加强党对社会组织的全面领导。截至目前，深圳市成立登记的社区社会

组织中建有党组织的356家，管理党员2536名，所有社区社会组织均配备党建指导员，实现党的工作全覆盖。又如汕头市建立了镇（街道）、村（社区）“两委”干部兼任村级社会组织职务机制，并结合驻点联系工作，选派镇（街道）干部以顾问、名誉会长、名誉理事等适当身份参加基层社会组织，切实加强基层党组织对村级社会组织的领导。

（二）配套完善法规制度，出台适合本土社区社会组织发展的政策文件

2017年民政部印发《关于大力培育发展社区社会组织的意见》（民发〔2017〕191号），广东省政府根据此文件精神，并结合广东省实际，把社区社会组织培育发展列入重要议事日程。2018年广东省民政厅在汕头召开广东省社区社会组织发展现场会，总结推广汕头基层社会组织联合会经验，有力地促进了各地社会组织的发展。此后，在借鉴学习“汕头经验”的基础上，广东省各地方政府结合本地区社区社会组织发展的实际情况，积极出台适合本土社区社会组织发展的相关政策法规和方案措施，以促进社区社会组织的健康有序发展。

在规范社区社会组织管理方面，广东省民政厅印发了《广东省推进民政领域基层社会治理体系和治理能力现代化的若干措施》，文件明确提出要大力培育发展社区社会组织，支持各地因地制宜，探索出台社区社会组织分类管理办法，深化细化管理细则，理顺社区社会组织登记管理和属地管理关系，探索以乡镇（街道）为责任主体的管理体制，落实属地管理责任。广州市出台了《关于改革社会组织管理制度促进社会组织健康有序发展的实施意见》，通过规范服务管理、加大扶持力度、强化服务功能等措施，大力培育发展社区社会组织；揭阳市出台了《关于进一步培育发展和规范管理社会组织的实施方案》，通过降低登记门槛、简化登记程序，重点扶持发展公益慈善类、社会服务类、群众生活类和枢纽（联合）型社会组织，鼓励社区社会组织的发展；汕头市还印发《关于进一步加强村（社区）社会组织登记管理工作的通知》（汕民通〔2018〕244号），按照社区社会组织的规模、业务范围、成员构成和服务对象等实际情况实施分类管理。

在强化社区社会组织党建方面，深圳市下发了《关于印发〈2020年深圳

市社会组织党建“三同步”工作任务清单〉的通知》，建立起党建摸排、组织建设和引领服务同步推进的联动机制，进一步提升了社会组织党建工作水平。汕头市建立了镇（街道）、村（社区）“两委”干部兼任村级社会组织职务机制，并结合驻点联系工作，选派镇（街道）干部以顾问、名誉会长、名誉理事等适当身份参加基层社会组织，切实加强基层党组织对村级社会组织的领导。

在推进基层社会组织联合会建设方面，佛山市制订了《关于培育发展社区社会组织营造共建共治共享社会治理格局工作方案》，在全市每个乡镇（街道）层面成立社区社会组织联合会的基础上，进一步探索在大型社区（村）单独建立社区社会组织联合会或片区联合组建社区社会组织联合会等枢纽型社会组织新途径；汕头市出台了《关于进一步推进全市镇（街道）基层社会组织联合会建设的意见》（汕府办传〔2017〕83 号），进一步明确了推进基层社会组织联合会建设的总体要求、功能定位、“六个一”的建设标准以及“六个平台”的作用发挥等，为汕头市深化基层社会组织建设打下了坚实的政策基础。

在完善社区社会组织培育扶持制度方面，揭阳市贯彻省委、省政府《关于改革社会组织管理制度促进社会组织健康有序发展的实施意见》，出台《关于进一步培育发展和规范管理社会组织的实施方案》，通过降低登记门槛、简化登记程序，重点扶持发展公益慈善类、社会服务类、群众生活类和枢纽（联合）型社会组织等措施鼓励社区社会组织的发展。

（三）创新社区社会组织管理机制

“十三五”期间，广东省持续深化细化社区社会组织管理措施和办法，进一步加强对社区社会组织的分级、分类管理。社区社会组织分级管理是指县以上各级登记管理机关和业务主管部门，对社会组织按区域行使管辖权；分类管理则是指根据社区社会组织的活动领域及功能特征，将其归类并采取管理措施，例如，珠海市就按照社区社会组织的不同规模、业务范围、成员构成和服务对象，实施登记、备案管理。

广东省政府还积极支持各地方政府结合地方实际，探索出台社区社会组织管理办法，理顺社区社会组织登记管理和属地管理关系，探索以乡镇（街道）为责任主体的管理体制，落实属地管理责任。例如，深圳市就专门出台了社区社会组织的管理办法，明确规定了区政府有关部门和街道办事处在社区社会组织发展建设中的职责。区政府有关部门和街道办事处作为社区社会组织的业务指导单位，需根据各自的职责对社区社会组织实施监督管理，通过多种方式支持社区社会组织发展，指导社区社会组织开展活动；此外，区政府相关部门和街道办事处还需协助登记管理等有关部门查处社区社会组织的违法行为，指导社区社会组织的清算事宜。又如珠海市政府对社区社会组织实行双轨制管理，以自愿选择为原则，符合登记注册条件的，到民政部门进行法人登记；对规模较小，未达到登记条件的，在乡镇（街道）进行备案登记，有针对性、有重点地培育、扶持社区社会组织发展。

（四）广泛创新社区社会组织模式

“十三五”期间，广东省不断创新社会组织发展培育模式，同时积极开展社会组织专项培育活动和社区社会组织交流培训活动，促进社区社会组织能力提升。

1. 积极创新社区社会组织发展培育模式

一方面，广东省积极鼓励各地市依托社工“双百计划”，孵化、培育发展社区社会组织。例如，清远市凤城街道以省“双百计划”为契机，组建了一支专业化、职业化的社工团队，成立凤城社工站，为社区居民提供爱心服务，开展社区营造，促进社区发展。凤城街道还率先成立全市首个街镇级基层社会组织联合会建设试点，通过搭建孵化培育平台、交流平台、互助平台、便民平台和社工队伍平台，充分发挥联合会在参与社会治理、反映群众诉求、提供公共服务、促进社区发展等方面的积极作用。另一方面，广东省还加大推动枢纽型社会组织发展的力度，构建基层社会治理的重要抓手，创新基层社会治理新平台。例如，汕头市在全国率先建立基层社会组织联合会，联合会设在街道办事处，在区民政局依法登记，由民间社团、社区社会组织、重要企业、本地乡贤和社会知名人士组成，统揽了乡镇（街道）的重要社会力量，涵盖面广，成为参与社区治理不可或缺的社会力量。此外，汕头市还探索形成“六个一”“六个平台”经验，涌现出潮南区成田镇、金平区乌桥街道、东方街道等一批示范街区，成功打造出“爱心粮仓”“和睦路”“三元饭堂”“爱心超市”等一批品牌公益项目，形成了“汕头经验”，并在全省乃至全国范围内得到推广。建立以市社会组织孵化基地为龙头，市、区、街道、社区四级联动的孵化基地模式。“十三五”期间，深圳市仅市区两级就已有15个社会组织孵化基地投入运营。

2. 开展社会组织专项培育活动

积极培育社区社会组织，设立社区社会组织联合会（服务中心）。例如，“十三五”期间东莞市启动“‘社区友力’——社区社会组织支持计划”，获得支持的6个社区社会组织微项目也都正式落地实施。又如，广州市积极推动枢纽型社区社会组织培育发展，截至2020年底，广州市、区、镇街社会组织联合会全部建成。中山市民政局根据《广东省民政厅转发〈民政部关于大力培育发展社区社会组织的意见〉的通知》精神，结合自身实际，选定西区、南区两个镇区成立了西区社会组织联合会及南区社区社会组织服务中心，推动社区社会组织在链接社区资源、活跃社区文化、参与社区治理等方面更好地发挥作用。

3. 开展社区社会组织交流和培训活动

深圳市举办了社会组织年检业务专题培训班、政府购买服务政策解读培训班，对近千名社会组织工作人员进行专业知识培训。中山市开展“中山市2020年度社会组织业务培训班”，围绕社会组织相关政策，讲授如何提升服务能力，让社会组织得到长远的发展。

4. 政府购买社会组织服务的力度增强

“十三五”期间，广东省持续加大对社区社会组织发展的资金支持，引导社会资金支持社区社会组织发展，建立了多元化、制度化的资金保障机制。并积极将城乡社区服务纳入政府购买服务指导目录，逐步扩大购买范围和规模，支持社区社会组织承接相关服务项目。

珠海市财政部门出台了《关于通过政府购买服务支持社会组织培育发展的指导意见》等文件，要求针对民生保障、社会治理、行业管理、公益慈善等领域的公共服务，同等条件下优先向社会组织购买服务，以更好地发挥社会组织在提供公共服务中的创新优势、专业优势，实现完善公共服务供给、提高财政资金使用效益和促进社会组织能力提升协同进步。珠海市蓝海社会服务中心4年来已承接区、乡镇（街道）级购买服务事项资金累计近300万元，该中心以青少年服务为核心业务，逐步将业务扩展至家庭社会工作、志愿服务以及党建服务，其专业服务得到了服务对象和购买主体的高度认可，真正实现了合作多赢。

阳江市政府会同市委机构编制委员会办公室、市财政局进一步完善政府购买服务制度建设，将适合市场化方式提供的公共服务事项交由具备条件的社会力量承接，并出台了市本级《政府向社会力量购买服务目录》，进一步激活社会组织发展动力。2015—2017年阳江市财政每年安排经费200万元，专项用于政府向社会力量购买服务，大大增强了培育发展社会组织的工作实效。

四、广东社区社会组织发展中存在的问题

（一）思想认识不到位，个别地区社区社会组织发展缓慢

社区社会组织作为参与社区治理的重要主体，是基层社区治理和社会治理中不可或缺的重要组成部分。首先，部分基层政府尤其是偏远地区的区、县政府对社区社会组织作用的认识不到位，部分区县尤其是经济欠发达地区的区、县政府未能将社区社会组织的培育发展列入当地的经济社会发展规划之中，没有为社区社会组织的发展提供足够的政策、资金扶持，对社区社会组织的力量重视、使用不足，致使社区社会组织的发展与当地经济社会发展不同步，进而导致社区社会组织发展较缓慢。其次，个别地区居民参与意识较薄弱，对社区社会组织认同不足，部分社区工作人员对社区社会组织认识也不到位，导致社区社会组织发展较为缓慢。一方面，由于个别地区的居民参与意识相对欠缺，使当地的社区社会组织缺乏居民参与，进而导致社区社会组织难以为继或最终成为行政组织的附属品；另一方面，由于社区社会组织松散或多忙于处理行政性事务，使居民对其缺乏认同感，社区社会组织的作用没能得到居民的充分认可。最后，由于社区社会组织在我国起步较晚，社区社会组织自身发展不足，个别社区社会组织出现占用社区资源但却无法发挥自身作用的情况，使社区社会组织的工作人员也认为社区社会组织发挥

的作用十分有限，社会组织工作人员也没能正确认识到社区社会组织在社区治理中角色的重要性和必要性。

（二）相关考核指标欠合理，部分地区社区社会组织发展流于形式

2018 年我国提出，到 2020 年实现城市社区平均拥有不少于 10 个社区社会组织、农村社区平均拥有不少于 5 个社区社会组织、每个街道（乡镇）拥有一个社区社会组织联合会等枢纽型社会组织的目标。评价指标是工作的“指挥棒”，明确了各地市社区社会组织的发展方向和发展目标。但是，部分地区社区社会组织考核指标不合理，使地方政府尤其是经济欠发达地区和农村地区政府片面追求社区社会组织数量的增加而忽视了社区社会组织的发展质量。在调研中就发现，有些已备案的社区社会组织仅有组织名称，组织从业人员、组织架构、开展活动等信息欠缺，社会组织发展仅停留在数量和名称上，流于形式，未能真正发挥作用。

（三）枢纽型社区社会组织牵引力不足，覆盖程度低

一方面，枢纽型社区社会组织发展较为缓慢，作用发挥不足，难以有效带动社区社会组织发展。从前文的有关数据可知，“十三五”期间广东省枢纽型社区社会组织数量整体有所增加，2016 年全省平均每个地市有枢纽型社区社会组织 35.6 家，2020 年平均每个地市有枢纽型社区社会组织 86.2 家。但个别地区尤其是经济欠发达地区枢纽型社区社会组织数量少，发展较为缓慢，2016—2018 年粤西地区的枢纽型社区社会组织均不足 100 家，而粤北地区的枢纽型社区社会组织数量也仅有 32 家。另一方面，当前社区社会组织发育程度低、参与度低。当前社区社会组织的发展还处于发育培植阶段，部分地市、县、区虽建立了社区社会组织孵化基地，但孵化的力度还有待进一步提高，运转成熟、体制健全的社区社会组织仍较少，有能力参与政府购买服务的社区社会组织数量也较少，从而导致社区社会组织的参与度较低。

（四）社区社会组织监督管理制度有待完善

社区社会组织在社区建设中发挥着重要作用，其有序健康发展离不开相

关部门对社区社会组织的思想引领、设立变更注销、日常活动、运营规范等方面的监督管理。监督管理并不是束缚组织发展，而是为其健康有序发展提供良好的发展氛围与空间。但在“十三五”期间，社区社会组织监管制度健全性依然存在不足。

一是具体政策指引未能及时到位。2017 年民政部出台《关于大力培育发展社区社会组织的意见》，2018 年广东省民政厅结合广东省实际印发《关于〈大力培育发展社区社会组织的意见〉的通知》，但之后省有关部门就未再单独就社区社会组织的发展管理出台具体的政策文件，直到 2020 年省民政厅才开始着手制定《广东省社区社会组织分类管理办法（征求意见稿）》，使得“十三五”期间，在省级层面欠缺对社区社会组织监督管理的政策指导文件。

而在地方层面，“十三五”期间，省内仅珠海、佛山、云浮等 11 个地市出台社区社会组织相关管理方案和工作通知共 28 项。2018 年佛山市民政局制订了《关于培育发展社区社会组织营造共建共治共享社会治理格局工作方案》，进一步优化了乡镇（街道）、社区社会组织及枢纽型社会组织培育发展的改革措施；《云浮市社区社会组织备案管理工作指引》（云民函〔2018〕271 号），全力推动了社区社会组织培育、登记和备案管理工作；珠海市香洲区先后出台《关于加强和改进社区社会治理与服务体系意见》《进一步加强社会组织登记管理工作的通知》等文件，与社会组织登记管理制度配套。但仍有多个地市未出台专门的社区社会组织相关政策文件和管理方案，市级层面的政策指引也相对欠缺。

二是监管制度需进一步完善。一方面，社区社会组织登记注册门槛仍相对较高。“十三五”期间，省内部分地市开始逐步推行社会组织直接登记和双重管理并存的混合型登记制度，对符合条件的社区社会组织实行直接登记。但是，整体来看，“十三五”期间依法在街道登记的社区社会组织数量仍较少，2020 年在街道依法登记的社区社会组织数量仅为当年社区社会组织总数的 17.1%。根据《东莞市社区社会组织登记备案管理暂行办法》和《深圳市社区社会组织登记与备案管理暂行办法》规定，社区社会组织进行登记应当有规范的名称、固定的办公场所、相应的工作人员、注册资金以及其他规定的条件，但事实上不少社区内的社会组织在固定的活动场所和活动资金这两方面都难以达到要求，因此无法登记。另一方面，目前省内各地市多未建立完备的社区社会组织监管考核体系，对社区社会组织的监管和考核仍有缺项，因此难免导致对社区社会组织的监管不到位。

三是社区社会组织监管力量较薄弱，监管难度大。一方面，广东省内各地市普遍存在部分街道备案、社区管理的村级社会组织内部制度不完善，自律机制不健全，开展工作较为随性的问题。不少备案的社区社会组织由于没有法人资格，无法在银行开设账户，因此在财务开支监管方面有所欠缺，财务管理规范性不足，资金管理存在一定漏洞和隐患。另一方面，社区社会组织管理人员客观上学历偏低、年龄偏大，主观上不愿受过多的束缚，消极对待规范管理工作，进而导致社区社会组织的内部监管工作难以落实。此外，由于社区社会组织类型多、规模小，而街道、社区又无专门的社会组织登记管理机构或者专职管理人员，因此社区社会组织监管多数由街道民政办的工作人员兼任，同时由于监管工作的信息化程度不高，监管难以落实到位。这些问题都会导致主管部门在管理社区社会组织和应对社区社会组织在发展过程中出现的问题时难以掌握主动权，出现对社区社会组织的监管不到位情况，最终影响社区社会组织的健康有序发展。

四是社区社会组织数据统计不到位，难以有效全面掌握社区社会组织整体发展状况和进行有效的监督管理。尽管监管部门对社区社会组织总量以及各地市总数都有进行统计，但不少关于社区社会组织具体细化的数据依旧不全。如21个地市未达到登记条件由街道办事处（乡镇政府）实施管理的社区社会组织总数、每万人社区社会组织数量，未达到登记条件由基层群众性自治组织进行指导和管理的社区社会组织总数、每万人社区社会组织数量，21个地市各市已登记和未登记“公益慈善类”“生活服务类”“文体娱乐类”“协商调解类”等社区社会组织数量，21个地市各市已登记和未登记社区社会组织从业人员总数、从业人员学历结构、年龄结构、职称结构等均未有相关数据。

（五）社区社会组织自我发展能力较薄弱

一是社区社会组织自身资源相对单一，生命周期较短。一般而言，社区社会组织的资源多来自自身的成员，而难以得到社会力量的支持，社区社会组织的社会资源相对有限。一方面，受限于社区社会组织相对单一的成员构成，其自身成员所能提供的资源的多样性不足；另一方面，社区社会组织与外部社会组织链接不足，其吸引外部社会资源的能力较弱，进而导致社区社会组织生命周期较短，举办活动、服务的类型较少，规模较小、影响力较弱，服务质量不高。此外，由于社区社会组织承接能力还有待提高，绝大多数的社区社会组织未接受过政府职能转移或购买服务，生存空间小。且由于获得的社会捐助少，资金缺乏，若想开展活动，有时甚至要靠会员赞助才能顺利进行。

二是大部分社区社会组织的内部治理结构不完善，内部制度不健全。不少社区社会组织内部的组织结构、管理机制和财务制度等仍不健全，自治管理能力不强，导致其既难以满足社区居民高质量的服务需求，也难以动员更多的政府和社会资源来支撑自身的发展。例如，阳江市、茂名市等地市的部分社区社会组织就由于社区社会组织内部结构松散，管理不规范，因此没有发挥社区社会组织应有的作用。

三是缺乏专业的专职工作人员。社区社会组织是由社区居民发起成立的，因此，社区社会组织中的工作人员多来自社区。而且就一般而言，社区社会组织的工作人员结构是以离退休人员为主，他们大多没有经过专业的培训和指导，缺乏相应的专业知识。例如，深圳不少社区社会组织的主要成员就是退休的中老年人，社区中青年居民的参与率不高。由于社区社会组织资源有限、内部结构合理性不足，使其对具有社会工作、心理学等专业知识的人员吸引力不足。例如，梅州市部分社区社会组织由于仍处于初步发展阶段且待遇较低，因此对专业的专职人员吸引力不足，难以留住人才。此外，社区社会组织中的部分成员可能同时也是业主委员会或居委会成员，因此，尽管他们可能对相关政策法规更熟悉，在与社区居民对话时也更有优势，但也正因为他们身份的双重性使其更容易受到政府和单位的限制，实际工作难以开展。

五、社区社会组织发展的建议

（一）在思想上加强对社区社会组织作用的认识

各地方基层政府，尤其是经济欠发达地区政府要转变思想，充分认识社区社会组织在社会治理中起着重要的作用。党的十九大报告指出，要“加强社区治理体系建设，推动社会治理重心向基层下移，发挥社会组织作用，实现政府治理和社会调节、居民自治良性互动”。这为未来社区建设和治理提出了新的方向和要求。当前，我们正处在“第二个一百年奋斗目标”和“十四五”规划开局之年这一新发展阶段，各基层政府应当进一步完善共建共治共享的社会治理制度，贯彻新发展理念，正确认识社区社会组织对于打造共建共治共享的社会治理格局，推进基层治理体系和治理能力的现代化具有重大意义。各地方政府要大力培育和创新社区社会组织发展，加大对当地社区社会组织的扶持力度，把社区社会组织培育发展纳入地方发展规划之中，构建基层社会治理新格局，逐步完善和拓宽居民参与基层社会治理的渠道。

（二）因地制宜构建社区社会组织培育激励体系

社区社会组织是参与社区治理不可或缺的主体，培育发展社区社会组织，有利于社会治理重心真正下沉到基层，破解社会治理难题，也有助于推动全民共建、全民共治、全民共享的社会治理格局的形成，促进社会和谐稳定。因此，各地方政府要承认地区间社区社会组织发展差异，结合当地情况，因地制宜地构建社区社会组织培育发展的激励体系，制定有利于当地社区社会组织发展的激励措施，不能片面追求社区社会组织数量的“全覆盖”而忽视社区社会组织的质量、品质的提高。

（三）加大对社区社会组织的培育和扶持力度

一是要明确社区社会组织的培育重点，加快发展枢纽型社区社会组织。培育发展社区枢纽型社会组织是更好地服务社区居民、加强社区社会组织自我管理的一种重要手段，对改革社会组织管理体制、促进社会组织健康有序发展具有重要意义。因此，各地方政府要引导发展社区社会组织联合会，重点支持枢纽型社区社会组织建设，逐步建立对社区枢纽型社会组织的政策扶持机制，对新登记注册的枢纽型社区社会组织给予政策、资金、场地上的扶持，引导鼓励和支持各种社会力量兴办社区枢纽型社会组织。

二是要支持社区社会组织示范点和培育基地建设，探索创新社区社会组织高质量发展。各地方政府可借助开展全省性社会组织与全省社区社会组织示范点试点单位结对共建活动这一契机，通过落实“邻里守望”关爱行动等慈善公益活动，有序参与当地社区治理，并在结对共建活动中总结可复制可推广的成功经验，推动各试点单位探索创新社区社会组织高质量发展。

三是要加快落实社区社会组织培育发展专项行动计划。各级地方政府要尽快落实民政部《培育发展社区社会组织专项行动方案（2021—2023 年）》，并结合本地区社区社会组织发展的实际情况，制订和出台适合本土的培育发展社区社会组织专项行动实施方案，按照行动方案的时间节点在 3 年内实施社区社会组织培育发展计划、能力提升计划、作用发挥计划、规范管理计划。此外，各级政府要细化社区社会组织培育扶持、发展质量、内部治理、服务开展等方面工作目标，落实相关部门、街道（乡镇）、村（居）民委员会工作责任，为社区社会组织发展提供政策支持和资源保障。

四是要加大对粤东西北地区社区社会组织的扶持。一方面，要进一步推进政府购买服务工作。建立规范的采购制度，采取竞争性的公开招投标方式，尽量减少定向委托等非竞争性购买方式，借鉴中小企业在政府采购中的优惠政策，适度出台社区社会组织在政府采购中的优惠政策，并在确保公平竞争的基础上，适度向粤东西北社会组织倾斜。另一方面，要强化对粤东、粤西、粤北地区社区社会组织的项目扶持。除了从省级福彩公益金安排专项资金支持粤东、粤西、粤北地区实施社会工作服务项目和培训项目外，还应加快搭建社区社会组织互动交流平台，引导珠三角地区社会工作服务机构到粤东、粤西、粤北地区开展社工服务，推动粤东、粤西、粤北地区社区社会组织发展，优化社区社会组织区域结构。

（四）完善社区社会组织监督管理制度

一方面，加快完善社区社会组织监管制度。市级政府要尽快落实社区社会组织分类管理办法，降低社区社会组织登记注册门槛。但同时也要加快制定监督与评估社区社会组织的政策，建立相应的问责制度，保证各类社区社会组织依法成立、活动。此外，还要加强社管局与各业务主管单位的工作沟通，明确监管责任。强化对社区社会组织“人、财、事”的监管，完善社区社会组织负责人任职、诚信等管理制度，建立负责人不良行为记录档案；建立多部门参与的社区社会组织资金监管机制，加强对社区社会组织重大事项和活动开展的管理，充分发挥社会组织联合执法机制作用，形成部门监管合力。

另一方面，进一步完善社区社会组织分类管理制度。为规范社区社会组织管理，促进社区社会组织健康有序发展，充分发挥社区社会组织服务社区群众、培育社区文化、参与社区治理、促进社区和谐的重要作用，可进一步完善社区社会组织分类管理办法。针对社区社会组织登记备案、内部治理、运行管理、促进举措等方面提出操作性强、细化程度高的合理政策措施。

（五）加强社区社会组织自身能力建设

提升社区社会组织提供服务的能力和质量是促进社区社会组织长足发展的重要内容，因此，社区社会组织应当不断加强自身能力建设。

一是社区社会组织要尽快优化内部组织结构，完善内部管理制度。尽快规范和完善人事管理、财务、决策程序等各项制度，以制度规范内部工作人员的行为，保障内部管理有章可循，规范有序。

二是社区社会组织要通过建立畅通的沟通平台，加强与社区外部的社会组织的交流合作，提高自身吸纳外部社会资源的能力。

三是要培养专业的社区社会组织工作骨干人才。社区社会组织应当广泛开展各类能力培训，将社区社会组织党的建设、培育发展、能力建设、日常运作等纳入培训内容。同时，建立社区工作者资格认证制度和管理评估制度，鼓励和引导社区社会组织从业人员参加社会工作知识培训和全国社会工作者职业资格考试。

四是各地民政部门可结合“广东兜底民生服务社会工作双百工程”的组织实施，统筹社区、社会组织、社会工作资源和力量，制订培训计划，着力培养一批热心社区事务、熟悉社会组织运作、具备专业服务能力的社区社会组织负责人和业务骨干。推动建立社会工作专业人才与社区社会组织联系协作机制，发挥专业支撑作用，提升社区社会组织服务水平。

典型案例

行业服务：广州市行业协会商会服务营商环境改革发展报告

胡小军　刘亚萍[①]

摘　要： 广州是全国首批营商环境创新试点城市，市场主体数量逐年增加，截至2020年底，广州市实有各类市场主体269.67万户，呈现出很强的区域聚集效应。2021年1月1日，《广州市优化营商环境条例》正式施行，为广州持续优化营商环境提供了有力的法治保障。本文对行业协会商会在广州优化营商环境中的角色定位和具体实践进行了分析。在此基础上，就新发展阶段如何推动行业协会商会高质量发展提出以下建议：第一，紧扣广州营商环境建设总目标，坚持社会化、市场化改革方向，制定出台专门政策，推动脱钩后行业协会商会管理体制和运行机制创新；第二，主动适应社会组织融合化、网络化、专业化、职业化发展趋势，创新行业协会商会发展模式，全面提升行业协会商会的可持续发展能力；第三，鼓励和支持行业协会商会整合多元创新资源，参与和推动产学研深度融合的技术创新体系建设，搭建创新创业生态服务平台；第四，加强广州行业协会商会与深圳、港澳地区及国际性行业协会商会之间的交流合作，搭建开放平台，在行业标准、管理规则等方面探索构建协调对接机制，促进粤港澳大湾区产业协同联动发展。

关键词： 营商环境；行业协会商会；广州市

一、行业协会商会服务营商环境改革的背景

社会组织是我国社会主义现代化建设的重要力量，中共中央办公厅、国务院办公厅印发的《关于改革社会组织管理制度促进社会组织健康有序发展

---

① 胡小军，博士，广州社会组织研究院执行院长，主要研究领域为社会组织公益慈善、社区治理。刘亚萍，广州社会组织研究院研究人员，主要研究领域为社会组织发展。

的意见》明确提出："进一步发挥社会组织在促进经济发展、管理社会事务、提供公共服务中的作用。"从中可以看出，国家期望社会组织在推动经济发展中能够发挥更大的作用和功能。近年来，国内一些学者对社会组织的经济贡献开展了探索性的研究。例如，中共中央党校（国家行政学院）"中国社会组织经济规模（NPO－GDP）测算"课题组发布的研究成果显示，2016 年，全国社会组织增加值总量约 2789 亿元，占当年 GDP（国内生产总值）的 0.37%，占当年第三产业增加值的 0.73%。[①] 此外，根据《2020 年民政事业发展统计公报》中的数据，截至 2020 年底，全国共有社会组织 89.4 万家，吸纳社会各类人员就业 1061.9 万人。[②]

上述相关研究成果或数据的发布为我们更好地理解社会组织在经济发展中的作用提供了有益启示。社会组织的类型非常多样，涵盖了社会经济生活的各个领域、各个方面。其中，行业协会商会一般是由从事相同性质经济、工商业活动的经济组织和个人等组成的社会团体，[③] 其天然地和经济发展联系在一起。因此，在推动经济发展过程中，政府、企业、学者等均非常关注行业协会商会这一类社会组织的改革创新与作用发挥。

广州被誉为"千年商都"，因商而兴，特别是改革开放以来，广州经济发展取得巨大成就，2020 年地区国内生产总值突破 2.5 万亿元，人均 GDP 达到了高收入经济体水平。[④] 伴随着社会主义市场经济体制的确立与深入发展，行业协会商会也得到了长足的发展。本报告首先对广州优化营商环境改革中行业协会商会的角色定位进行分析，其次以 2016—2020 年度获得"广州市品牌社会组织"称号的行业协会商会为主要考察对象，重点就行业协会商会在促

① 研究显示：2016 年中国社会组织经济贡献达 2789 亿［EB/OL］.（2018－07－19）. http://www.xinhuanet.com//gongyi/2018－07/19/c_129916743.htm.

② 2020 年民政事业发展统计公报［R/OL］.（2021－09－10）. http://www.mca.gov.cn.

③ 《广东省行业协会条例》将行业协会界定为"从事相同性质经济活动的经济组织，为维护共同的合法经济利益而自愿组织的非营利性社会团体"；全国首个省级商会条例《安徽省商会条例》将商会定义为"从事工商业活动的企业、个体工商户和其他经济组织自愿组成，实行自律管理，依法登记的非营利性的经济性社会团体"。

④ 2021 年广州市政府工作报告［R/OL］.（2021－02－04）. http://www.gz.gov.cn/zwgk/zjgb/zfgzbg/content/post_7067312.html.

进经济发展中的作用发挥机制和路径进行探讨。最后，在粤港澳大湾区建设加快推进的背景下，对“十四五”时期如何持续推进广州行业协会商会高质量发展提出政策建议。

二、营商环境改革的基本情况

（一）广州市实有市场主体类型及行业分布

广州是粤港澳大湾区区域发展的核心引擎城市，市场主体数量逐年增加。根据广州市市场监管局发布的统计数据，截至2020年12月底，广州市实有各类市场主体269.66万户。其中，企业158.43万户，个体工商户111.07万户，农民专业合作社0.16万户（见图1）。2020年1月至12月，广州全市新登记市场主体55.27万户；日均新增市场主体1510户，其中日均新增企业1153户。[①] 实有市场主体所属的行业主要集中在“批发和零售业”“租赁和商务服务业”“科学研究和技术服务业”“住宿和餐饮业”“制造业”和“信息传输、软件和信息技术服务业”6大行业，占市场主体总数的86.7%（见图2）。广州市场主体总量仅次于深圳市，位列广东省第二位，[②] 呈现出很强的区域聚集效应。

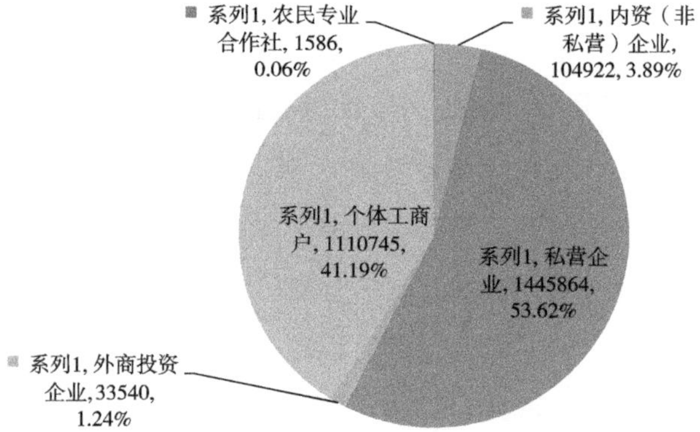

图1　2020年广州市实有市场主体类型

---

① 2020年广州市场主体发展情况［EB/OL］.（2021－04－27）. http://scjgj.gz.gov.cn/zwgk/zwwgk/jggk/content/post_7247142.html.

② 根据深圳市市场监督管理局发布的《2020年12月深圳商事主体登记统计分析报告》，截至2020年12月25日，深圳市共有商事主体358.6万户。

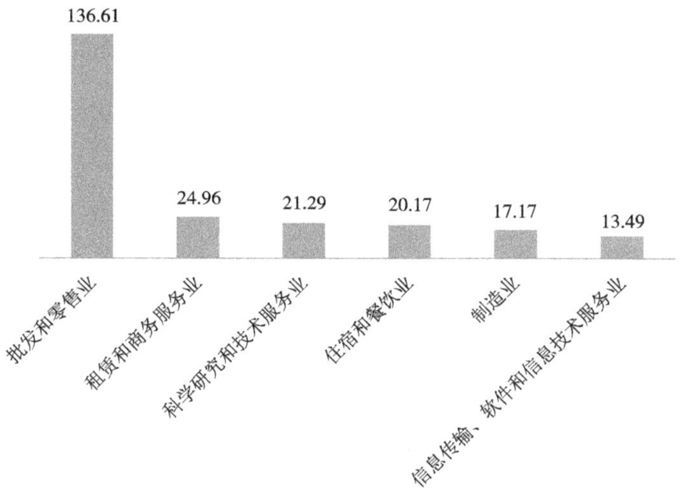

图 2　2020 年底广州市实有市场主体行业分布（单位：万个）

（二）广州市营商环境改革推进情况

深化“放管服”改革，着力优化营商环境，是激发市场主体活力和创造力的重大举措，对于加快建立现代化经济体系、推动经济高质量发展以及实现国家治理体系和治理能力现代化具有重要意义。2017 年 7 月 17 日，习近平总书记在主持召开中央财经领导小组第十六次会议上强调：“要改善投资和市场环境，加快对外开放步伐，降低市场运行成本，营造稳定公平透明、可预期的营商环境，加快建设开放型经济新体制，推动我国经济持续健康发展。”① 在国家立法层面，首部针对营商环境优化的行政法规——《优化营商环境条例》已于 2020 年 1 月 1 日正式施行。

广州是全国首批营商环境创新试点城市。②《粤港澳大湾区发展规划纲要》明确提出，广州要“充分发挥国家中心城市和综合性门户城市引领作用，全面增强国际商贸中心、综合交通枢纽功能，培育提升科技教育文化中心功能，着力建设国际大都市”。近年来，广州市大力推进优化营商环境改革，不断推

① 习近平．营造稳定公平透明营商环境　加快建设开放型经济新体制［A/OL］．http://www.xinhuanet.com/2017-07/17/c_1121333828.htm.

② 全国首批营商环境创新试点城市包括北京、上海、重庆、杭州、广州、深圳 6 个城市。

动现代化国际化营商环境出新出彩。2018 年，《广州市营商环境综合改革试点实施方案》的出台，启动了营商环境 1.0 改革。此后，《广州市进一步优化营商环境的若干措施》《广州市推动现代化国际化营商环境出新出彩行动方案》《广州市对标国际先进水平全面优化营商环境的若干措施》《广州市用绣花功夫建设更具国际竞争力营商环境若干措施》等一系列政策措施的出台，标志着广州市营商环境改革已步入 4.0 阶段。2020 年 10 月，国家发展改革委发布《中国营商环境报告（2020）》，广州获评全国营商环境“标杆城市”。

在广州市大力推进优化营商环境改革过程中，特别注重发挥地方立法的作用。2021 年 1 月 1 日，《广州市优化营商环境条例》正式施行。条例将“营商环境”界定为“企业、个体工商户等市场主体在市场经济活动中所涉及的体制机制性因素和条件，主要包括市场环境、政务环境、人文环境和法治环境等”。条例也特别规定，优化广州营商环境应当坚持市场化、法治化、国际化、便利化的原则，以市场主体需求为导向，以政府职能转变为核心，并规定每年 10 月 15 日为“广州营商环境日”。该条例的出台为广州持续优化营商环境提供了有力的法治保障。

三、优化营商环境中的行业协会商会定位

正如有研究所指出的，以市场和企业为基础的行业协会商会是一种经济组织的再组织。成熟发达的行业协会商会体系，不仅是我国现代社会组织体系的重要组成部分，而且更是政府转变职能、发挥市场决定性作用的社会组织基础。[①]《优化营商环境条例》第二十九条和第六十二条分别对行业协会商会在优化市场环境和法治环境中的主要作用和功能进行了规定。第二十九条规定：“行业协会商会应当依照法律、法规和章程，加强行业自律，及时反映行业诉求，为市场主体提供信息咨询、宣传培训、市场拓展、权益保护、纠纷处理等方面的服务。”第六十二条规定：“制定与市场主体生产经营活动密切相关的行政法规、规章、行政规范性文件，应当按照国务院的规定，充分

① 郁建兴. 全面深化改革时代行业协会商会研究的新议程［J］. 行政论坛，2014（5）：61 -67.

听取市场主体、行业协会商会的意见。”

作为地方立法，《广州市优化营商环境条例》对行业协会商会的作用更加重视，也作出了更为细致的规定。具体而言，行业协会商会在广州市优化营商环境中的角色定位集中在优化市场环境和优化法治环境两个层面，包括以下8种角色：一是行业诉求反映者；二是团体标准制定者和实施者；三是行业秩序规范者；四是行业服务提供者；五是市场主体权益维护者；六是行业协同治理参与者；七是营商环境问题监督者；八是行业政策倡导者（见表1）。

表1　行业协会商会在优化营商环境中的角色定位

角色定位	《广州市优化营商环境条例》具体规定
1. 行业诉求反映者 2. 团体标准制定和实施者 3. 行业秩序规范者 4. 行业服务提供者	第三十一条：行业协会、商会应当加强内部管理和能力建设，及时反映行业诉求，组织制定和实施团体标准，规范行业秩序、降低交易成本，为市场主体提供信息咨询、宣传培训、市场拓展、权益保护、纠纷处理以及人才评价等方面的服务
5. 市场主体权益维护者	第三十一条：本市倡导和鼓励行业协会、商会设立市场主体维权服务平台，参与和支持企业维权，提升维权效率和管理水平
6. 行业协同治理参与者	第六十八条：市、区人民政府及其有关部门应当针对新技术、新产业、新业态、新模式的性质、特点，分类制定监管规则，建立政府、企业、协会以及资源提供者和消费者多方协同治理机制
7. 营商环境问题监督者	第七十七条：各级人民政府及其有关部门应当聘请人大代表、政协委员、民主党派成员、专家学者、行业协会负责人、商会负责人、企业代表、执业律师、媒体记者和群众代表等担任社会监督员，及时对营商环境问题提出意见和建议
8. 行业政策倡导者	第八十条：市、区人民政府及其有关部门制定涉及市场主体活动的政府规章、行业规划、产业政策和其他与市场主体生产经营活动密切相关的政策措施，应当采取实地调研、座谈会、论证会、听证会等形式，充分听取、合理采纳市场主体和行业协会、商会的意见和建议

此外，《优化营商环境条例》及《广州市优化营商环境条例》也对行业协会商会自身的建设和管理作出了相应规定，主要体现在三个方面：第一，要求行业协会商会加强内部管理和自身能力建设；第二，要求行业主管部门

和登记管理部门加强对行业协会商会的指导，依法规范和监督行业协会商会的收费、评比、认证等行为；第三，除法律、法规另有规定外，市场主体有权自主决定加入或者退出行业协会商会，任何单位和个人不得干预。

四、行业协会商会发挥作用的方式与典型经验

（一）广州市支持行业协会商会发展的政策举措

广州市积极支持行业协会商会的改革转型与创新发展，行业协会商会呈现良好的发展态势：第一，探索“一业多会”模式，建立适度竞争机制，促进行业协会商会主体的多元化。《广州市社会组织管理办法》规定：“同一行政区域内，可以成立两个以上业务范围相同或者相似的社会组织，但社会组织的名称及标识应当有明显区别。”第二，政府不断加大对行业协会商会的扶持力度。例如，2017 年，广州市委、广州市政府印发了《关于促进民营经济发展的若干措施》，其中提出“支持民营企业发起组建行业协会等自律组织，对成立全国性行业协会的给予一次性 100 万元奖励，通过政府购买服务等方式促进行业协会发展”。第三，支持新技术、新产业、新业态、新模式“四新”经济领域发起成立行业协会商会等社会组织，服务新兴产业。第四，鼓励和支持街镇商会的建设和发展，激发镇街商会活力。第五，放宽异地商会登记管理范围，除了可以登记地市级异地商会外，省级、县级异地商会均可申请登记。

（二）行业协会商会在优化营商环境中的作用方式

以市场主体和社会公众的满意度为导向，为各类市场主体投资兴业营造稳定、公平、透明、可预期的发展环境是优化营商环境的出发点和落脚点。《粤港澳大湾区发展规划纲要》在“打造具有全球竞争力的营商环境”一节中也特别提出：“充分发挥行业协会商会在制定技术标准、规范行业秩序、开拓国际市场、应对贸易摩擦等方面的积极作用。”以下基于一些典型案例，对广州行业协会商会在参与推进市场环境、政务环境、人文环境和法治环境优化过程中的相应实践进行介绍。

1. 服务会员，推动解决影响企业生存发展的关键问题

行业协会商会作为非营利性的社会团体，其首要作用是服务会员，满足会员发展需求，尤其是帮助企业解决所需人才、技术创新、成果转化、融资和品牌培育等与生存发展密切相关的重大问题。例如，广州动漫行业协会通过市场化模式，以项目合作的方式服务会员企业，将现有会员、政府、社会资源整合，搭建起“协会自建项目平台”和“企业共享资源平台”两大平台。“协会自建项目平台”包括广州动漫行业协会主导建设的“X动漫品牌授权平台”“动漫文创投融资服务平台”“请进来·走出去国际文化交流合作平台”和“动漫公益平台”四大品牌平台。“企业共享资源平台”则主要以会员企业提供的资源为主，广州动漫行业协会为辅，将资源整合后，以优于市场的价格共享给会员，其运作方式包括“会员惠计划”与“UP计划”两大品牌计划。①

广州市番禺区厂商会作为番禺区人才工作服务站和番禺区智汇谷人才联盟副理事长单位，积极对接各种人才资源，建立企业人才库，服务企业高层次人才及帮助企业解决人才问题。其具体工作包括“依托企业高技能人才实训基地，培养企业技能人才”和“与高等院校、职校建立合作平台，精准服务企业”两大方面。广州市番禺区厂商会与番禺区人社局、番禺区就业训练中心陆续在汽车制造、电子、音响设备、机械、动漫、电商等领域的企业建立了多家定点实训基地，培养了一批技能人才，缓解了企业技能人才紧缺、用工难的问题。2016年，广州市番禺区厂商会与番禺职业技术学院共同成立“厂商学院”，首期开设“广汽传祺班”，订单式培养汽车制造技术人才。同时广州市番禺区厂商会利用杂志、网站、微信号，及时向会员企业发布人才信息，发动企业参与大学城高校实习就业精准对接会，推动本地就业供需对接。此外，还对接人才引进服务，成功帮助多位企业高端人才成功申领番禺入户绿卡，让企业人才安心留在番禺工作。②

---

① 广州社会组织研究院，广州市社会组织联合会．广州市社会组织发展报告（2019）[R]．北京：中国社会出版社，2019：135－138.

② 广州社会组织研究院，广州市社会组织联合会．广州市社会组织发展报告（2018）[R]．北京：中国社会出版社，2018：240.

2. 行业自律，注重加强行业规范和诚信建设

广州市非常注重发挥行业协会商会在加强行业自律、净化市场环境方面的作用。行业协会商会通过制定行业规范等方式，引导行业诚信自律，倡导从业人员廉洁从业，助力行业环境优化。例如，广州道路运输行业协会于2017 年4 月创建新兴行业分时租赁专委会，在全国首创发布两个规范性的行业文件，成为分时租赁行业市场发展的一个标杆事件。2018 年 1 月，广州道路运输行业协会编制了可通过扫码查验车辆信息、评价服务质量、反馈违规现象的客运车辆二维码，有效规范了行业市场。[①] 广州市白云区不动产服务协会成立之初，制定了首部基层不动产行业信用管理办法——《广州市白云区不动产服务行业信用管理办法（试行）》，针对白云区不动产服务企业和执业人员进行信用信息的征集、建立、披露、使用、评估，以及利用信息开展相关服务和管理活动。[②]

广州市物业管理行业协会协助广州市住房和城乡建设局开展对物业服务企业的信用管理工作，并接受其委托对从事物业管理活动的企业开展信用等级评价；制定物业管理行业的服务规范及相应标准，组织相应标准的认证工作；制定物业管理收费的市场参考价格，并定期向社会公布；监督和规范会员单位的物业服务行为，配合政府相关职能部门协调业主、业主委员会和物业服务企业之间的矛盾，处理会员单位违法违规及有损行业声誉、损害业主利益的行为，维护物业管理行业各方主体的权益。[③]

3. 政企沟通，建立政府与企业制度化沟通机制

广州行业协会商会积极发挥桥梁纽带作用，促进了政企沟通，并积极建言献策。此外，行业协会商会发挥自身专业优势，有效承接了政府职能转移。例如，广州市番禺区南村总商会全力配合政府的中心工作，密切与各职能部门的沟通联系，积极承接政府职能转移工作，主要实践包括：联合番禺区税

---

① 广州社会组织研究院，广州市社会组织联合会．广州市社会组织发展报告（2020）[R]．北京：中国社会出版社，2020：131－132.

② 广州社会组织研究院，广州市社会组织联合会．广州市社会组织发展报告（2018）[R]．北京：中国社会出版社，2018：147.

③ 广州市物业管理行业协会官网，http://www.gzpma.com.

务局、南村镇税务所每月定期召开税法宣讲会，将最新的税收政策贯彻到企业；联合镇人力资源和社会保障服务中心举办“春风行动”及“零距离”商会企业专场招聘会，为企业解决招工难问题；协助南村镇经济办召开南村镇年度经济工作会议，了解企业经营状况，协调解决企业的经营困难；协助南村镇派出所与重点企业实现视频监控对接，推动南村镇社会治安视频监控系统和智能围蔽建设工作的开展；针对外来务工子女入学问题，广州市番禺区南村总商会联合南村镇教育指导中心推动政府出台了《南村镇外来务工子女入读公办学校优惠政策实施办法》，解决会员企业外来工子女入读公办学校的学位问题。①

广州市工业设计行业协会自成立以来先后承接了广州市级工业设计中心认定评审和复核工作、广州市工业设计示范企业评审工作，加快了设计与产业融合，带动“广州设计”水平不断提升；连续承接“省长杯”工业设计大赛广州赛区评审组织工作，为设计与创意成果建立产业转化通道；承接广州市知识产权专业技术资格评审工作，为广州地区遴选知识产权相关优秀专业技术人才；同时，协会还承接了广州市工业转型升级专项资金质量品牌建设工作、广东省“守合同重信用”企业公示活动、广州市工业设计政策宣讲、广州市知识产权培训等政府职能转移，促进了广州工业设计行业综合竞争实力的全面提升。②

4. 资源整合，支持企业应对重大突发公共事件

2020 年，面对突如其来的新冠肺炎疫情，在疫情防控和推动企业有序复工复产的关键阶段，广州行业协会商会发挥了积极的枢纽平台作用。③ 例如，广州市家具行业协会在全体会员企业中开展调查，摸清在疫情冲击下家具企业的生存状况，了解会员企业所需所想，为政府有关部门决策提供真实有效的数据。与此同时，收集会员企业复工复产需求，紧急购置百万元复工复产

---

① 广州社会组织研究院，广州市社会组织联合会．广州市社会组织发展报告（2019）[R]．北京：中国社会出版社，2019：143.

② 广州市工业设计行业协会官网，http://www.gzdesign.org.

③ 助力企业复工复产，广州市行业协会商会各出实招[EB/OL]．(2020-02-27)．https://news.dayoo.com/gzrbrmt/202002/27/158543_53160561.htm.

防疫物资，分批派发到会员企业手中，保证260多家广州市家具企业及时开工生产。[①] 广州市游戏行业协会携手理事单位华为软件对有需要的企业和个人提供免费WeLink企业协同服务；深入了解企业融资贷款需求，快速对接金融资源，为企业提供精准帮扶策略，让企业切实享受最优惠利率和最适合的金融产品。同时，广州市游戏行业协会为会员企业解决疫情期间招聘难的问题，联合天河区劳动就业服务管理中心在2020年3月5日至9日召开专场网络招聘会，企业和求职者在线完成招聘和应聘相关信息工作，减少人员接触，同时满足广州市游戏行业协会会员企业和求职者的需求，促进就业和行业经济稳定发展。

面对疫情影响，广州专业市场商会一方面配合商务局等政府部门，协调各大专业市场开展肉菜、日用品等物资“保供应”工作；另一方面，及时解读和引导企业、专业批发市场及其商户了解相关疫情减免税、补贴政策。着力对接包括地方金融、财税、电商物流等在内的与产业链相关的多方资源，并依托广州专业市场商会专业委员会成员单位的金融机构资源，为全市各大专业市场提供相应的融资筹划增值服务，因户施策协助，帮助商户渡过阶段性难关。此外，还推广新模式销售渠道，帮助市场商户去库存，并摸查员工到岗状况和企业人才流失情况，协调解决企业劳工招聘等问题。

通过对上述经验材料的分析可以看出，广州行业协会商会在满足企业等市场主体需求、协助政府职能转变等方面发挥了重要作用，是助推广州市营商环境持续优化发展不可或缺的力量。与此同时，对标《广州市优化营商环境条例》相关要求也可以发现，行业协会商会在市场主体维权服务平台的设立、营商环境问题的监督评价和助推企业高质量发展等方面仍有很大的作用发挥空间。行业协会商会需全面落实优化营商环境相关法规政策，进一步深化和拓展其在广州市优化营商环境中的作用和功能。

五、推动行业协会商会服务营商环境高质量发展的建议

行业协会商会的改革和发展一直是社会组织改革的一大重点领域，无论

① 广州市家具行业协会官网，http://www.gzfacn.com.

是行业协会商会直接登记制度的确立还是行业协会商会与行政机关脱钩改革，均充分体现了党中央、国务院对行业协会商会发展的高度重视。“十四五”时期是广州实现老城市新活力、“四个出新出彩”，巩固提升城市发展位势的关键阶段。[①]《广州市国民经济和社会发展第十四个五年规划和二〇三五年远景目标纲要》明确提出，“到2025年，营商环境达到全球先进城市水平”。与此同时，规划也特别提出“深化行业协会、商会和中介机构改革”“重点培育、优先发展行业协会商会类、科技类、公益慈善类、城乡社区服务类社会组织”“探索构建政府、平台企业、行业协会等多方参与、高效联动、信息共享的多元协同治理机制”等一系列要求，为新发展阶段广州行业协会商会的发展指明了战略方向。

站在新的历史起点，广州行业协会商会的发展应紧紧抓住粤港澳大湾区、深圳先行示范区“双区”建设重大机遇，紧扣广州营商环境建设的总体目标，贯彻落实《优化营商环境条例》《广州市优化营商环境条例》等法规政策要求，发挥社会组织自身优势，为广州构建现代化经济体系贡献新的力量。为此，本报告提出如下几点建议。

第一，在政策促进层面，建议系统总结“十三五”时期广州行业协会商会与行政机关脱钩改革经验和成果，准确把握行业协会商会作为经济组织再组织的发展特点与规律，以《广州市国民经济和社会发展第十四个五年规划和二〇三五年远景目标纲要》《广州市社会组织发展“十四五”规划（2021—2025年）》为指引，以《广州市优化营商环境条例》的实施为契机，适时制定和出台新发展阶段促进行业协会商会高质量发展的相关政策，继续坚持社会化、市场化改革方向，推动脱钩后行业协会商会管理体制和运行机制创新，加大培育扶持力度，增强行业协会商会发展的信心和动力，逐步建立与广州经济总量和城市战略定位相匹配的行业协会商会发展新格局。

第二，在机构建设层面，行业协会商会要主动适应新发展阶段社会组织

① 广州市人民政府关于印发广州市国民经济和社会发展第十四个五年规划和二〇三五年远景目标纲要的通知［A/OL］．（2021－05－19）．http://www.gz.gov.cn/zwgk/ghjh/fzgh/content/post_7288095.html.

融合化、网络化、专业化、职业化发展趋势，进一步明确机构在优化营商环境和现代化经济体系中的角色定位和职责使命，制订机构中长期发展规划。与此同时，注重发挥广州品牌行业协会商会的引领示范作用，创新行业协会商会发展模式，特别是需要直面当前发展中的“短板”，在现代法人治理机制、会员服务模式、“自我造血”能力等方面予以更大程度的重视，全面提升行业协会商会的可持续发展能力。

第三，在培育扶持层面，发挥行业协会商会作为非营利性组织的特点和行业平台功能，鼓励和支持行业协会商会整合多元创新资源，参与和推动产学研深度融合的技术创新体系建设。有条件的行业协会商会还可探索发起成立创新创业基地，搭建创新创业生态服务平台，进一步丰富广州创新创业形态，完善企业创新服务体系，营造“要创业到广州、要创新来广州”的良好生态环境。

第四，在区域合作层面，加强广州行业协会商会与深圳、港澳地区以及国际性行业协会商会之间的交流合作，搭建开放平台，在行业标准、管理规则等方面探索构建协调对接机制，为推进粤港澳大湾区制度机制“软联通”贡献力量，促进粤港澳大湾区资金、信息、技术、人才等关键资源要素的有效流动，实现大湾区产业协同联动发展。

推动创新：深圳市民办科研机构助力科技创新发展报告

程传海　王　梅[①]

摘　要： 深圳的科研类民办非企业单位（以下简称科研类“民非”）以社会服务机构的“身份”，已成长为深圳科技领域的“第三支力量”，在航天航空、石墨烯、光学物理、基因研究等方面作出了积极的贡献，有力地推动了深圳科技新生态的形成，推动了深圳科技创新。本文结合深圳市社会组织管理局组织开展的“民非”科研机构相关调研结果及科研类“民非”相关座谈会的资料，对深圳科研类“民非”的发展现状、挑战和发展趋势进行分析。

关键词： 科技创新；民办非企业单位；深圳市

一、科研类“民非”发展基本情况

（一）科研类“民非”发展总体概况

经过近几年的培育发展，深圳市科研类“民非”数量呈井喷式增长。根据市民政局的统计数据，截至2020年底，深圳登记成立的科学研究类社会组织883家，占社会组织的比重达到8.58%。其中，科研类“民非”616家，占全市社会组织总数的5.99%，占科研类社会组织的69.76%。“十三五”期间，深圳市科研类“民非”数量由2015年初的206家增加到2020年底的616家，增长了199%。深圳的“民非”科研机构呈集群式发展，涌现出华大基因、光启高等理工研究院等一大批跻身全球领先水平的民办科研机构。这些

① 程传海，综合开发研究院（中国·深圳）研究员。王梅，综合开发研究院（中国·深圳）研究员。

科研类“民非”作为科技领域的“第三支力量”，充分利用了民办科研机构灵活高效的体制优势，同时吸取政府兴办科研机构的有益经验，有力推动了科技体制深化改革和科技创新生态的形成。

从研究领域来看，科研类“民非”的业务活动基本与全市科技产业布局相一致，同时体现出较强的公益性。根据市社会组织管理局的调研数据，位列“民非”首位的行业为生物医药，该类科研类“民非”占比达 23.5%，其次为电子信息，再次为先进制造。近年来，深圳市与未来产业相关的航空航天、石墨烯等行业机构涌现，这些行业均为深圳市发展较好、潜力较大的优势行业。同时，环保资源、人口健康、现代农业三大领域“民非”合计占比达到了 16%，体现了科研类“民非”较强的社会公益属性。此外，从事科技成果转让与扩散、科技服务等科研平台类机构也占到了一定比重。从地域分布来看，科研类“民非”在全市各区（县）均有布局，但主要集中在南山、福田区。从机构资金与人员规模来看，“民非”科研机构呈小、散、弱的特征，各个机构之间的发展基础相差较大，注册资金多数低于 1000 万元，机构从业人员超 50 人的较少。

根据机构抽样问卷调查结果，科研类“民非”均由个人和企业出资举办，其中，以某自然人或法人单独出资开办居多。从业人员年龄结构偏年轻，人员素质较高，但学历、职称与传统科研机构相比仍然存在一定差距，且机构与机构之间发展不平衡。科研类“民非”的经费投入主要以投资人持续出资和机构所承担的纵向和横向科研项目经费为主，其中横向项目居多。大部分机构采用按岗定酬、按绩效定酬的多样化工资制度，并建立起有效的激励晋升机制。从治理模式来看，科研类“民非”建立了不同于传统科研事业单位的现代法人治理结构。理事会（或董事会）是机构的最高权力与决策机构，在理事会（或董事会）的领导下实行院长（总经理/所长/主任）负责制，与国家要求和国际趋势相一致。

（二）代表性科研类“民非”及其实践

1. 深圳光启高等理工研究院

深圳光启高等理工研究院（以下简称光启）于 2010 年以民办非企业单位

在深圳市民政局注册成立，2012 年因设备进口免税障碍纳入深圳市事业单位编制，2013 年 6 月又重新进行民办非企业单位法人登记。光启是我国超材料领域的新型科研机构，紧紧围绕超材料的应用，打通了超材料的全产业链条，在全球率先实现了大规模量产和在我国尖端装备领域的全面应用，使我国超材料技术的研发和应用居于国际领跑地位。光启旗下拥有 A 股深交所上市公司光启技术（002625. SZ）与香港主板上市公司光启科学（00439. HK），其产品被应用于尖端装备、智慧城市与公共安全领域。光启建设了一系列源头创新和产业化平台，包括深圳光启高等理工研究院、超材料电磁调制技术国家重点实验室、光启科学有限公司、光启技术股份有限公司、深圳光启智能光子技术有限公司等，涉及新型空间服务、智能装备、智慧城市、新型无线通信等产业。累计申请专利超过 4600 件，授权超过 2600 件。创新机构遍布五大洲 21 个国家和地区，总人数超过 2600 人。光启的快速发展与成功主要有以下几个方面的原因。

一是建立了一套民办公助的运作体制。光启在运营模式上定位为民办公助、自负盈亏的非营利性研究机构。“民办”即研发机构由一支非官方的核心团队申请创办、运作和支撑成长壮大，“官助”即政府给予有资金额度和时间限度的支持，“养事不养人”。组织架构是理事会领导下的院长负责制，理事会成员来自政、产、研各方代表，以确保研究院成立初衷及发展方向。内部完全按照企业化管理方式运作，营造了有利于创新的管理机制和环境。

二是以资本、技术、标准、产业为纽带进行协同创新和开放式创新。资本方面，发起成立光启松禾超材料产业基金、光启创新技术投资基金，通过科技与金融的紧密配合，拉动源头科技上下游产业链的快速发展；技术方面，科技部依托光启建立了超材料电磁调制技术国家重点实验室，着重于超材料及电磁调制技术的科学研究；标准方面，国家标准化管理委员会成立了全国电磁超材料技术及制品标准化技术委员会，光启作为秘书处，着重于超材料及相关产业的标准化建立；产业方面，光启成立（深圳）超材料产业联盟，在内部建立光启智能光子技术战略联盟、光启尖端技术战略联盟、光启临近空间技术战略联盟、国际科技创业园，驱动联盟上下游企业共同发展。

三是吸引了一批优秀的科研创新人才。光启的五人核心创业团队，人员均是海外博士毕业后归国，具有世界一流大学和科研机构的教育背景与研究经历。以这五人创业团队为核心，光启先后被纳入广东省引进海外创新科研团队、深圳市孔雀计划科研团队等项目和团队资助。在人才引进方面，光启坚持实施国际化人才招聘策略，形成了以顶尖科研人员去吸引、甄别和引进高水平人才的模式，注重科研团队和配套实验设备的引进。

四是探索建立一套良性循环的产业化模式。光启不断探索和建立一套在新兴交叉科技领域进行源头创新及成果转化的可持续创新体系，将“科学发现、技术发明和产业发展”结合起来，打通创新链条，实现创新与产业化无缝连接的体系。目前光启所实行的模式是政府和研究院成果转化公司共同投资光启，如果某一研究项目成熟，成果转化公司拥有对研究成果的优先购买权，并成立项目公司对其产业化，收益回报给成果转化公司，并将继续投资光启，从而完成从投资、研究、产业化到再投资的良性循环。

2. 深圳市墨克瑞光电子研究院

深圳市墨克瑞光电子研究院（以下简称墨克瑞）是由超多维光电子有限公司（以下简称“超多维”）出资举办，于 2012 年 12 月在深圳市民政局登记成立的民办非企业单位。墨克瑞主要从事下一代光电子技术研究，主要研究领域包括：液晶光学透镜、复眼成像系统与场景重建、立体交互、基于双目成像的场景感知和理解、视差自适应视频采集、基于立体渲染的可编程架构芯片、带有力反馈的触摸技术。墨克瑞所从事的研究属于软硬件交叉的跨学科领域，通过海外引进人才与项目，墨克瑞的科研团队获得了广东省创新团队和深圳市孔雀团队的资助。默克瑞作为一家“民非”科研机构，虽然机构规模不大，但发展势头良好。其成功除了广东省及深圳市良好的政策环境外，主要还有以下几个方面原因。

一是具有战略眼光和资金实力的投资者。随着超高分辨率显示的日渐普及，裸眼 3D 显示技术引领行业新的发展方向，逐步应用到手机、平板电脑等移动终端，并在医疗、教育、建筑、工业设计等众多领域拥有广阔的市场前景。基于此，为了加强裸眼 3D 技术的储备和基础研究，超多维成立了墨克瑞这一“民非”科研机构专事科研创新。但由于科研是一项高投入但短期内难以出成果的产业，正是由于超多维的长远战略眼光，持续不断地对下一代光电子技术的研发进行投入，才有了墨克瑞如今的成果。其典型的特征是，通过设立研究院，超多维实际上是将创投工作内部化，也就是说，在企业内部进行创业投资与孵化，并在未来获得回报。

二是给予科研工作和科研人员很大的自由度。裸眼3D技术兼具基础研究与应用开发，不仅需要科研人员能够安心于基础领域取得突破，也需要技术的发展方向紧跟市场并能引领行业发展。为此，墨克瑞给予了科研工作和科研人员很大的自由度。项目的立项具备较大的自由度，只要技术符合超多维未来发展方向，就可以自主选题，由技术总监和商务部门组织进行立项验证，综合衡量技术方向、人力投入和时间等因素后决定研发工作的开展。对于公司认为非常有前景的一部分立项项目，通过阶段性安排决定研发工作的进度。在科研过程中，超多维与墨克瑞也积极营造良好的科研氛围，通过建立基础研究与应用开发相结合的科研平台，加上灵活的扁平化管理，使不同专业领域的科研人员能够通过技术交流与合作，不仅提高了科研工作的效率和科研人员的科研能力，同时也能进一步提高科研人员的科研兴趣，避免纯科学研究的枯燥无味。同时，良好的科研待遇使科研人员没有后顾之忧，安心于科研工作，科研人员的创造力被充分激发出来。

三是以知识产权管理为科研工作保驾护航。对于处于市场中的科技企业来说，科研最终是需要用来创造效益的。由于科研工作需要大量的投入，为了保持这种投入的可持续性，需要有持续的科研经费来源。超多维的科研经费主要来源于三方面：股东投入、国家支持、专利和技术授权收入。鉴于超多维在3D裸眼领域的技术领先地位，超多维在行业内不仅能做硬件，还提供算法、芯片设计，即整个3D系统解决方案。此外，在国际国内拥有大量的专利，这些专利被投资伙伴和国内外企业以专利和技术授权方式获得补偿。超多维先后和友达、民机、东芝、索尼等企业开展了技术授权合作，作为技术整体解决方案服务商向合作方收取费用。

3. 深圳市北科生物治疗技术临床转化研究院

深圳市北科生物治疗技术临床转化研究院（以下简称北科生物研究院）是由深圳市北科生物科技有限公司（北科生物公司）举办，于2014年5月在深圳市民政局注册成立的民办非企业单位。北科生物公司创建于2005年7

月，是我国早期专业从事战略性新兴产业生物治疗技术临床转化及技术服务的国家级高新技术企业，是深圳市战略性新兴产业的高新技术企业代表，致力于干细胞技术、免疫细胞技术、基因工程等生物医学技术的基础研究和转化性研究，拥有从体外实验、动物模型、临床前研究到转化性研究的一体化产学研体系。经过多年的发展，北科生物积累了目前世界上规模最大、数据最全面的体细胞临床研究安全性及有效性数据库和亚洲最大的综合性干细胞库群。北科生物公司成立“民非”性质的研究院主要是基于以下几个方面的考虑。

一是北科生物公司自成立以来一直按照科研机构模式实行企业化运作，除了对员工的各项激励以外，公司未曾分过红，与非营利组织相一致。以前公司曾打算注册为科研机构性质的研究院，但由于之前我国对“民非”科研机构准入特别是冠以“研究院”名称的限制，直到准入的放开，才注册成立了科研类“民非”。

二是科研类“民非”更方便申请各级政府的科研课题与项目。由于一些原因，我国政府投入的科研经费在逐年大幅提高的同时，大量的科研项目不仅在前沿理论方面缺乏前瞻性，在应用研究方面也难以与产业化对接，大量科研经费被浪费或低效使用，一些体制内科研机构没有科研转化压力。而大量的体制外的企业研发部门即使有很强的科研能力，也因身份限制很难申请到国家科研课题。而当企业举办成立科研类“民非”后，虽然仍不属于体制内科研机构，但毕竟属于科研机构，申请各级政府的科研项目就相对容易得多，因此，成立研究院也是适应中国国情的需要。

三是“民非”性质的研究院有利于对外科研合作。由于以企业身份与国内外科研机构、院校以及科研人员进行科研合作时，因多方面原因存在诸多不便或障碍，而使用研究院身份因其非营利性质利于品牌形象塑造和科研人员的学术身份认同，方便对外科研合作。

四是“民非”性质的研究院有利于人才培养方面的合作。由于拥有灵活的机制，直接面向市场，“民非”科研机构在人才培养方面有一些优势，培养出来的人才不仅能够适应社会需要，而且通过“干中学”能够培养出一大批优良人才，但是由于没有学位授予权，解决这些人才的学位学历问题具有必要性，还是需要与大学、科研机构开展人才培养合作。企业身份难以与这些机构开展联合培养工作，而研究院的身份限制较少。

五是在企业内部搭建科研与产业的桥梁。产业化是以营利为目标的，而科研类“民非”虽然可以营利，但营利只能用于再投入，不能分红，因此，可以更利于长远目标的实现，避免短期行为。通过设立研究院可以更好地衔接科研与产业化。

二、科研类“民非”发展特点

近年来，随着民办科研机构准入的改革步伐，深圳市科研类“民非”如雨后春笋般快速发展起来，不仅有华大、光启等规模较大的科研机构，也有一些规模适中的科研机构，更有大量的小型科研机构。这些机构既不属于国有，也不是事业单位，没有政府主管部门，同时又不是企业，但却因取得了一批重大原创性技术成果受到世人瞩目，它们共同构成了深圳科研类“民非”一道亮丽的风景线，引领珠三角地区在民办科研机构发展方面走在全国前列。其间，深圳市科研类“民非”的发展具有如下几个方面的特征。

（一）聚焦战略性新兴产业和未来产业领域

深圳市科研类“民非”充分利用深圳市的创新资源，重点集中于深圳市鼓励发展的战略性新兴产业与未来产业领域进行科技创新，发挥其贴近市场需求的优势，通过同步开展基础研究、应用研究和产业化开发，较快地实现从源头创新到新技术、新产品、产业化的快速转换。通过融合科技、产业和资本等要素资源，极大地促进了共性技术和核心技术的推广使用，迅速实现相关成果的产品和产业转化，带动了传统产业转型升级，催生了新兴产业的孕育和发展。

（二）产学研相结合的源头创新

深圳科研类“民非”瞄准产业变革和科技革命的历史机遇，紧跟世界新兴前沿技术，进行源头创新和开放性创新，坚持产学研一体化，在项目上多方合作，建立了融合“基础研究—应用研究—技术开发—产业化应用—企业孵化”于一体的科技创新链条，构建了高水平的创新平台，同步研发、交叉融合开发的模式贯穿其中，激活了存量科技资源，解决了经济、科技“两张皮”的问题。

（三）坚持走国际化的发展道路

深圳科研类“民非”从创立到发展，在投资主体引进、项目合作方选择、人才引进交流、创新与管理体制等方面都逐步国际化。这些民办科研机构充分利用深圳市发达的创投与私募股权市场，通过金融杠杆效应引进国内外投资基金和投资者，实现投资主体的百花齐放。在科研项目开发上充分利用国际科研资金调整的机会，通过委托研究等方式开展科研合作。在人才引进上广纳百川，吸引国内优秀创新人才、优秀留学人才和海外科技人才，采取团队引进、核心人才带动等多种方式引进国内外优秀人才。众多的归国留学人员与国际人才成为广东省创新团队与深圳市孔雀团队资助对象，围绕核心团队集聚和培养了一大批具有原创精神和源头创新能力的年轻研究人员，极大提高了机构的创新力和影响力。

（四）市场化运作

与国有事业型研发机构的体制相比，科研类“民非”最大限度地避免了以往的各种体制性束缚，大大增强了研发主体的独立性和自主性。深圳市科研类“民非”普遍采用市场化运作方式，坚持自主经营、自负盈亏，使这些机构与传统体制内科研机构相比拥有灵活的运行机制。一是观念新。科研类“民非”破除了束缚创新的陈旧观念、体制弊端，通过体制机制创新充分释放活力，树立创新是根本、创业是目的、创富是动力的观念。二是治理机制多样。科研类“民非”采用了与传统科研机构不同的治理机制，突破了原有体制的弊端。在治理结构与运作体制方面，探索了民办官助等运作体制、理事会管理体制，运行机制灵活多样。三是科研机制新。创新的指向非常明确——市场需求，将科研管理、知识产权管理、风险承担与成果分享相结合，通过逆向创新、交叉创新，极大地提高了科研创新效率。四是管理机制新。科研类“民非”虽然属于非营利性社会组织，但实行企业化管理，普遍采用了合同制、密薪制、动态考核、末位淘汰等管理制度。论文、奖励、专利等不再是机构绩效评价的唯一指标，同时，在人员聘用和晋升上，不以年龄论资格，不以学位资历论英雄，大胆任用具有创新胆识和创新能力的年轻人，激发其创新意识和创业雄心。

三、科研类“民非”的成功经验

深圳市科研类“民非”发展之所以令人关注并引领全国，综合分析，其成功的主要因素有以下几点。

（一）良好的科技创新创业氛围

深圳市作为国家创新型城市，目前已成为国内重要的科技、资本与人才的要素密集区，被誉为中国的“硅谷”。因拥有强大的产业配套能力、良好的创新环境氛围和适宜创新创业的土壤，深圳已成为国内甚至国际上创新的沃土和创客的乐园。一是高度市场化的营商环境。深圳作为我国改革开放的前沿阵地，积极奉行着“小政府、大市场”的发展思路，坚持政府引导、市场主导，使深圳拥有较高的市场化和法制化营商环境。二是发达的多层次资本市场体系。深圳不仅拥有证券交易所类公开市场，也拥有国内强大的创业投资基金与私募股权基金市场，它们与银行、政府产业投资基金、互联网金融、小贷公司等组成了创新创业的综合金融支持体系，通过科技与金融的融合给深圳创新带来持久的动力。三是众多的公共创新载体。多年来，深圳通过科研机构与企业建立了大量的创新载体，包括工程实验室、重点实验室、工程中心、企业技术中心、公共技术服务平台、科技企业孵化器等。这些创新载体的共享极大地降低了创新成本，提高了创新效率。四是强大的产业配套与服务能力。深圳市拥有众多大大小小的产业聚集园区，包括高新技术产业园区、总部基地及其他基地，这些聚焦园区能够提供完善的配套服务。而且深圳市发达的高新技术产业与战略性新兴产业，能够保障创新创业所需的各类零配件实现本地采购，强大的产业配套促进了创新创业活动的开展。

（二）尊重科研机构的创新主体地位

深圳市充分利用经济高度市场化的优势，确立企业与科研类“民非”等新型科研机构在创新型城市创建中的主体地位。一是自主选择科研方向。科研类“民非”的科研项目选择既不需要政府主管部门审批，也不需要专家评审通过，就可以根据研发团队的专业背景、研发优势、产业化需要和市场导向，自主确定研发方向，制定研发战略，从事研发活动，从而增强了研发活动的开创性和实效性。二是自主组建科研团队。科研类“民非”在用人体制上，既不受编制所限，也可以不拘一格，在全球范围内吸收各种优秀的专业型和复合型人才，根据研发需要自主组建自己的研发团队，快速形成具有世界级研发水平的团队。三是自主实施科研管理体系。科研类“民非”不再采用传统科技研发机构的行政化管理模式，而是根据自主科技创新、核心技术控制、产业化应用和社会资源整合的需要，按照企业化的管理方式，自主实施以科技研发战略目标为导向的国际化、标准化运营管理体系。

（三）政府的强力支持与引导

一是政府通过产业政策引导科研类“民非”等新型科研机构的发展。深圳通过制订产业发展规划，让产业资源向科研类“民非”等新型科研机构聚合，整体推进带动新型科研机构做大做强。部分代表性科研机构的科研领域和研究方向均被纳入战略新兴产业发展规划，在建立产业基地、孵化基地、产业联盟、产业基金等方面得到了政府的政策性支持。二是推动科技体制改革，推动多方合作共建。深圳市在科技体制改革过程中坚持企业与科研类“民非”的创新主体地位，通过政府出地、出资，核心团队出人、出资，推动双方或三方合作共建。政府通过服务创新，针对重点科研机构提供全程“一院一策”的“保姆式”服务。在传统的科研体制下，大多数体制内科研机构的经费支持方式通常是“事业费（人头费）+竞争性经费（项目费）”。深圳通过体制创新，引入“民办官助”运作体制，“养事不养人”。政府对“民非”科研机构不负责事业费，而是采取“非竞争性经费（专项补贴）+竞争性经费（项目费）”的支持方式，提高了科技经费的使用效率。政府通过给予创办初期仪器设备购置、房租补贴和前期发展经费等“非竞争性资助”“持续性资助”，一定程度上保障了研究院基础研究条件的建立，作出了研发机构在战略性、前瞻性研究等方面的自主研究部署，积蓄了研发机构实现自主发展的能力，同时也为争取“竞争性经费”奠定了优势竞争力。三是全方位提高深圳市对高层次人才的吸引力。鉴于深圳市在高等教育人才培养方面的劣势，以及高速发展的经济带来的人才不足状况，深圳市政府始终不遗余力制定竞争性人才引进政策。2011 年 6 月，深圳颁布了“孔雀计划”及其 5 个附件，为引进海外高层次人才团队创建新型科研机构制定了一系列配套政策。“孔雀计划”的政策措施及时解决了海外高层次人才在居留和出入境、落户、子女入学、配偶就业、医疗保险等方面的问题和困难。

（四）社会组织登记管理体制改革

深圳市通过社会组织管理创新，探索与改革科研类“民非”的准入与管理机制，包括登记、认定、监管、政策扶持等工作机制。长期以来，社会组织和主管部门政社不分，存在千丝万缕的利益联系，行政化色彩浓厚，妨碍了社会组织的健康发展。2004 年开始，深圳市采取“小步快走”的策略，逐步深入推进社会组织登记管理体制改革。2012 年，深圳市委、市政府印发《关于进一步推进社会组织改革发展的意见》，实行科技类等 8 类社会组织直接登记政策，再次把社会组织登记管理体制改革推向深入，促使科研类“民非”有了突破性的发展。科研类“民非”登记改革彻底释放了科技创新活力。2018 年 7 月，深圳市委、市政府专门出台《关于深化社会组织管理制度改革促进社会组织健康有序发展的若干措施》，优先发展行业协会商会类、科技类、公益慈善类、社区服务类社会组织。此外，深圳市对在社会组织评估工作中获得 3A 级（含）以上社会组织给予四项优先权，包括优先获得政府购买服务及承接政府转移的职能项目、优先享受政府公益性捐赠税前扣除、非营利组织免税资格认定等有关税收政策。相关支持政策大力推动了深圳市科研类“民非”的发展。

综上，深圳市科研类“民非”的快速发展既是社会经济发展到一定阶段的必然产物，也是现代科学技术发展的内在要求。其发展成果启示我们：第一，只有不断深化改革，完善科技创新的体制机制，优化创新环境，才能激发创新活力。第二，创新要素全球流动和全球配置的趋势越来越明显，必须以全球视野谋划和推动科技创新。第三，基础研究、应用研究和技术开发研究之间的界限越来越模糊，创新链越来越短，应及时改进科技创新组织模式，加快科技创新节奏。

四、科研类“民非”发展面临的问题和挑战

（一）科研类“民非”发展面临的主要问题

虽然深圳市引领了珠三角科研类“民非”的发展，在短短的几年时间里就走在全国的前列，无论是数量还是成绩都非常突出。但是，深圳市科研类“民非”的发展仍然面临着一些困难和问题，需要在未来发展中继续不断完善解决。

1. 规模小抵抗风险能力较弱

深圳科研类“民非”目前还存在小、散、弱的问题，除了光启、绿航星际、微软技术中心等少数科研类“民非”人员数量较多外，其他机构人员普遍较少。虽然科研类“民非”因其充满活力拥有较强的生命力，能够适应科技与市场的变化，但与中小企业类似，其抗风险能力较弱。这其中，一部分依托企业设立的科研类“民非”，科研资金等来源较为稳定可靠，相对来说抗风险能力要强一些。而另一些小微科研类“民非”，既没有可靠的投资来源，也没有稳定的科研经费和项目，相对来说抗风险能力较弱。即使是大型科研类“民非”，也存在产业化扩张与科研方向选择之间的衔接矛盾，一旦政府扶持政策到期，也会存在持续扩张所带来的风险。另外，对于科研类“民非”来说，其抗风险能力来源于其综合价值，这种价值主要通过与风投、市盈率（PE）等金融市场嫁接进行市场估值，一旦全球经济与科技行业发生变化，整个科研类“民非”所面临的行业风险是难以回避的。

2. 基础研究与源头创新仍需加强

通常而言，科研创新活动划分为三种类型：基础研究、应用研究和产业化开发。深圳市的公立科研机构和高校资源有限，在源头创新上较为薄弱，

急需补齐应用基础研究短板。另外，以企业为主体的技术研发是深圳的强项，但在整个科技创新链条中，虽然深圳市科研类“民非”中出现了光启等拥有较强基础研究与源头创新能力的机构，但多数机构由于规模小、人才少，本身就缺乏基础研究的能力，制约了机构的长期良性发展。而对于科研类“民非”来说，生存问题是其面临的第一大问题，这就决定了科研类“民非”只能更多地将科研与市场相结合，以需求为导向，难以顾及基础研究。因此，要从根本上提升深圳市的创新能力，协助科研类“民非”提升基础研究能力是不能忽视的一个方面。

3. 中高级人才匮乏，人员流动大

由于科研类“民非”普遍规模较小、发展实力较弱，薪酬竞争力不强，加上深圳居高不下的房价和物价，科研类“民非”难以吸引中高级人才，人员流动较大。根据深圳市社会组织管理局组织的问卷调查，47 家被调查机构中有 29 家机构反映存在这类问题，占机构总数的 61.7%，共有 8 家机构认为这类问题“非常严重”，占机构总数的 17.02%。尽管样本量比较小，调查结果不具有代表性和推论意义，但在一定程度上反映了科研类“民非”在人才方面的迫切需求。

（二）科研类“民非”发展面临的挑战

我国正处于以科技创新促进经济转型发展、科技创新制度环境不断优化的新科学发展阶段，科研类“民非”面临巨大的发展机遇。但也应该看到，科研类“民非”未来发展也面临挑战，除了所有行业共同面临的国内宏观经济下行压力、中美贸易冲突带来的科研创新不确定性因素加大外，科研类“民非”也面临着本行业所独有的挑战。

1. 科研类“民非”缺乏专门法规与支持政策

目前，我国国家层面专门针对科研类“民非”出台的政策较少，且主要集中在准入标准、会计管理以及税收优惠方面。大部分管理仍比照民办非企业单位有关政策、非营利科研机构有关政策进行。

在法律法规上，针对科研类“民非”的法律基础尚不健全，法规和政策性文件缺乏系统性和协调性，某些方面还存在法律空白，比较滞后，难以适应科研类“民非”的快速发展。从发达国家的经验来看，制度是非营利科研机构自身发展与外部监管的保障，而我国既没有出台专门的非营利机构法，也没有对非营利机构设置专门的税收法律制度。非营利机构法方面，尽管有一些与非营利科研机构相关的行政法规，但是这些法规都有以下特点：①大都属于行政立法或部门规定，权威性不足。②多属程序法而非实体法，对非营利机构无系统规范。③缺乏针对性和特定性。④仅确定了非营利机构外部监督的多样化监督主体，但在监督内容、程序和需要的信息渠道等方面依然存在“一法独揽”的状况，同样缺乏针对性和可操作性。非营利机构税收法律法规方面，目前各种非营利机构相关的税收政策规定散见于各税法的有关规定以及零散政府文件之中，相关的规章制度甚至有时候会发生冲突，迫切需要制定专门的非营利机构税收法规。

在支持政策方面，各类扶持政策也有待整合。近年来，深圳市和各区政府以及各有关职能部门均出台了一些培育扶持政策和措施，但分散在各种政策文件中，不配套、不成体系，政府和社会资源没有得到有效整合。比如在税收优惠政策方面，非营利组织免税资格、公益性捐赠税前扣除资格、科技类“民非”进口科学研究和教学用品免税资格、社会团体和基金会进口慈善捐赠物资减免税等，在具体落地和执行上还不够到位。再比如，在人才政策上，社会组织中除了社工，其他人才还未纳入人才工作体系和人才总体规划中，无法享受应有待遇和补贴，导致人员流动性大，难以吸引高端专业人才。

2. 科研类“民非”管理机制仍存在改革的空间

通过社会组织登记管理体制改革，科研类“民非”设立的障碍已没有了，但在登记中仍存在一些局部限制性要求。如：科研类“民非”发起人与企业发起人相比仍存在较多的限制，如外籍人士不能担任民办非企业单位的主要负责人的限制，等等。此外，科研类“民非”所从事的科技研发具有高投入和高风险的特点，科研类“民非”处于起步阶段，需要来自政府和社会的大力支持。然而政府在提供了无偿资助与优惠补贴之后，如何对科研类“民非”的科技创新实施有效的监管和评估也是有待解决的问题。因此，需要厘清登记管理机关和业务主管单位、行业管理部门的权责，在保障科研创新的自主性的同时实施有效的监管。此外，科研成果的转化往往带来巨大的经济利益，如何对科研类“民非”的非营利属性进行有效监管也是需要长期关注的方面。

3. 科研类“民非”在市场竞争中处于弱势地位

科研类“民非”在支撑和促进新兴科技产业发展中起着非常重要作用，然而在市场竞争中却往往处于弱势地位。科研类“民非”的身份介于事业单位和企业之间，与事业单位相比，拥有类似的公益属性，但在税收优惠、政府支持、人才待遇等方面与事业单位相差甚远；与企业相比，在资产处置、收益分配、薪酬待遇等方面受到的制约更多，但获得的政策支持却跟企业没有明显区别。一是科研类“民非”不能开展营利性经营活动，压缩了科研类“民非”的发展空间，需要制定针对性的政策在不影响其“民非”性质的同时能最大限度保障其可持续发展。二是申请政府科研项目机会低于传统科研机构。虽然科研类“民非”在成果转化和扩散方面具有独特的优势和作用，但在国家重大科技项目申请以及获得科技财政专项资金支持等事项上，科研类“民非”仍然不能完全作为平等主体参与竞争。此外，“一个项目不完成不能申请新项目”这项政策也需要修改完善。三是科研类“民非”承担了与科研事业单位基本相同的职能，却没有事业费，政府科研项目限定研究经费用于人力资源费用的比例过低，难以体现这类创新机构中人才的核心作用。四是科研类“民非”的科技人员在职称评审上虽然形式上与体制内同等对待，但实际评审过程中并没有考虑机构性质与特点。五是科研类“民非”发展的支持政策缺乏普惠性，除普惠性人才政策外，其他扶持政策通常只有大型机构才能享受，而小微型机构难以享受到。

五、科研类“民非”发展的对策建议

（一）设立科研类“民非”集聚的园区与孵化基地

目前深圳市科研类“民非”还处于分散自发发展状态，要进一步发展壮大，需要借鉴其他行业做法，通过建立科研类“民非”园区与孵化基地，实现集群发展。政府可以通过与社会资本以 PPP 模式合作，选择有办公空间的成片楼宇专门用于科研类“民非”的办公场所和孵化基地。在园区内配备公共研发平台免费供入驻机构使用，并提供其他的科研活动公共配套设施。给予入驻机构所得税、营业税等一定年限一定比例的税收减免或补贴；给予办公场所租金补贴；对科研类“民非”参与大型科技交流活动，建议按照实际发生展位费用的一定比例给予一次性补贴，最高金额不超过一定金额；对进入科研类“民非”实习的硕士及以上毕业生通过审核后给予实习费补贴；对提供科研类“民非”孵化的园区运营主体给予一定的补贴。

（二）设立科研类“民非”发展专项资金

将深圳市科研类“民非”发展的支持力度提升到与战略性新兴产业和未来产业同等的高度对待，借鉴深圳市产业发展专项资金做法，设立科研类“民非”发展专项资金，将其纳入政府基金预算中，每年保证能够安排。科研类“民非”发展专项资金主要用于支持科研类“民非”发展的各类资金补贴、人才保障、财税支持等。同时可以探索将部分专项资金作为引导基金以投资方式扶持科研类“民非”的发展。

（三）建立专门为科研类“民非”提供服务的联合窗口

科创、人力资源和社会保障、民政、财政、税务等部门在行政服务大厅设立专门的服务窗口，为科研类“民非”提供一站式服务。一是加大政府配套政策宣传力度，提供政策解释与咨询，让更多“民非”科研机构了解相关政策；二是建立机构诉求表达与沟通反馈渠道，使更多的小微机构能够拥有直接向政府部门表达诉求的渠道，能够及时解决问题；三是建立科研类“民非”推介交流平台，通过举办展会、论坛协助对外推介科研类“民非”，促进科研类“民非”之间以及与对外的科技交流，协助科研类“民非”建立科技创新联盟，深化产学研合作关系和资源共享，加快科技成果的共享与产业化。

（四）建立科技成果转化的政府投融资支持体制

由于科研类“民非”的社会组织属性和非营利属性，建立科研类“民非”的科技成果转化的投融资体制特别是政府的投融资支持体系在现有的体制下有一定难度。政府在科研类“民非”投融资中可以发挥三个方面的作用：

一是支持公共平台的投资建设，包括公共研发平台、知识分享平台、信息交流平台等的建设；二是充分发挥深圳市在市场牵引科技成果开发方面的优势，解决科技成果转化过程中存在的信息不对称性问题，引导市场的投资方向，完善科技成果转化的投融资支持体系。这方面可以每年从科研类“民非”发展专项资金中拿出一部分作为引导基金，通过与创业投资、私募基金等机构合作，对科研类“民非”的科技成果转化平台进行间接投资；三是创建知识产权定价机制与环境，由科技成果拥有者自主决定科技成果的转让、许可或作价投资。

（五）完善政府购买科技服务机制

加大政府对科研类“民非”的普惠型扶持力度，建立和完善政府对科研类“民非”的服务采购体系。制定政府从科研类“民非”购买科技类公共服务的具体措施，使科研类“民非”能够与事业单位、大型企业平等参与项目竞争。积极支持科研类“民非”科技成果进入政府采购目录，在同等质量产品条件下，科研类“民非”科技产品可优先参加政府采购项目。

（六）改革与优化政府扶持资金使用管理

改革政府科研项目与专项资金使用规定，增加资金中材料、劳务、学术交流费用列支，提高非仪器设备类项目支出比例。建立有效的发明专利与转化奖励机制，给发明专利拥有者提供维护费补贴，减少专利维护成本，缓解专利发明人经济负担。

（七）明确财税优惠与政府补贴的主体资格

现有的部分科技扶持政策，没有把科研类“民非”作为一类重要主体进行考虑，造成科研类“民非”发展规划顶层设计的缺位。建议国家在科技计划管理、科技创新平台建设、财政专项资金支持、财税优惠政策的制定和修订过程中，把科研类“民非”作为一类重要主体予以考虑。同时要兼顾科研类“民非”发展的差异性，保障大型和小微科研类“民非”都能较为均等地享受到扶持政策。财政部、科技部、民政部、海关总署、国家税务总局于

2012 年 11 月联合出台了《关于科技类民办非企业单位进口科学研究和教学用品免征进口税收的规定》，2013 年 1 月制定了《科技类民办非企业单位进口科学研究和教学用品免税资格审核认定管理办法》，将符合条件的科技类“民非”纳入现行科学研究和教学用品进口税收优惠政策享受范围。该政策减轻了一批具有较强研发实力的科技类“民非”的成本压力，但对大部分规模较小的科研类“民非”来说，因难以达到其资产和人员要求，无法享受优惠。在重点实验室建设方面，参照对高校和科研事业单位的做法，给予适当补助。尤其在申报和承担政府主导的战略性新兴产业和未来产业中，建议专门针对“民非”设立填报表格。降低科研基地、孵化基地申请各级政府部门项目经费的申请条件，适当放松对科研类“民非”的账面现金额度要求，弱化政府在科研资金申报中对科研类“民非”的营业收入要求。

（八）加强中高端人才补贴力度

加强对中高端人才的补贴，帮助科研类“民非”留住人才。参照对高校和科研事业单位的做法制定人才引进补贴和改善落户政策；针对中高端人才的安居工程，探索更为完善合理的补贴政策。完善科研人才社会保障政策，放宽针对科研人才子女入学等政策，协助解决人才难觅、难留瓶颈问题。

党建引领：珠海社会组织党建工作创新发展经验

高云坚[①]

摘　要：珠海作为经济特区，不仅在经济发展方面积累了宝贵经验，而且在社会建设方面也积累了宝贵经验，特别是在社会组织党建工作方面，探索出了以“五强化”为主要特征的推动社会组织党建高质量发展的珠海模式。该模式包括：强化制度配套，增强社会组织党建工作聚合力；强化品牌特色，提升社会组织党组织组织力；强化队伍建设，增强社会组织党建工作引领力；强化服务功能，引领社会组织提升社会贡献力；强化特色宣传，扩大社会组织党建工作影响力。

关键词：党建引领；珠海社会组织；经验

一、珠海社会组织党建工作创新发展的背景

改革开放40多年来，珠海经济特区在建设中国特色社会主义伟大历史进程中谱写了壮丽篇章。当前，珠海迎来了港珠澳大桥通车，粤港澳大湾区、横琴自贸片区和珠三角国家自主创新示范区加快建设等重大历史机遇，迎来了发展的战略机遇期。

为全面贯彻落实党的十九大精神，以习近平新时代中国特色社会主义思想为指导，深入贯彻落实习近平总书记重要讲话精神，认真推进落实省委“大学习、深调研、真落实”工作部署，2018年4月23日，珠海市委印发《中共珠海市委关于推动思想大解放、作风大转变、效率大提升的决定》，号召全市上下在改革开放40周年新的历史起点上，高举改革开放旗帜，重铸特

① 高云坚，广东省社会组织研究中心副教授，硕士生导师，主要研究方向为社会组织党建、社会组织文化、社区治理、高校党建、高校管理等。

区精神，再燃改革激情，推动思想大解放、作风大转变、效率大提升，勇立潮头，开拓进取，奋力推动新时代珠海“二次创业”。

党的十九大报告将社会组织纳入中国特色社会主义事业“五位一体”的总体布局，明确提出要发挥社会组织作用，实现政府治理、社会调节和居民自治的良性互动。社会组织是联系党委政府和广大群众的桥梁纽带，在推动粤港澳大湾区建设、新时代珠海“二次创业”和打造和谐幸福之城中发挥着不可或缺的作用。

珠海市社会组织党建工作坚持以习近平新时代中国特色社会主义思想为指导，认真贯彻落实珠海市委八届八次全会精神，坚持把不忘初心、牢记使命作为加强社会组织党的建设的永恒课题和全体党员的终身课题，紧紧围绕新时代党的建设总要求，全面提升社会组织党的建设质量，为巩固全面建成小康社会成果，统筹做好新冠肺炎疫情防控，助力乡村振兴战略，奋力推进珠海经济特区“二次创业”加快发展提供坚强组织保证。

二、珠海市社会组织党建发展基本情况

（一）2016 年基本情况

2016 年是“十三五”开局之年，珠海市新社会组织党委适时出台了《中共珠海市新社会组织委员会关于加强社会组织党的建设工作的意见》，明确了社会组织党组织的地位作用、基本职责和工作要求，为珠海市社会组织党组织的健康发展指明了方向。2016 年珠海市新社会组织党委重点抓了制度建设，印发了《珠海市社会组织党建工作规范及指引》《关于进一步规范党建相关工作的通知》等，出台了《新社会组织党建工作评估指标》，为社会组织党建工作制度化规范化建设提供了指引，还进一步完善了党员领导干部和党建指导员挂钩联系社会组织党组织制度，明确每月下基层的次数，建立每周工作例会制度，并要求党建指导员填写党务工作日志，切实帮助基层解决实际问题，使每项工作得以顺利落实。

2016 年珠海市重点抓了行业协会商会党建工作。依托市社会组织培育发展中心，珠海市积极为初创期和发展期的行业协会商会提供“组织双孵化、

人才双培养、工作双促进”业务与党建服务。选取培育试点，积极探索如何将党建工作融入行业协会商会工作，重点强化行业协会商会的政治引导功能和推动发展职能和凝聚会员作用等。

截至2016年底，珠海市新社会组织党委下辖党组织51个，其中直属党委11个（含3个党总支、145个党支部）、直属党总支1个，直属党支部39个，在册党员1821名。

（二）2017年基本情况

2017年珠海市新社会组织党委重点抓了两项工作。一是机制创新。充分利用新社会组织党委与社管局合署办公的优势，把党建工作贯穿到成立登记、等级评估、换届改选、年度检查、评先评优等各个环节，实现“五同步”。即成立登记时，要求凡符合组建党组织条件的，要同步建立党组织；年度检查时，将党组织建立和活动情况列为必检的内容；等级评估时，将党建工作作为重点内容进行综合评估；换届改选时，在社会组织负责人换届改选的人选审查工作中，同时检查党组织作用发挥、党员教育管理等情况；评优评先时，对党组织作用发挥好的社会组织，优先予以推荐和安排。另外，为继续加强社会组织党建工作力度，突出党组织的政治功能，发挥党组织的政治核心作用，2017年11月，新社会组织党委把党建工作在社会组织等级评估中的分值比重作了提升，从而进一步提高了社会组织负责人对党建工作的认识和重视程度，为提高“两个覆盖”提供了刚性约束和制度保障。二是载体建设。搭建线上线下党建服务平台，线上依托市委网、“珠海市社会组织同心园地”微信公众号，及时向党员发布图文并茂的党建资讯，将社会组织党建工作最新、最有亮点的内容推送给关注者；线下加快市级党群服务中心建设，2017年10月，下发《关于申报珠海市社会组织党群服务中心共建单位的通知》，以自愿申报、实地考察、专家评审、市新社会组织党委购买服务的方式，确定珠海市外经贸专修学院党委、市社会工作者协会党委两个单位为党群服务中心共建单位，探索新型社会组织党建和服务模式，着力打造枢纽型、支持型和创新型社会组织党群服务综合平台，提升社会组织党建工作的影响力、知名度和认同感。

截至 2017 年 12 月 31 日，珠海市新社会组织党委共有党的基层组织 226 个，其中党委 13 个、党总支 5 个、党支部 208 个，党员 1840 名，新增党委 2 个、党总支 1 个，党在社会组织领域的影响力和覆盖面得到有效提升。

（三）2018 年基本情况

2018 年，珠海市新社会组织党委扎实开展“党支部建设年”活动，对直属基层党委开展党建工作检查，组成 3 个督导组分别到基层党委、党群服务中心工作站和 4 个年度示范点党支部开展“党支部建设年”工作专项督导工作。排查支部在党员教育管理、规范组织关系、落实党支部“三会一课”制度等问题和整改情况，同时督促各党委加强对直属党支部“党支部建设年”各项任务的经常性检查，及时掌握情况、找准问题。

高标准建设 2 个市级社会组织党群服务中心，着力打造枢纽型、支持型和创新型社会组织党群服务综合平台。2018 年 7 月，市级社会组织党群服务中心外经贸专修学院综合党委工作站和社会工作协会党委工作站正式启用。10 月，成立中共珠海市益群服务综合委员会，探索以“业缘”为纽带的党组织组建新方式，为推动社会组织积极参与基层社会治理，助力营造共建共治共享社会治理格局打造新的平台。12 月，珠海市社会组织党建人才培养基地正式启用，是市、区、街道三级联动共同打造的激发社会组织活力，提升社会组织服务能力的又一创新举措。

2018 年，珠海市新社会组织党委共有党委 9 个、党总支 5 个、党支部 150 个，党员 1434 名。

（四）2019 年基本情况

2019 年，珠海市新社会组织党委持续推进“两个全覆盖”工作，印发了《关于进一步推进社会组织党建“两个全覆盖”工作的通知》，截至 12 月底，市（区）社会组织党委覆盖范围内社会组织 1613 家，党组织覆盖 355 家，达到应建尽建要求；通过实地走访、电话联系、个别座谈等方式推动市（区）级完成建立党建联络员的社会组织 1140 家，覆盖率达 92.7%。

持续推进“头雁工程”，增强党员队伍凝聚力。一是加强基层党组织书记队伍建设。召开直属党组织党建工作述职评议会，组织 8 名党委书记进行述职评议；全年共举办基层党组织书记培训班 10 场次，培训基层党组织书记 570 余人次。二是建立党建指导员挂点联系制度。出台《关于党建指导员挂点联系基层党组织的通知》，将党建指导员全部下沉所属 14 个党委指导社会组织党建，帮助做好培养入党积极分子和发展党员等工作。

截至 2019 年 9 月，珠海市依法登记社会组织 2431 家，市社会组织党委所属党组织 255 个，含党委 14 个、党总支 5 个、党支部 236 个，党员 1918 名。

（五）2020 年基本情况

2020 年，珠海市新社会组织党委以落实“三年行动计划”为重点，推动社会组织党建提质增效。一是巩固深化党组织标准化、规范化建设成效。根据省、市要求，广泛动员所辖社会组织党组织做好《广东省加强党的基层组织建设三年行动计划（2018—2020）》实施成效评估迎检工作。所有党建指导员下沉挂钩基层党组织，指导所辖党组织对照指标及省“三年行动计划”部署要求，抓好政治建设，规范做好组织设置、班子建设、党员教育管理监督工作，严格落实组织生活和党内活动，完善党务档案资料，切实把“三年行动计划”提出的各项任务落地落实落细，巩固党组织标准化、规范化建设成效，提升党组织组织力。二是强化组织体系建设。以“业缘”“地缘”为纽带新组建 12 个党总支，进一步理顺并完善社会组织党组织隶属关系，探索创新社会组织党的组织体系构建，推进基层党委结构调整优化，为推动社会组织深度参与基层社会治理，助力营造共建共治共享社会治理格局打造新的平台。三是深化党建品牌建设。广泛开展党建示范点创建活动，年内确定 5 个基层党组织为社会组织党建工作示范点。探索社会组织业务和党建深度融合路径，打造一批推得出去、叫得响亮的党建工作品牌。

截至 2020 年底，珠海市共有社会组织 2443 家，市社会组织党委所属党组织 257 个，含党委 14 个、党总支 5 个、党支部 238 个，党员 1893 名。党在社会组织中的组织覆盖和工作覆盖更加有效，党组织政治引领作用更加突出。

三、珠海社会组织党建工作创新发展的基本经验

“十三五”以来特别是实施基层党建三年行动计划以来，珠海市新社会组织党委实施了“头雁工程”，试点探索社会组织党员管理层人员和党组织班子成员“双向进入、交叉任职”，创新楼宇党建联建模式和党组织组建方式，打造“一基地两平台”，实现社会组织党建“两个全覆盖”，突出强化党组织政治功能，积极引领社会组织深度参与脱贫攻坚和革命老区乡村振兴，不断促进社会组织党建和社会组织发展同心同行、同频共振，逐步形成了以“五强化”为主要特征的推动社会组织党建高质量发展的珠海模式。2018 年以来，新建基层党组织 56 个，其中党委 4 个，党支部 52 个；整顿软弱涣散党组织 23 个；发展党员 153 名，培养入党积极分子 291 名。

（一）强化制度配套，增强社会组织党建工作聚合力

2018 年，珠海市新社会组织党委推动出台了珠海市《关于改革社会组织管理制度促进社会组织健康有序发展实施意见》，从而建立了社会组织“1 + N”政策体系；建立了珠海市社会组织党委议事规则、党建工作述职评议机制，制定了党建指导员挂点联系制度、党建指导员兼任基层党委副书记工作制度（试行）以及党组成员挂点联系社会组织基层党委制度，出台了《党组织书记抓基层党建工作评议考核制度》《党的组织生活考勤与党员民主评议挂钩制度》，健全“三会一课”、组织生活会、谈心谈话和民主评议党员等制度建设，定期就党建重点工作、主题教育安排、脱贫攻坚工作和革命老区乡村振兴等事项进行商议讨论，积极开展调查研究，帮助社会组织厘清工作思路，制订党建工作计划，协调解决具体困难和问题，拓宽登记管理机关与社会组织的联系沟通渠道，确保责任有效落实、工作有效运转。全面推行社会组织党建工作与登记管理“全程同步关联”，即党建工作与成立登记、等级评估、换届改选、年度检查、评先评优“五同步”制度，将党建工作与等级评估挂钩，全省率先将评估指标党建分值由原来的 20 分增加到 50 分，推动社会组织党建与发展有机融合、联动互促，打造了一批党建引领好、内部治理好、社会公信力好、示范作用好的品牌社会组织。

（二）强化品牌特色，提升社会组织党组织组织力

珠海市探索建立社会组织党建工作联席会议制度，打造协同参与、齐抓共管的社会组织党建工作格局。珠海市制定了民政局党组成员与社会组织党委挂钩联系工作制度，增强了对社会组织党建工作的领导指导力度。按照“一党委一品牌、一支部一特色”的工作思路，创建各具特色的党建工作品牌，打造社会组织发展的“红色引擎”。如香洲区新社会组织党委高度重视社会组织党建工作，要求“坚持以党的建设为引领，实现党建工作与社会组织发展互融共进”。香洲区新社会组织党委从2016年起实施“双带双促”（即“党组织带领社会组织成长壮大，党员带动群众参与社会治理；促进社会组织规范有序发展，促进社会和谐稳定”）书记项目，每年从家庭、环保、敬老、护幼、公益创新五大领域挑选公益项目，由香洲区社会组织党组织或项目负责人是党员的社会组织承办，在社会上产生了较好的反响。仅2018年就有11个项目200多场活动、1000多人次的党员志愿者、400多人次的社会组织工作人员、3000多名居民群众参与，所有项目在“党员参与率”和“群众满意度”等指标方面都得到高分评价，“双带双促”书记项目的效果得到了检验和升华。

推进社会组织党建“两个全覆盖”工作，开展基层党建“立行立改”工作，大力整顿软弱涣散社会组织党组织，共完成整治党组织23个。市社会组织党委所辖社会组织910家，其中建立党组织的有192家，建立党建联络员的有607家，党的组织和工作覆盖率达97%，党组织政治引领作用更加突出。结合社会组织实际，积极探索业务和党建深度融合路径，打造一批社会组织党建示范点，形成了市社工协会党委“三社联动”工作法、市服务基层社会组织综合党委“安广商务楼宇党建”、金网教育集团党委“人民学习·智慧教室”等“推得出去、叫得响亮”的党建工作品牌，评选出市妇女儿童福利会党支部、珠海潮人海外联谊会党支部等13个市社会组织党建工作示范点。举办党建工作示范点经验分享会，组织交流分享党建工作经验并邀请专家参与进行点评，充分发挥典型示范引领带动作用，增强党建工作的影响力，激发党员爱党爱国热情，以党建引领社会组织创先争优，以更加饱满的精神助力

社会组织发展。

（三）强化队伍建设，增强社会组织党建工作引领力

珠海市打造了“一基地两平台”（市社会组织党建人才培养基地，外经贸专修学院综合党委工作站和社会工作协会党委工作站），搭建线上党建服务平台，促进社会组织和党建工作同步培育、同步发展、同步提升。探索以“业缘”“趣缘”为纽带的党组织组建新方式，整合业务相近社会组织的人力、物力和资源优势，成立市益群服务综合党委等8个党委。搭建党建“双培养”平台，实施“头雁工程”，通过外出考察、教育培训等选优配强党组织书记，开展“把党员培养成业务骨干，把先进分子培养成党员”的“双向培养”工程，开设党组织书记“头雁学堂”，探索建立“头雁种子”培养机制，通过党组织书记抓基层党建工作评议考核，加强对党组织书记的培训、考核和激励管理。进一步加强对基层党组织负责人选任的把关，推动社会组织党员主要负责人和党组织书记“一肩挑”，全面推行“双向进入、交叉任职”机制。严格党员发展，坚持“成熟一个发展一个”。出台《党建指导员联系点制度》等，加强对党组织书记、党建指导员、普通党员的教育、考核和激励管理。

（四）强化服务功能，引领社会组织提升社会贡献力

珠海市注重强化社会组织服务功能，积极引导社会组织党组织发挥行业优势，开展各类公益活动，服务群众奉献社会。

一是发挥社会服务作用。共有139个社会组织党组织进驻社区，开展政策宣传、扶贫济困、助残助老、关爱儿童、环境整治、楼宇党建等服务；培育推进直属市行业协会综合党委“健康颂”“不倒翁”“及时遇”等一批体现居民服务需求、展现社会组织专业优势特色的品牌服务项目。如2018年6月，珠海潮人海外联谊会向香洲区捐资8500万元建设珠海潮联学校，有效缓解公办学校学位紧张问题。积极参与打造“三社联动”（社区、社会组织、社工）的社区治理模式，为社区和群众提供专业化、个性化社会服务。2019年5月，《中国社区报》整版刊载了市社会工作协会党委在拱北街道以党建引领破解小区物业服务困局的成功做法。

二是支持打赢脱贫攻坚战。深度参与对接脱贫攻坚，引导和鼓励社会组织大力开展“双百行动”，57 家社会组织与云南怒江州 57 个挂牌督战村建立一对一结对帮扶关系，签署结对协议书，截至 2020 年底，55 家社会组织已捐款捐物折合人民币共计 305.82 万元；近 60 家社会组织对口阳江、茂名，圆满完成 31 个扶贫攻坚项目；各社会组织共投入扶贫资金 1300 余万元，超额完成省民政厅下达的任务。

三是助力乡村振兴建设。14 个社会组织党委结合 9 个结对共建村实际，针对村内场地修缮、职业技能培训、心理援助、科学知识普及、法律援助及帮助化解纠纷矛盾等方面，开展携手公益献爱心活动，走访慰问困难党员群众，为结对共建村送去口罩、消毒液、手套等防疫物资。

四是踊跃投身疫情防控。引领社会组织积极参与疫情防控，据不完全统计，截至 2020 年 11 月，全市逾 200 家社会组织积极参与疫情防控，230 名专家志愿者依托“海心花”社会心理健康平台开展线上线下服务，涌现出一批“珠海好人”“广东好人”“最美志愿者”等奖项获得者，并有 1 名社会组织从业人员火线入党。慈善组织和红十字会累计接受捐赠款物 1.46 亿余元。珠海市呈现出社会组织各尽其能、勇于担当、共克时艰的生动局面。

社会组织正成为脱贫攻坚、服务抗疫、服务乡村振兴的重要力量。

（五）强化特色宣传，扩大社会组织党建工作影响力

珠海市社会组织党建部门组织制作了《党建引领　创新不辍　珠海社会组织十年结硕果》湾区会客厅节目，回顾了党建引领下社会组织十年发展历程，探索了新时代社会组织发展方向。社会工作协会党委在市城市基层党建工作现场会上分享了《专业参与基层治理　服务陪伴社区成长》党建工作经验，有效提升了社会组织党建工作的影响力、知名度和认同感。2019 年以来，珠海市社会组织党委党建宣传成果显著，在《中国社会组织》杂志刊发了题为《珠海市以“五个着力”探索创新社会组织党建》的经验文章，省级和珠海市级官媒刊发稿件 30 余篇（条），中华网、腾讯新闻等 20 多家新媒体报道 40 余篇（条），创新“互联网 + 党建”模式，借助腾讯网、中国社会组织动态、广东社会组织动态党建微信公众号等媒介强化宣传推介工作，扩大社会

组织党建工作的传播力和影响力。

四、珠海社会组织党建工作创新发展中存在的问题

珠海市社会组织党建在“十三五”期间能够积极回应时代要求，站在时代前列谋划党建工作，大胆探索创新，取得了较好的成效，形成了珠海社会组织党建创新发展工作经验。但是也存在一些问题，值得高度重视。

（一）社会组织特别是负责人对党建工作认识和重视程度不够

一是社会组织自身对党建工作认识不足，一些中小社会组织认为党建工作对其组织发展的帮助不大，还可能增加人员、时间和经济上的成本，个别人甚至存在抵触心理。二是社会组织党建工作基础相对薄弱。社会组织党建相比党政机关和企事业单位起步晚，基础薄弱，导致部分社会组织负责人对党建工作的重要性认识不足，存在“重业务，轻党建”的思想，导致对党建工作支持不够，部分社会组织面临党组织组建难、巩固难、发挥作用难、党员发展难和党员教育管理难“五难”现象。

（二）党建与业务工作融合度不够

部分社会组织党组织没有找准党建与业务工作的切入点和结合点，没有形成党建与业务工作的合力发展，造成了党建和业务工作两张皮。开展党建活动时，存在形式较单一、方式缺乏创新性等问题；在党员教育上侧重宣读灌输，缺乏生动活泼的方式，使党建工作和活动开展难以调动和提高组织内部党员的主观能动性。个别党组织负责人和党员把党建工作窄化为具体的党务工作，认为推进党建工作就是“开开会议、学学文件、做做笔记”，党的组织优势未能转化为推动社会组织事业发展的强大动力。

（三）党员作用发挥还不够充分

一些基层社会组织党组织面对当前中小社会组织经营压力大、人员流动频繁等实际问题，在激发队伍活力上存在“畏难”情绪，认为兼职身份为主的社会组织党员力量凝聚难、集中管理难、发挥作用难，未能有效引导党员

发挥作用。有些社会组织党员对保持先进性这根弦绷得不够紧，有时把自己等同于一般群众，降低了自我要求和党员标准，没有能够时时处处走在群众前面。

（四）社会组织两个覆盖工作难度较大

一是由于对社会组织的地位和作用存在认识上的偏差，少数社会组织对党建工作重视程度不够，导致出现社会组织党建工作难落实等问题。二是一些社会组织反映社会组织党的建设“两个覆盖”难度大，存在畏难情绪。社会组织专职人员少，党员更少，其中组织关系在社会组织的更是少之又少。党建专业人才短缺，社会组织内部党建队伍数量少，目前绝大多数社会组织中从事党务工作的人员都是兼职的，在开展工作时受到不同程度的制约，难以全身心投入工作。三是社会组织党建工作管理机构配置难以满足工作的现实需要。目前珠海市级社会组织党组织有 255 个，但没有专门的社会组织党建工作科（室），且负责社会组织登记和党建工作的公务员仅有 3 名，远远少于广州、深圳等城市。区级队伍力量更为薄弱，个别区仅有 1 名身兼数职的合同制职员负责社会组织登记管理和党建工作。

（五）经费人员等保障不足

各级对社会组织党建工作的支持力度还不够大，特别是对党组织开展工作所必需的人力、物力、财力等方面的投入不足，很多社会组织本身业务的开展都面临经费紧张的局面，对于划拨党建经费更是力不从心，党建活动很大程度上依赖上级的“输血”和“养护”。专职党务工作者的待遇较低，岗位缺乏吸引力。受当前人力成本高、场地租金高等因素限制，多数社会组织都难以保证党组织活动所需要的工作人员和活动场地。

五、珠海社会组织党建工作创新发展的对策及建议

当前，珠海正处在加快发展的重要机遇期，也是珠海二次创业的关键期。因此，各社会组织要抢抓机遇，积极投身到珠海的经济建设发展中，要进一步加强和创新社会组织党建工作，推进社会组织健康有序发展，在新的起点

上开创党建工作新局面。现针对存在的问题，提出如下对策和建议。

（一）加强党的领导，全面确保社会组织正确发展方向

一是强化组织领导。各级社会组织党委要加强对社会组织党建的领导，明确行业管理部门、业务主管单位、社会组织和属地党委抓党建工作职责，推动建立市、区两级社会组织党建工作联席会议制度，建立职能管理部门党委统一管理指导，社会组织基层党委自我管理为主、镇（街）党委属地管理为辅的“一统双管”管理体制。二是强化“两个覆盖”。建立“登记申报、年检年报”制度，打好组建信息基础，做好党建工作情况调查摸底工作。积极探索务实管用、灵活便捷的党组织设置形式和工作方式，不断扩大党组织覆盖面。深入推进党建指导员挂点联系所属党委制度，帮助做好培养入党积极分子和发展党员等工作，确保党的工作覆盖到所有依法登记的社会组织。三是创新党组织生活方式。从社会组织从业人员的职业特点和内在需求出发，利用网站、公众号等互联网现代技术，采取设立党员兴趣小组、党员互动交流平台、党员志愿服务队及党员轮流主持组织生活会等方式，把组织生活与业务研讨、党员培训以及技能学习等结合起来，把党的活动融入社会组织业务工作的全过程。四是加强党员管理服务。将工作重点放在规模较大、人数较多、影响力较大的社会组织上，把党员教育和业务培训结合起来，通过时事专题报告会、党员业务培训班等形式培训党员。开展“隐形”党员梳理活动，加大党员组织关系接转力度，探索功能型党支部对流动党员进行兜底性管理。五是强化基础保障。提高社会组织党建工作经费纳入财政年度预算的比例，将党组织考核评分作为保障党建经费的依据。加强党务工作者、党建指导员以及社会组织党代表、人大代表、政协委员队伍的能力建设。采取单独设立、与行政办公场所合建合用、与社区党群服务中心共建共享等方式，确保社会组织党建活动场所。

（二）抓好关键环节，重点提升社会组织党组织组织力

按照新时代党的建设的要求，推动全面从严治党向纵深发展，不断提高党的创造力、凝聚力、战斗力，着力提升社会组织党组织组织力。把加强政

治建设作为首要任务，抓住关键环节，着力增强党的组织优势、组织功能、组织力量。进一步激发党支部活力，聚焦基本组织、基本队伍、基本活动、基本制度、基本保障，整体提升党支部建设能力，推动基层党组织全面进步及组织能力全面过硬。一是强化实施“头雁工程”，加强党组织对选人用人的领导和把关，选优配强党组织书记，增强党员对党组织的归属感，激发党员发挥先锋模范作用，在社会组织发展中想在前面、走在前面。二是继续坚持“典型引路、规范提高、分类指导、全面推进”的思路，重点扶持、精心培育党建示范点。对原有的老典型要挖掘新亮点，实现新突破；对新典型要创特色、出经验、求实效；对列入典型培育的示范点，要协调各方力量重点突破，继续打造一批“领导班子好、业务发展好、发挥作用好、工作保障好、展示效果好”的“五好”党组织。三是继续实施“一支部一品牌”建设工程，积极探索新形势下加强基层党建工作的新方法，探索发挥党员先锋模范作用的新途径，逐步使每个社会组织党组织拥有一个有影响、可复制、可推广的党建品牌。进一步增强基层党组织的战斗力、凝聚力和创新力，引领社会组织健康发展。

（三）坚持党建引领，发挥社会组织党组织功能作用，全力推动社会组织做强做优做大

围绕社会组织“服务国家、服务社会、服务群众、服务行业”的基本要求，引导社会组织党组织重点在打赢脱贫攻坚战和巩固脱贫攻坚战成果、实施乡村振兴战略、深化供给侧结构性改革、参与粤港澳大湾区建设、推动珠海“二次创业”等方面发挥作用。同时，加强社会组织领域党代表、人大代表、政协委员的能力建设，充分发挥社会组织依法参政议政作用。鼓励基层党组织大胆探索在粤港澳大湾区建设背景下，党建引领珠海社会组织与港澳社会组织交流合作参与基层社会治理的方式。以社会组织党组织进驻社区为抓手，积极探索社会组织深度参与基层治理的方法和途径，引导社会组织不断创新服务方式，提高服务基层的能力和水平，助推社会组织在创新基层社会治理中更好地发挥作用，为推进国家治理体系和治理能力现代化，助力营造共建共治共享社会治理新格局积累更多先进经验。

一是要充分发挥党的政治优势，提升思想驱动力。深入推进习近平新时代中国特色社会主义思想的学习走深走实，深入探索适应新时代的思想政治教育方法，通过思想政治工作化解矛盾，依靠思想政治优势聚焦点、解难点、扫盲点，帮助社会组织解惑答疑，解决发展难题。二是要充分发挥党的群众工作优势，增强自身凝聚力。切实做好帮困、送温暖工作，关心困难群体的生活问题，努力营造和谐共促发展的局面，形成共同的价值追求，汇聚发展合力，促进自身发展，引领全市社会组织凝聚社会力量，共同助力巩固脱贫攻坚战成果和斗门革命老区乡村振兴事业发展。三是要充分发挥党的组织优势，提高发展牵引力。以社会组织党建工作品牌引领塑造社会组织品牌，在深入打造社会组织党建工作品牌的同时，组织开展社会组织品牌建设，探索品牌社会组织评价体系，着力培育一批党建引领好、内部治理好、社会公信力好、示范作用好的品牌社会组织，通过典型示范作用切实把党的组织优势转化为社会组织发展优势，形成党建活动与社会组织业务蓬勃发展的良性互动，推动社会组织健康有序发展。

立足社区：汕头市“一会五平台”社区社会组织发展报告

彭灵灵　刘勤裕[①]

摘　要：为贯彻党的十九大报告中提出的“加强社区治理体系建设，推动社会治理重心向基层下移，发挥社会组织作用，实现政府治理和社会调节、居民自治良性互动”，汕头社会组织多方探索发挥协同作用，激发社会活力、提升社会治理水平，搭建基层社会组织联合会新平台，致力营造共建共治共享的社会治理新格局。针对老城区社会治理任务头绪多、困难群体多、公益服务缺口大、社区社会组织散乱等实际问题，将推进社会组织联合会建设作为强化社会协同的创新举措和突破口，对组织联合会给予党建、职能、资金、人员、场地等支持和保障，将社会组织联合会建设成为基层党建工作延伸的平台、社区社会组织自律管理的平台、社区群众参与社区治理的平台、基层政社互动的平台、为社区群众提供服务的平台。

关键词：汕头；社会组织联合会；社会治理

汕头市，作为广东省辖地级市、经济特区，位于韩江三角洲南端，濒临南海，境内韩江、榕江、练江三江入海，是中国大陆唯一拥有内海湾的城市。全市下辖金平、龙湖、澄海、濠江、潮阳、潮南 6 个区和南澳县，总面积 2199 平方千米。根据第七次人口普查数据，汕头市常住人口为 550.2031 万人。截至目前，汕头市社会组织总数为 4595 家，其中社区社会组织 2267 家。全市社区社会组织在城乡社区开展为民服务、公益慈善、邻里互助、文体娱

---

① 彭灵灵，广东外语外贸大学创新创业教育学院、广东省社会组织研究中心讲师，主要研究方向为发展社会学、社会治理等；刘勤裕，汕头市民政局党组成员、副局长，汕头市社会组织党委书记。

乐和农村生产技术服务等活动，在社区管理、社区自治、公益慈善、乡村振兴、文化体育等领域发挥了积极作用，在提供社区服务、扩大居民参与、培育社区文化、促进社区和谐、推进创文强管、维护社会稳定等方面作出了重要贡献。

一、汕头市社区社会组织制度建设与培育监管的基本情况

基层工作存在压力大、任务重、矛盾多、资源缺、手段少等问题，基层社会组织活跃度高，但存在组织力量弱小、认同度较低、管理难度大等复杂情况——汕头市民政局针对上述新情况新问题，积极推进镇街基层社会组织联合会（以下简称“联合会”）建设，以此作为强化社会协同的创新举措和突破口，给予联合会政策、党建、职能、资金、人员、场地等支持和保障，树立“参与式”社区社会组织培育理念，从居民需要出发，将联合会建设为基层党建工作延伸的平台、社区社会组织自律管理的平台、社区群众参与社区治理的平台、基层政社互动合作的平台、为社区群众提供服务的平台。通过发挥联合会的平台作用，广泛汇聚社区资源，带动各类社区社会组织和社区群众围绕基层党委政府中心工作，积极参与维护社区稳定、促进社区和谐、丰富社区文化、提供社区服务，推动形成共建共治共享的社会治理新局面。

汕头市民政局推进联合会建设经验，早在2016年全国民政论坛上就被当作典型经验进行交流。2017年7月14日，广东省民政厅召集全省地市、区（县）民政局局长，在汕头召开现场会，现场学习推介经验；同年，广东省省长马兴瑞同志专门作出批示，要求“大力推广汕头市抓基层社会组织建设的经验做法”；2017年以来，先后有兄弟城市组团9批次155人次到汕头市学习交流。2018年11月20日，在北京召开的全国社区社会组织改革发展经验交流会上，汕头市潮南区成田镇联合会作为广东省唯一代表作了经验介绍。2019年4月，中共中央组织部《关于“贯彻落实习近平新时代中国特色社会主义思想、在改革发展稳定中攻坚克难的生动案例”编选工作方案》中，就将汕头市金平区“发挥社会组织协同作用　构建共建共治共享格局——汕头市金平区搭建社会组织联合会平台促进基层治理”确定为案例，该案例作为民政部确定的全国范围仅有的6个案例之一，也是全国社会组织领域唯一一

个主题教育案例；同年 7 月，该主题教育案例经中央组织部编辑出版发行。

近年来，在先进典型案例的示范引领下，汕头市金平区东方街道联合会针对群众需求多样化，在东方街道联合会的带领下，各社区社会组织有效整合区域内党建资源、行政资源和社会资源，打造了集“党群、政务、文化”于一体，开放式、共享性的“凤亭下”惠民一条街，另有 12 个“文明实践所(站)”、11 个“道德讲堂”、12 个“文明驿站”、12 个“社区书院”、6 个“街心花园”、11 个综合性文化活动中心、11 个“心理辅导室”共 76 个服务阵地。这些位于城市基层治理“神经末梢”的服务阵地成为零距离的党群“连心桥”。每逢周六的“凤亭下”惠民一条街便民惠民活动，让居民群众在家门口就可以享受到义医义诊、免费理发、免费采耳、脊柱理疗、免费水电维修、书法矫正、帮扶困境儿童辅导、免费播放电影等各种各样的惠民服务，“凤亭下”已经成为汕头市知名的便民惠民活动品牌。

二、汕头市社区社会组织建设举措

目前，汕头市大胆探索，在全市 67 个镇街成立基层社会组织联合会，形成“党建引领、社会协同、共建共治共享”的创新做法——“汕头经验”。

（一）注重立法创制，发挥特区立法优势出台政策措施

汕头市民政局围绕贯彻落实《中华人民共和国慈善法》以及中共中央办公厅、国务院办公厅《关于改革社会组织管理制度促进社会组织健康有序发展的意见》等法规政策要求，积极探索、大胆创新，立足特区实际，通过创规建章出台政策措施，从顶层设计维度推动联合会建设。汕头市先后出台了《关于进一步推进全市镇（街道）基层社会组织联合会建设的意见》《关于进一步发挥基层党组织在村（社区）社会组织中领导核心作用的意见》《关于进一步规范基层社会组织登记备案工作的实施办法》，随后又修订出台《汕头经济特区社会组织登记管理办法》《关于改革社会组织管理制度促进社会组织健康有序发展的实施意见》等一系列政策文件，从“目标定位、法人治理、规范运作、发挥作用”等方面，明确联合会的功能作用，规范其运作流程，为联合会发展打下了坚实的法治基础。

（二）围绕功能定位，明确“六个一”建设标准

“六个一”建设标准为：一个独立的办公场所。各镇（街道）政府发挥公共资源优势，支持联合会办公场所独立，有条件地实现联合会办公场地与镇（街道）社会组织孵化培育功能场地融合共建，这也是联合会作为独立法人单位的性质所要求的。一个完善的组织架构。加强联合会会员大会、理事会、法人和党支部的组织机构建设，不断完善联合会理事会、党支部和秘书处等组织架构。一支固定的专职人员队伍。联合会秘书处专职工作人员为联合会自己聘任，避免机关工作人员兼职，并将此作为联合会开展具体业务和机构日常运作的必要条件。一套稳定的经费保障体系。经济是机构运作的基础，各级政府提供必要的支持，同时，联合会要凭借自身的资源，发挥自身的作用，通过会员费、项目承接、社会捐赠等方式，多种渠道吸纳资金，以形成稳定的经费来源体系。一套完善的运作机制。建立健全联合会理事会会议制度、秘书处工作制度、财务管理制度等，确保联合会规范运作。一个发挥作用的平台。结合本镇（街道）实际，梳理出公共服务、承接职能和公益项目等具体的联合会功能，充分发挥联合会平台作用。

（三）多措并举全面推进联合会建设

一是注重扶持。市财政、市福利彩票公益金先后安排 4 批次近 500 万元的扶持资金，用于扶持全市 6 区 1 县共计 67 个镇（街道）联合会及其党组织建设。指导各镇（街道）通过转移职能、购买服务、设置公益项目等渠道，为联合会发展让渡空间。二是提升能力。针对联合会建设具有探索实践的特点，汕头市通过召开推进会、培训会、现场会等形式，以会代训，以组织各地联合会负责人进党校集中培训的方式提升联合会负责人及专职人员依法办会、规范运作、发挥作用等方面的能力，不断提高联合会整体运作水平。三是示范引领。为推动基层社会组织联合会在面上得到有效推广，近年来珠海市注重培育和示范引领，新建联合会选择在重要地区和点位，探索形成点上的突破，进而带动相关制度的持续创新完善，不断补齐短板。早在 2016 年探索成立基层社会组织联合会之初，就把金平区乌桥街道、濠江区达濠街道、

潮南区成田镇作为示范点，在自身建设、规范运作和发挥作用等方面进行重点打造，形成接地气、可操作、可复制的先行示范点，并以示范点为模板逐步向全市推开，带动全市基层社会组织联合会的发展。四是指导督促。坚持定期不定期指导督促，印发情况通报，交流典型经验，同时推广特色亮点，鼓励联合会做强做大，合力推进联合会建设在基层生根发芽并开花结果。

（四）发挥作用，创新发展

联合会作为政府引导、社会参与、群众受益的基层社会组织枢纽，通过发挥其“党建引领、规范自律、化解矛盾、交流互动、发展双赢、综合服务”六个平台作用，成为推进基层治理不可或缺的力量。一是发挥领导核心作用，成为党建引领平台。明确联合会是以镇（街道）副书记担任会长的独立法人机构，发挥镇（街道）党工委在基层组织建设中的“龙头”作用，实施对基层各类社会组织开展党建引领，强化了党在基层社会组织的领导核心地位。项目实施以来，汕头市通过联合会党建引领平台，在67个镇街联合会全部成立党组织，并推动成立基层各级社会组织党组织332个，党的工作覆盖率也达到了100%，有效扩大了“两个覆盖”面。如：金平区东方街道联合会以党建引领为核心，广泛汇聚社区资源，带动各类社会组织和群众参与社区工作，提出了“一核多元”社区共商共建共治共享管理模式，通过基层社会组织联合会引导社区孵化基层社会组织，建立共建共治共享平台和机制，合力打造齐抓共管的文明社区，孵化打造了“凤亭下”惠民一条街等76个活动平台，受到各级党政和社会的广泛关注和肯定。二是发挥孵化样板作用，成为规范自律平台。联合会作为基层公共服务新型枢纽组织，是以基层社会组织为主要会员单位的联合性基层社会组织，能够很好发挥联合会孵化器作用，发挥样板示范作用，以会带会，以会促会，以会规会，规范基层社会组织依法办会，成为规范基层社会组织自律的平台。2017年至今联合会已孵化成立基层社会组织148家。三是发挥桥梁纽带作用，成为化解矛盾平台。联合会会员不仅包括辖区各类社会组织，还包括企业家、知名乡贤。上联党政机关，下联民间团体、社区乡贤，统揽了镇（街道）的重要社会力量，涵盖面广。向下，宣传党和政府的决策部署，化解矛盾纠纷；向上，反映群众意见诉求、民意，为基层治理工作注入了新的活力。目前，全市已有 1174 个镇、街道，69.3%的村（社区）社会组织有“两委”干部兼任基层社会组织领导职务，有 145 名镇（街道）干部以顾问、名誉会长、名誉理事等适当身份参加基层社会组织，使党政人员能够“零距离”接触群众，了解心声，听取意见，便于形成共识，汇聚力量，推动各项政策执行，较好促进了党的方针路线在基层治理中的贯彻落实。如：成田镇西岐村与上盐村交界的村道路，因历史原因，几十年来一直无法贯通，通过联合会这个平台推动了两村社会组织沟通协调，形成共识，解决了历史遗留问题，该村道路终于贯通并铺筑了水泥路面，命名为和谐路，维护了社会的稳定。四是发挥链接资源作用，成为交流互动平台。通过联合会的运作，组织开展了咨询、交流、研讨、考察等活动，便捷了基层社会组织之间、会员之间横向的交流互动，较好凝聚了基层社会组织的力量，使基层社会资源得到合理配置，也为基层社会组织举办大型公益慈善、行业经济、民俗文化等活动，提供了更为广阔的空间，更容易取得事半功倍的效果。如：在小公园街道联合会的平台下，金平区小公园志愿者协会等社会组织开展的“做好新时期‘侨’的文章”活动以志愿服务为特色品牌，整合了政府和社会资源，在文化宣传、社会法治宣传、志愿服务、文明城市建设、喜迎亚青会的工作中发挥了积极作用。五是发挥专业优势作用，成为发展双赢平台。联合会汇聚了会员分布在各行各业的专业优势，能够更好地承接政府职能，激发释放基层社会组织活力。通过向联合会转移职能和购买公共服务，一方面减轻了政府的工作压力；另一方面提升了联合会造血功能，搭建一个双赢发展平台。同时，联合会的特性和构成，使会员从各自为战发展到抱团运作。以公益项目为例，慈善机构资金充实，但缺乏专业的项目运作团队，而志愿者、义工组织有经验丰富的项目策划和经营团队，但缺乏经费来源。对此，通过联合会平台，慈善组织与志愿、义工组织进行项目对接，较好实现了双赢的目的。据统计，各联合会成立至今已汇聚 1800 多家基层社会组织，实现专业优势共享，共同促进发展。六是发挥服务基层作用，成为综合服务平台。联合会既服务大局又服务会员和群众，能够进行更为接地气、更为具体性、更为专业化的操作，联合会内在的凝聚力和外在的影响力日益显现。如：积极参与创建文明城市、脱贫攻坚等慈善公益活动，并协助政府做好疫情防控工作。潮南区成田镇基层社会组织联合会联合组织镇慈善会、商会等基层社会组织，打造“爱心粮仓”等品牌公益项目，有力促进了当地的社会和谐。2020 年，据疫情防控部门不完全统计，联合会引导动员会员企业等社会力量捐款 2062. 86 万元，捐物折合人民币 4486. 92 万元，营造了浓厚的社会组织参与疫情防控工作社会氛围。

汕头市民政局通过试点、推广、规范、融合发展等一系列措施，推进联合会建设，强化以问题为导向，运用系统思维，以市一级的制度设计带动各区县社会组织参与社会治理，突破了原有工作方式的局限，形成了社会协同的示范创新做法，走出了一条符合中央部署、本地实际和发展需要的调动社会力量参与社会治理的路子，有力地推动了社区社会组织的发展。

三、汕头市社区社会组织发展的主要特点及培育监管经验

（一）注重以点带面培育发展

汕头市在推进基层社会组织联合会发展过程中，注重以点带面，试点先行，逐步推广至汕头全市区。东方街道位于金平区中心区域，下辖金环等 11 个社区居委会，总面积约 9. 18 平方千米，常住人口 18328 户、64344 人。汕头市基层社会组织发展就是以东方街道基层社会组织联合会作为试点全面铺开的。

一是发挥党建引领作用。东方街道基层社会组织联合会注重发挥社区党组织和驻区社会组织党组织“领头雁”作用，动员基层党组织和广大党员贯彻落实党史学习教育，凝心聚力为民办实事，落实党中央决策部署，按照党史学习教育领导小组统筹安排，把学习党史同总结经验、观照现实、推动工作相结合，组织会员学习党史，参与党史知识竞赛；扎实开展“学党史 心连心 办实事 惠民生”系列活动。组织党员志愿者到浔洄老村入户探访 10 户困难长者，为每位长者送去生活物资；与广东红海人力资源有限公司汕头分公司的志愿者共同关爱 2 户困难高龄长者，为困难高龄长者送去生活物资；关爱辖区 2 户高龄困难职工，送去基本生活物资和居家常用药；链接汕头市帆船帆板协会和榕松社区卫生服务站，与青年志愿者一同入户走访关爱 4 名老党员，为 4 户老党员家庭各送去米、麦片、口罩等生活必需品，汕头市帆船

帆板协会为每位老党员送去 800 元慰问金。榕松社区卫生服务站陈医生仔细咨询老党员的身体情况、就医服药情况，给予老党员针对性的健康锻炼和饮食建议，询问老党员的生活情况，了解其生活需求，感谢他们为党和国家的发展作出的贡献，让社区老党员感受到来自党组织、社区的关爱。

二是推行“一核多元”管理模式，实现社区共商共建共治共享。根据商、住不同特点，通过基层社会组织联合会引导它们孵化基层社会组织，建立共建共治共享平台和机制，构建起党组织领导下多方参与的基层治理工作格局，激发共治活力，合力打造齐抓共管文明社区。在街道商铺林立的龙眼街区推行商户共建模式，成立龙眼街区商户共建协会，打造诚信文明有序商区，把原来“脏乱差”的街区变成品牌示范街区；针对金海社区辖区商铺林立、管理水平参差不齐的状况，以建设对标先行点为契机，由基层社会组织联合会牵头建立金海社区商户共建协会，通过开展社区协商会议，推行社区事务由社区多元化主体共同协商制度，打造共商共建共治共享的社区治理格局。

三是助力全面构建群体免疫屏障，阻断新冠肺炎的传播。全力做好疫情防控工作，动员会员单位和志愿者从2021 年5 月27 日起积极参与疫苗接种点现场秩序维持工作；发动会员单位金平区人和爱心会，组织志愿者在金平区新冠疫苗大型接种点观察区开展疫情防控志愿服务，每天从下午 13：30 至晚上 21：00 开展常态化轮值，煮姜茶、答疑解惑、维持秩序、发放宣传资料等，为疫苗接种工作做好后勤保障，展现了社会组织参与创建文明单位的积极热情和良好风范。联合会通过会员单位东方街道社会工作与志愿服务协会的公众号发布东方街道 11 个社区的疫苗接种点和接种时间，号召 60 周岁以上老人接种新冠疫苗；链接爱心企业捐赠物资，助力疫苗接种工作，其中广东红海人力资源有限公司捐赠矿泉水 2880 瓶、口罩 5000 个、纸巾 1260 提，榕松社区卫生服务站捐赠矿泉水 100 箱，向坚守在疫苗接种点的志愿者表达关爱之情；爱心人士廖先生捐赠大米 100 包、食用油 100 瓶，用于鼓励 60 周岁以上居民群众接种新冠疫苗。在动员 60 周岁以上老年人接种疫苗的工作中，基层社会组织联合会引导孵化的社区社会组织也积极参与其中，共筑抗疫防线，其中龙眼街区商户共建协会捐赠了金龙鱼食用油 180 瓶，鼓励 60 周岁以上居民群众接种新冠疫苗，提高接种率；金海社区商户共建协会通过微信群及时向居民群众发布疫苗接种点、接种时间、防疫知识，助力疫苗接种工作。截至 2021 年 10 月 14 日，东方街道完成第一针新冠疫苗接种的 60 周岁以上老人达到 6278 人。

四是培育志愿力量，提升志愿者对志愿服务的认识，稳步推进常态化社区志愿者队伍的建设。联合会于 2021 年 9 月 3 日举办 2021 年度东方街道基层社会组织联合会志愿服务展示交流会，汕头市民政局、金平区民政局、东方街道社会工作与志愿服务协会、中国工商银行汕头安平支行、广东红海人力资源有限公司汕头分公司、汕头市围棋协会、金平区人和爱心会、榕松社区卫生服务站、泽润陆零加康养（汕头）有限公司等代表莅临交流会。此次交流会将一年来的志愿服务成果进行了总结，搭建了交流平台，增进了辖区志愿群体的交流。此外，联合会定期组织志愿者参与社区义务劳动，助力汕头创建全国文明城市，让志愿者积极参与维护社区稳定、丰富社区文化、提供社区服务。为激发社区群众参与志愿活动的积极性，联合会与会员单位东方街道社会工作与志愿服务协会策划开展包饺子、制作潮汕粿品等小组活动，组织 12 名社区居民参与其中，通过活动中的互动与感受分享，为社区居民群众相互交流搭建平台。

五是利用联合会的枢纽平台作用，通过协会与协会、协会与企业的多方交流联动，共促社区举办惠民服务活动，共建和谐社区。为弘扬中华传统文化，增添社区节日喜庆气氛，丰富社区居民的精神文化生活，联合会在元宵节前夕在金海社区举办了以“弘扬传统文化，共建文明社区”为主题的元宵节活动，现场设置有猜谜赢花灯、围棋文化展示、围棋攻擂游戏、穿汉服学礼仪、惠民政策宣传和医学咨询等活动，深受居民群众喜爱；为弘扬雷锋精神和志愿服务精神，联合会与市文明办、市民政局、市教育局、团市委、市残联等单位联合在市区东方公园开展 2021 年“学雷锋 树新风”志愿服务活动。现场志愿者们为群众提供法律咨询、政策宣传、健康检查、按摩理疗、心理疏导、义务理发等志愿服务活动，现场还开展了“移风易俗 从我做起”活动，引导群众参与网上祭扫，引领文明祭祖新风尚。活动后组织志愿者入户为空巢老人、留守儿童、困境儿童、残疾人提供打扫卫生志愿服务。在端午节来临前夕，联合会与会员单位东方街道社会工作与志愿服务协会组织社区残障人士开展兴趣创作活动，在端午节来临之际带领残障人士一同制作端午香包，鼓励活动参与者相互传递端午佳节祝福。此次活动根据残障人士的实际情况，兼顾社区残障人士的物质需求与精神文化需求，鼓励残障人士出家门、入社区，将社区残障人士聚集起来，搭建平台促进残障人士间的交流，增加残障人士社区参与度。

六是通过发动热心企业捐款捐物，进社区举办扶贫济困活动，组织志愿者、志愿组织和企业为孤寡老人、低保户、残疾人家庭等送上生活物资。在2021年迎新春主题活动中，联合会链接社会资源共筹集大米500包、食用油700瓶、棉被100床以及口罩、食品冲剂等物资，总价值近10万元，惠及辖区近500户低保户、特困户及残疾人家庭；在中秋节前夕，联合会举办中秋节慰问活动，为辖区198户低保家庭送去米面、食用油，其中包括会员单位金平区人和爱心会捐赠的大米100包；联合会链接社会资源，与汕头市围棋协会从2019年起每月定期探访辖区1名困难高龄长者，每月为长者送上生活物资和1000元慰问金；在全国助残日前夕，组织志愿者慰问社区困难残障家庭，分别为40户困难家庭送上油、米、面、口罩和居家常用药，现场还提供义医义诊便民服务，让居民群众在家门口享受到便捷的社区服务。

（二）结合融合发展，形成“五抓五促”共建、共治、共享机制

1. 抓联合，促党建

一是明确联合会党组织建设标准。将街道党工委列为联合会党建的第一责任部门，明确要求各街道党工委副书记兼任联合会党支部书记和会长，街道党工委组织部门和民政办的分管领导兼任副书记，下属社区社会组织党支部书记兼任委员，并严格按照有关规定报组织部门审批。区委组织部还会同区民政局组成社会组织联合会党建工作指导小组，对联合会党支部书记任职情况进行检查，组织支部书记专项述职，举办联合会党务工作者培训班，督促联合会党（总）支部履行政治责任，紧紧围绕党章赋予基层党组织的任务开展工作，将加强党的建设和领导贯穿于联合会自身组织建设和业务开展全过程。

二是以点带面，促进会员单位党建。如：金平区各街道成立基层社会组

织联合会后，将辖区内532个社区社会组织全部吸纳成为会员。在此基础上，金平区委指导联合会党组织对会员单位中的党员进行了全面摸查。在查清党员底数基础上，区委组织部按照“因地制宜”“有效指导”的原则，推动社区社会组织党组织设置，其中，有正式党员3人以上的单独组建党组织；正式党员不足3人的按照“地域相邻、行业相近、工作方便”的原则建立联合党组织；新成立的社区社会组织党组织接受社区党组织的直接领导和街道基层社会组织联合会党组织的工作指导。截至2020年底，金平区已设立社区社会组织党支部46个、党小组161个，纳入管理的党员1520人，实现了社区社会组织党的组织全覆盖。

三是建立“两委”干部挂钩联系社会组织机制。要在基层真正树立党的威信，党员发挥先锋模范作用是关键。到2020年底，全市社区社会组织中由社区“两委”成员兼任社区社会组织领导职务的比例达到80.30%，其中，担任会长或召集人的比例达到76.20%。日常工作中，联合会党组织注重发挥党员的先锋模范作用，通过落实“三会一课”、主题党日等制度，有针对性地要求党员围绕乡村振兴、社区治理、居民服务、民俗文化等主题，带动所在社区社会组织开展公益活动。社区社会组织在党员干部带领下，越来越多地参与社区治理和服务，为社区建设贡献应有的力量。干部挂钩联系制度为社区社会组织“讲政治、讲规矩”织牢了底线，党员带头的做法为社区社会组织“讲道德、讲奉献”树立了标杆。

2. 抓培育、促规范

各类社区社会组织广泛活跃在社区生活和居民服务领域，其规范发展与否直接关系社区治理水平和居民生活感受。针对社区社会组织发展资源欠缺、自身管理不规范、活动能力偏弱、社会公信力不高等问题，汕头市秉持培育扶持与监督管理并重的工作思路，一手抓联合会自身建设，着力将联合会建设成所辖社区社会组织的发展支撑平台；一手抓会员管理，推动联合会开展行业自律，规范社区社会组织日常活动。

一是以“六个一”标准提升联合会工作能力。如：汕头市压实责任，要求各街道合理调配公共资源，按照“六个一”的标准为联合会建设提供支持，即帮建一个独立的办公场所、一套完善的组织架构、一支专业人员队伍、一个稳定的经费保障体系、一套完善的运作机制、一个发挥作用的平台。对照建设标准，汕头市着力为联合会建设和运作提供保障。近年来市、区、街道三级财政投入扶持资金264.77万元，利用街道公共资源，解决联合会办公场地1560平方米，组建266人的专兼职人员队伍，基本满足了联合会开展会员管理和日常服务的需求。

二是培育约束并举，规范会员单位行为。为强化正向引导，赋予联合会孵化职能，利用其在场地、资金、人员等方面的资源优势，设立社区社会组织孵化室，对辖区内有一定群众基础、活动内容健康的初创期社会组织提供所需的政策指导、项目协调、场所设备等支持。在培育的同时，联合会通过会员管理制度、项目管理制度等对会员单位进行自律规范管理；同时建立重大活动报备制度，明确社区社会组织开展重大活动特别是大型民俗文化活动之前要向街道社会组织联合会党组织报告，由联合会党组织对活动方案、资金使用等审核把关，保证活动依法、文明、安全、有序开展。

3. 抓合作，促共建

习近平总书记指出，社会治理模式正在从单向管理转向双向互动，从线下转向线上线下融合，从单纯的政府监管向更加注重社会协同治理转变。要实现政府与社会力量的紧密协同，就必须建立起一套培育、对接社会力量的政社合作机制。我们在调研中发现，政府统筹社会力量协同合作方面目前存在对“合作干什么”“怎么合作”认识不清以及找不到合作方等问题。

不知道“能合作干什么”。政府没有通过适当的方式给予社会力量明确指示，社会力量积极性无从发挥。

找不到“合作方”。可以对政府社区治理形成较强支撑作用的纠纷调解类、志愿服务类、社区服务类等公益慈善组织较为缺乏。

不知道“怎么合作”。辖区内还分布着多家省、市、区级的社会组织，这些组织在开展活动中普遍有对接当地党、政、社会资源的需求，而各个街道在行业管理、志愿服务、为老服务等方面也需要大量规范的社会组织，缺乏对接机制是突出问题。

为强化协同合作，以金平区作为先行试点单位，创新思路，以打造联合会社会协同枢纽平台为重点，重点推动了以下三方面工作。

一是树立联合会社会协同枢纽地位。例如，金平区政府办公室印发文件，要求街道党工委、办事处通过转移政府职能或购买公共服务的方式，多渠道夯实联合会的综合实力。全区 17 个街道党政部门共清理包括创文志愿服务、社会组织备案咨询、环境保护巡查、居家养老服务、扶贫济困、节日送暖、公益慈善在内的政府可转移职能、公共服务事项等共 23 项，并以公益项目方式签订委托合同，交由联合会承接。通过充分赋权，联合会及其成员单位协同政府参与治理的积极性和主动性得到激发，发挥作用有了充足的空间。

二是大力培育志愿服务力量。要激发社会协同内在动力，培育志愿服务力量是关键。金平区通过发挥联合会平台在党建协同、业务协同和资源协同方面的优势，在会员单位和社区老年人、青年、职工义工中发展志愿者 4463 人，培育孵化并引导成立志愿服务组织 47 个。通过联合会党支部，推动社区内党员到社区报到，登记为党员志愿者，在全区层面组建了创建文明城市、美丽乡村建设、重大活动、扶贫帮困、科教文卫 5 支党员志愿者服务队，目前已有党员志愿者 5000 多名。截至目前，金平区各联合会联系、支持的辖区内志愿服务组织已达 100 个，志愿者 19445 人，打造了一支社会协同的可靠力量。例如，在小公园片区，围绕打造汕头“百载商埠”发祥地旅游名片，永祥街道社会组织联合会牵头带动辖区内党员、青年、职工义工三支志愿服务队，对外联合一批市级文化、体育、餐饮、民俗方面的社会组织，组成了“潮汕特色文化志愿者服务队”，每逢重大节日和活动，均有 200 多名志愿者开展后勤保障、秩序引导、交通指挥等服务。志愿队还定期举办电影、餐饮、剪纸、武术等潮汕民俗展演，为小公园片区旅游事业发展增添了助力。

三是建立完善政社对接机制。金平区民政局向各街道印发了联合会公益项目运作指引，要求将社会组织领域相关的公益事业发展事务全部归口由联合会对接；对来对接街道行政资源的社会组织，原则上先由联合会进行对接；联合会要主动对接辖区及周边的市级以上社会组织，将其吸纳为会员或结成友好合作共建对子；联合会对友好社会组织开放办公场地、办公设备、党建、人力、信息等可支配资源，条件合适的情况下共同开展公益合作项目。截至目前，17 家基层社会组织联合会与辖区周边 100 家社会组织建立了友好协作关系，通过资源共享，协同开展了 132 个公益活动和项目，在参与社区治理共建方面起到了良好辅助作用。

4. 抓协商，促共治

坚持以人民为中心的发展思想，就必须强化人民群众的主体地位，人民既是基层治理的受益者，也是基层治理的参与者和推动者。基层党委政府只有坚持“有事好商量，众人的事情由众人商量”，广泛动员社区群众参与社区协商，才能真正倾听人民呼声、汲取人民智慧，做到科学决策、民主决策。因此，有了联合会平台后，关键是还要推动其发挥凝聚会员的“磁性”，提升群众参与度的“活性”，才能切实发挥联合会联通基层党委与群众、促进群众参与社区治理的平台作用。按照要求，各街道社会组织联合会重点落实了“三项制度”。

一是定期调查制度。按照核定的业务范围，联合会在所属街道党委和相关社区居委会的指导下，每半年对会员和社区群众开展一次问卷调查。对会员，主要调查对联合会工作的期望和意见建议；对社区群众，主要调查参与联合会活动的意向、对联合会的服务需求和对社区治理的建议。

二是定期上门走访制度。各联合会结合日常工作和社会反映，每季度末定期上门走访相关企业、乡贤、人大代表、政协委员以及部分会员，听取他们对联合会建设的意见建议、对街道政府部门、相关社区公共事务的意见建议以及社区热点事件的看法等。

三是会务协商制度。按照联合会章程的规定，严格落实理事会（一年至少两次）、会员大会（一年至少一次）、日常办公会议等会务制度。按照联合会服务会员、服务街道、反映诉求、协调沟通的职能，组织理事、会员就问卷调查和上门走访发现的问题情况进行民主协商，提出解决思路和工作建议。对属于联合会及会员单位可以解决的问题，尽快开会研究，形成会议纪要，落实解决；对属于需要街道党政、居委会解决的社会问题、社区群众需求意见等，由联合会整理形成书面建议意见向街道、社区反映。

近年来，金平区 17 个联合会共完成 3 轮定期问卷调查，共向会员发出调查问卷 548 份，向社区群众发出调查问卷 8672 份，上门走访共计 14366 人次；收集有关社区志愿服务、创文、旧衣回收、集体土地承包欠款催收、元旦春节扶贫济困、春节节日锣鼓巡游、灯谜竞猜、潮剧表演等活动的建议意见

1237条，向区政府职能部门反映问题22个，向所在街道党政部门反映问题142个；按照会员和社区群众意见要求，组织开展各类公益活动1181次，参与群众126万人次；通过联合会及其会员协商调解，有效化解了邻里纠纷、物业管理、征地维稳等大小矛盾41宗。通过发挥联合会协商平台作用，有效带动了各类社会组织、驻区企业、乡贤、群众履行社会责任，以协商沟通促矛盾化解、以建言献策促上下联通，为实现协商共治探索了新的路径。

5. 抓服务，促共享

让群众共享社会发展成果，是社会治理的出发点和落脚点。为了切实扩大社区公益服务供给，支持社区社会组织为社区老人、儿童、妇女、残疾人等群体提供个性化的公益服务，金平区充分发挥联合会“服务磁石”的综合服务平台作用，带动社会组织提升服务能力，提供居民所需公益服务，提升群众的幸福感、获得感。

一是加大购买社区公共服务力度。针对区、街两级基层工作机构公共服务能力不足的问题，出台政府购买服务指导目录，在民生保障、社会治理、公益慈善领域等加大购买力度，同等条件下优先向社会组织购买。设立了“民政公共能力购买服务项目”，专门向社会组织购买社会救助、社会福利和社会事务、优抚、社区建设、社会工作5大类共25项民政服务。联合会积极发挥枢纽支撑作用，支持所辖社区社会组织承接政府购买项目，为他们提供政策指导、项目申请、场地支持、人才支持、项目督导、财务代管等服务，既提升了社区中小组织服务能力，又有力推动了政府购买项目高质量实施，确保群众享受到优质服务。

二是补强社区服务阵地短板。联合会汇聚大量政府、市场和民间公益资源，是集合了养老、托幼、扶贫、济困、助残、文体、娱乐等众多服务功能的综合服务体。各街道立足本区域群众多样化需求，以联合会为主要推动力量打造多样性的群众服务阵地。例如，东方街道党委通过指导和经费支持，推动联合会牵头打造了开放式、共享性的“凤亭下”惠民一条街综合服务阵地。每逢周六，社区居民就可以在“凤亭下”惠民一条街享受到义医义诊、免费理发、免费采耳、脊柱理疗、免费水电维修、书法矫正、辅导困境儿童、免费播放电影等各类惠民服务，“凤亭下”目前已经成为汕头市知名的便民惠民活动品牌。

三是增加社区公益服务供给。在各个街道社会组织联合会发起和支持下，社区内各类组织发挥各自优势，整合资源，针对本社区需要创新提供了大量公益服务。例如，乌桥街道社会组织联合会引导成立的“汕头市金平区乌桥情慈善发展促进会”，成立以来共筹集善款 221 万元，救助辖区贫困独居老年人、精神残疾人等困难群众 1669 人次。金平区类似公益服务品牌不胜枚举，截至 2020 年底，各街道从事扶贫、济困、扶老、助幼、助残、志愿、社会工作、社区建设、纠纷调解、法律援助等公益服务的社区社会组织已达 243 个，占社区社会组织总量的 46%。这些公益机构为居民提供精准服务，满足了社区居民需要，凝聚了民心。

通过“五抓五促”，基层党组织统筹社会力量参与社会治理的政治引领力持续增强，较好实现了社区社会组织自律，基层社会治理活力得到了进一步激发和引导，社区治理和服务能力得到明显增强。2020 年汕头市民政局推进基层社会组织联合会建设项目，参与了广东省法治政府建设示范评审，效果良好。

四、汕头市培育发展社区社会组织的启示

从长期的社区治理实践看，社区社会组织有着灵活性强、扎根社区和服务及时便捷的突出优势，是在“打造共建共治共享的社会治理格局”背景下，创新基层社会治理模式的一种有效路径，在化解社区矛盾、增强邻里关系、激发社区活力、扩大居民参与、推动社区自治、引领社区志愿服务、创新发展模式和营造社区文化等方面都发挥着积极的作用。将社区社会组织的工作融入传统民生服务中，以专业化、系统化带动民政工作的规范化、常态化，能使民政工作更具专业内核，使民政事业能更有效地回应困难群体和基层社区的需求，更好地服务民生保障和社会治理两个大局。

与此同时，社区社会组织发展也面临着不少挑战：社会组织种类单一，差异性较大；资金筹集持续性弱，使用效率低；社会组织孵化与培育缺乏专业性；社会工作者队伍力量弱小，专业性难以发挥；社区居民参与度不足。结合汕头市民政局推进联合会建设的经验，现提出以下工作建议。

一是要有政策鼓励，制度先行，规范顶层设计。在推进社区社会组织方面，要制度先行，规范顶层设计，应在国家和省民政部门的领导下，制定出台相关制度，明确组织归口管理部门、相应的培育支持目标及配套政策，规范社区社会组织的发展。明确社区社会组织的备案制度，通过资金鼓励、公益创投、政策扶持等各项措施推动社区社会组织的发展，通过配套社会组织的监督管理办法，加强对已经登记注册的社区社会组织的管理。

二是要加强社会组织党建工作，明确社区社会组织工作方向与底色。持续探索社会组织党组织作用发挥的实现新路径，坚持党建工作与业务工作同步推进。首先，强化有效覆盖，提升“两个覆盖”的质量。结合成立登记、年检报告、等级评估、换届改选、评优评先等工作，稳步推进党建入章，及时准确掌握社会组织党建工作的底数和动态变化情况，认真梳理组建党组织的盲区和空白，加大组建力度，根据社会组织的不同情况，分类施策，采取组建党支部、临时党支部、联合党支部、派遣党建指导员等形式，不断扩大“有形覆盖”，坚持按照党支部工作规范、工作流程、工作手册，规范党支部建设标准，做到应建尽建，找准党支部发挥作用的切入点和着力点，充分发挥党支部的战斗堡垒作用，做到“有效覆盖”。其次，稳步推进党建入章、完善社会组织负责人人选审核机制、社会组织党员负责人和党组织书记“一肩挑”等工作。提倡党员主要负责人担任党组织书记，提倡提交理事会的重大问题、重大决策，事先征求党组织意见，党组织负责人按规定列席理事会，强化党组织对社会组织重大议事决策的把关。通过党建工作的渗透，充分发挥社会组织党组织和党员的作用，引领社会组织贯彻执行党的路线方针政策，遵守国家的法律法规，朝着正确的政治方向，健康、有序发展。

三是要加大社区社会组织培育政策的宣传力度，为社区社会组织发展提供支持。根据社区社会组织调研情况，目前社区社会组织的负责人对社区社会组织的培育与监管政策并不十分清晰，相关的知识主要来自日常合作和负责培育的机构及组织，只知道社区社会组织要在街道层面进行备案登记，但对于其他的培育和监管的政策知识掌握较少。社区社会组织普遍缺乏场地资源，主要借助社区社工站和居民委员会的场地开展活动，缺乏物资存放及较为固定的活动场地，部分社区服务队的活动素材只能存放于服务队负责人的家中，不利于社区社会组织的长远发展。建议后续的支持中能加大对社区社会组织培育与监管的政策宣传力度，同时为发展较好、影响力较大的社区社会组织提供一定的活动场地。

四是要加大人才培养力度，培养社区社会组织的核心骨干人才队伍。社区社会组织的负责人主要以社区居民为主，对于如何培育和发展社区社会组织，发挥社区社会组织的功能，更好地动员社区资源仍存在一定的能力不足，对于组织培育和监管政策认知不明确，建议结合广东省“广东兜底民生服务社会工作双百工程”的组织实施，统筹社区、社会组织、社会工作资源和力量，制订培训计划，着力培养一批热心社区事务、熟悉社会组织运作、具备专业服务能力的社区社会组织负责人和业务骨干。推动建立社会工作专业人才与社区社会组织联系协作机制，发挥专业支撑作用，提升社区社会组织服务水平。要面向街道（镇）民政工作人员、城乡社区工作者、儿童主任、社区社会组织负责人、社区社会工作者、社区志愿者等，广泛开展各类能力培训，将社区社会组织党的建设、培育发展、能力建设、日常运作等纳入培训内容。鼓励社区社会组织从业人员参加社会工作知识培训和全国社会工作者职业资格考试，有条件的地方可对参加考试人员给予考试教材、考前培训、考试费用等帮扶激励和提供便利。

五是要对接活动项目，引导社会力量帮扶。结合实际组织开展社区服务项目洽谈会、公益创投大赛等社区公益服务供需对接活动，通过服务项目加强对社区社会组织的引导。要进一步强化项目意识，提升社区社会组织需求调研、项目设计、项目运作水平。建立备案管理的社区社会组织与依法登记的社会组织“结对共建”机制，提升服务能力。引导驻社区的企事业单位、社会组织、志愿者等社会力量支持社区社会组织的培育发展，为社区社会组织提供场地和其他便利条件。鼓励企业、基金会、公民个人和其他组织向社区社会组织提供捐赠和资助。

六是要建设培育基地。实施社区社会组织“安家”工程，依托街道（镇）、城乡社区综合服务设施（党群服务中心、便民服务中心、市民活动中心等）等建设社区社会组织培育基地，基地可与枢纽型社区社会组织合署办公，实现“一址多用”“一人多岗”。社区社会组织培育基地要建立健全工作制度，强化工作力量，主要职责是为社区社会组织提供党建引领、培育孵化、资金代管、能力建设、业务咨询、人员培训、资源对接、联谊交流等综合服务和指导支持。社区办公用房、社区服务用房等可通过无偿或其他合作方式提供给社区社会组织开展公益活动。